सम्पूर्ण कहानियाँ

कहानी संकलन

सम्पूर्ण कहानियाँ

रघुवीर सहाय

राजकमल प्रकाशन

ISBN : 978-81-267-3061-2

मूल्य : ₹795

© विमलेश्वरी सहाय

पहला संस्करण : 2017
तीसरा संस्करण : 2024

प्रकाशक : राजकमल प्रकाशन प्रा.लि.
1-बी, नेताजी सुभाष मार्ग, दरियागंज
नई दिल्ली-110 002
शाखाएँ : अशोक राजपथ, साइंस कॉलेज के सामने, पटना-800 006
पहली मंजिल, दरबारी बिल्डिंग, महात्मा गांधी मार्ग, प्रयागराज-211 001
1, अनमोल सोराबजी संतुक लेन, धोबी तलाव, मरीन लाइंस, मुम्बई-400 002
वेबसाइट : www.rajkamalprakashan.com
ई-मेल : info@rajkamalprakashan.com

मुद्रक : बी.के. ऑफसेट
नवीन शाहदरा, दिल्ली-110 032

SAMPURNA KAHANIYAN
Stories by Raghuvir Sahay

इस पुस्तक के सर्वाधिकार सुरक्षित हैं। प्रकाशक की लिखित अनुमति के बिना इसके किसी भी अंश को फोटोकापी एवं रिकॉर्डिंग सहित इलेक्ट्रॉनिक अथवा मशीनी, किसी भी माध्यम से अथवा ज्ञान के संग्रहण एवं पुनर्प्रयोग की प्रणाली द्वारा, किसी भी रूप में, पुनरुत्पादित अथवा संचारित-प्रसारित नहीं किया जा सकता।

'रास्ता इधर से है'

जब यह कहानी-संग्रह छपने जा रहा था तो मैंने प्रकाशक से इच्छा प्रकट की थी कि मैं इन कहानियों की एक भूमिका लिखूँगा। इसके लिए जो पृष्ठ रख लिए गए थे जब उन्हें भरने का वक़्त आया तो मेरे सामने सवाल उठ खड़ा हुआ कि भूमिका लिखूँ या एक और कहानी लिखूँ और फिर मैंने इसी उधेड़बुन में लिखना शुरू कर दिया और यह भूमिका लिख डाली।

जिस तरह कहानी न लिख पाने पर भूमिका लिखी उसी तरह और कुछ न लिख पाने पर मैंने ये कहानियाँ लिखी हैं जो अब आप पढ़ेंगे। आपके लिए निश्चय ही इनका कोई महत्त्व न है न होना चाहिए कि मैंने ये कहानियाँ क्यों और कैसे लिखीं। परन्तु यह जानकर मुझे, एक रचनाकार को, सन्तोष मिलता है कि इनमें से प्रत्येक रचना एक न एक विधा का विकल्प है : बहुत करके कविता का क्योंकि वही मैं लिखना चाहता रहा हूँ। ज़्यादातर।

फिर भी यह कोई एकान्त सत्य नहीं है कि मैं लिखने बैठता हूँ कविता पर, लिख पाता हूँ कहानी, क्योंकि सत्य यह भी है कि अनेक कविताएँ मैंने इसलिए लिखी हैं कि नाटक नहीं लिख पा रहा था।

अपेक्षया पूर्ण सत्य तो यह है कि लिखना शुरू करने से पहले यदि ठीक-ठीक मालूम होता है कि क्या चाहता हूँ तो भी यह नहीं जानता कि अन्त में रचना की शक्ल क्या होगी। कभी-कभी एकसाथ दो चीज़ें लिखना शुरू करता हूँ : थोड़ी देर बाद उनमें से एक रद्द हो जाती है दूसरी रद्दी निकलती है और इस तरह दोनों ख़त्म हो जाती हैं। कभी-कभी दोनों मिलकर एक हो जाती हैं और लिखना सम्भव रहता है।

यह घटना शायद निजी सामर्थ्य से उतना नहीं रचना के मौलिक स्वभाव से अधिक सम्बन्ध रखती है। यह दावा करना कि लिखने से पहले कोई जानता है कि वह अन्त में क्या रचेगा, बिना यह माने सम्भव नहीं कि लिखने के समय यथार्थ का वह अनुभावन जो रचनाकार ने किया था, ठहरा रहेगा। वह ठहरा रह सकता है अगर

वह जड़ तथ्यों का पुंज हो पर वह तो लिखने की प्रक्रिया में सब समय रचनाकार के साधनों के साथ उधड़ता और बुनता रहता है। भाषा लेखक के साथ मनमानी किया करती है और लेखक उसे मनमानी करने से रोकता रहता है। जो कहना है वह न कहकर कुछ और कह रहा है, इस खतरे से उसकी हर वक़्त कुश्ती होती रहती है।

राज्य और व्यक्ति के सम्बन्ध को अधिकाधिक समझना आधुनिक संवेदना की शर्त है। इस शर्त से कतराना मनुष्य की आज की अवस्था को मनुष्य की सामर्थ्य से बाहर मानकर चलने के बराबर है; वैसा मान लें तो फिर कुछ रचने को रह ही नहीं जाता : विश्व के शक्तिकेन्द्रों के परस्पर सन्तुलन और समन्वय की प्रक्रिया ने मनुष्य को दिन–प्रतिदिन और अधिक अकेला और निरुपाय किया है, यह प्रतीति ही रचना की सबसे बड़ी प्रेरणा है। सत्ता और वाणी का द्वन्द्व तीव्रतर होता जा रहा है और संस्थानों की वृद्धि, जो कि संगठित समाज में अनिवार्य है, सत्ता को वाणी के मुक़ाबले अधिकाधिक शक्तिमान बनाती जा रही है : इस आक्रमण के सामने लिखते रहना और अपने लिए इस बार अद्वितीय लिखते रहना लेखक के लिए जीवित रहने का अन्तिम उपाय है। अन्य वे सब उपाय जो राज्य के अधिकारों को सीमित और भाषा को जीवित रखने में सहायक हों, लेखक को वैसे ही करने चाहिए जैसे औरों को करने चाहिए : वे उपाय उसके रचनाकर्म में बाधक नहीं हो सकते : पर वैसे उपाय करनेवाले संस्थान हो सकते हैं और कभी न कभी होते भी हैं।

इसीलिए अन्ततः एकमात्र उपाय लिखना ही है। लेखक की इस नियति को मान लेने के बाद लेखन की विधाओं को लेकर अलग–अलग खेमे बनाना एकदम निरर्थक नहीं तो अनावश्यक तो लगता ही है। लेखक के पास सिवाय शिल्प के और है ही क्या जिससे वह विविध मुठभेड़ों में मुकाबला कर सके। वैविध्य की प्रतिभा जटिलतर होते हुए सामाजिक दबावों के नीचे दबे आधुनिक लेखक की विशेषता है।

अपनी इस प्रस्तावना से मैं यह नतीजा निकालने की ग़लती नहीं करूँगा कि जो लेखक विविध विधाओं में अभिव्यक्ति नहीं करते वे अच्छे लेखक नहीं। परन्तु यह अवश्य कहूँगा कि वे अपने को किसी समय चारों ओर से घिर जाने के लिए अरक्षित छोड़े दे रहे हैं।

कहानी या कविता की रचनाप्रक्रिया पर और कुछ कहना यहाँ मेरा अभीष्ट नहीं। एक बात कहकर इस प्रसंग को समाप्त करूँगा। मैंने कविता लिखते हुए अपने माध्यम भाषा के साथ जो कुछ किया उससे बहुत कुछ मालूम हुआ। सबसे बड़ी बात जो कविता ने मुझे सिखाई वह है शब्दों की फिजूलखर्ची की निरर्थकता। कहानी लिखते हुए मुझे इससे मदद मिली। पर कहानी लिखना केवल कहानी ही

लिखना नहीं है, गद्य लिखना भी है। गद्य को तोड़ने और बनाने का अपना एक अलग मज़ा है—मैंने पाया कि वह भी उतना ही तृप्तिकर है, बल्कि कुछ अधिक ही है क्योंकि उसे जितना तोड़ो वह उतना ही सार्वजनिक बनता जाता है। पर वह उतनी ही बड़ी ज़िम्मेदारी भी सर पर डाल देता है : यह कि न उसके साथ निरा खिलवाड़ किया जाए न उससे किसी को धोखा दिया जाए। साहित्य के अन्दर ज़रूरत से ज़्यादा लोग यही कर रहे हैं—उनकी कथनी और करनी के भेद के चलते गद्य की विश्वसनीयता घटी है; उनके हाथ लगी है एक पूरी पीढ़ी जिसको आदमी की अच्छाई का फिर विश्वास दिलाने में बहुत वक़्त लगेगा। यह काम अकेले न कहानी कर सकती है न कविता, दोनों ही करेंगे।

[1972]

'जो आदमी हम बना रहे हैं'

कहानी और निबन्ध में क्या अन्तर है, अथवा कहानी कब कहानी होती है और उपन्यास कब उपन्यास, इन विषयों को लेकर हिन्दी आलोचना जगत में एक ज़माने में बहुत बहस हो चुकी है। एक बहस यह भी हो चुकी है कि नई कहानी, अकहानी या कहानी के अन्य कई घरानों में क्या अन्तर है। अफ़सोस यह है कि ये सब बहसें बेकार थीं और इतनी किताबी थीं कि कहानी लिखने पर इनका कोई असर नहीं पड़ा और यह काम उतना ही पेचीदा बना रहा जितना पहले था। कहानी सुनाने की कला से कहानी लिखने की कला को जिस हद तक कोई सहारा मिला, उस हद तक लिखने का काम आसान भी हुआ, मगर इसकी भी एक हद थी क्योंकि सुनाना और लिखना दो चीज़ें हैं और लिखे को फिर पढ़कर सुनाना एक तीसरी ही चीज़ है। यहाँ उसका ज़िक्र नहीं है। यहाँ तो हम सिर्फ़ यह बहस उठा रहे हैं कि कहानी लिखनेवालों की क्या मुश्किलें थीं और क्या हैं।

कहानी अन्य विधाओं की तरह जीवन की एक नई समझ पैदा करती है। लिखना, बोलना दोनों तरीक़ों से वह यही करती है और जब नहीं कर पाती तो कहानी नहीं होती है, मगर जब कर पाती है तो उस पर यह बन्धन भी नहीं रहता कि वह कहानी ही रहे। हाँ, यह बन्धन रहता है कि वह जीवन की नई समझ का शास्त्र न बन जाए। शास्त्र नई समझ पैदा करते नहीं हैं, पैदा हुई नई समझ को बताते हैं। यह काम तो कहानी के बिना भी हो सकता है। इसलिए कहानी वही होती है जो सिर्फ़ नई समझ पैदा करे और पैदा किए बग़ैर उसे बताने न बैठ जाए; और यह समझ पैदा करके ख़त्म हो जाए, नहीं तो वह नई समझ भी ख़त्म हो जाएगी। पाठक या श्रोता मनुष्यों के बीच के जिस रिश्ते को जानते हैं उसके बदलने और बदलकर नया रूप ले लेने की प्रक्रिया ही कहानी है। लेखक के मन में भी यही परिभाषा होनी चाहिए और पाठक के भी। दोनों की इस प्रक्रिया में साझेदारी ज़रूरी है नहीं तो दोनों में से एक यह कहकर बच निकलेगा कि मैंने अपना काम कर दिया, बाक़ी वह जाने।

मनुष्यों के परस्पर सम्बन्धों के बार-बार जानने और जाँचने की ज़रूरत क्यों

पड़ती है ? क्या इसलिए कि हम उन्हें जानते नहीं और क्या इसलिए कि उन्हें जाँचते रहने से मनोरंजन होता रहता है। नहीं, ये कारण तो एक बड़े कारण के अधीन हैं। वह यह है कि लेखन और संगठन के बीच हमेशा एक अन्तराल रहता है जिससे समाज में एक समय एक सत्य को देख पाने के बाद और अपना कर्तव्य जान लेने के बाद भी लेखक का काम पूरा नहीं हो जाता। कुछ तत्त्व हमेशा काम करते रहते हैं जिनके राजनीतिक उद्देश्य समता के, न्याय के और अधिकार के विरुद्ध रहते हैं और वे समय-समय पर संगठित होकर लेखक के बताए हुए सत्य को अपने स्वार्थों के लिए विकृत कर प्रचारित किया करते हैं। लेखक के लिए बार-बार सत्य को बताना इस आक्रमण के विरुद्ध आवश्यक होता है। किन्तु हर बार एक चिर सत्य को दोहराकर ही काम नहीं चल सकता क्योंकि इस बीच में जो यथार्थ बदला है वह असमता, अन्याय और शोषण और दमन के विरुद्ध एक नए कार्यक्रम की आवश्यकता बतला गया है।

यह नया कार्यक्रम भी उतना ही व्यापक होना चाहिए जितना कहानी लिखने का कारण। महत्त्व की बात यह है कि इसमें लिखना ही सब कुछ नहीं है, इसमें संगठित राजनीति भी चाहिए। उसके अभाव में केवल लिखना बिगाड़े हुए सत्य में अर्थ भरने के काम को और कठिन कर जाता है क्योंकि नई समझ पैदा करने के लिए जानकारी के दायरे को भी और बड़ा बनाने का तकाजा रहता है। यह दायरा सिर्फ़ तथ्यों का नहीं हो सकता। तथ्य सिर्फ़ तथ्य होते भी नहीं हैं। अपने सामाजिक कारणों में अलग करके कोई तथ्य नहीं बताए जा सकते सिवाय उन तथ्यों के जिनके कारण सामाजिक नहीं हैं और ऐसे तथ्य भी बहुत कम हैं। यही नहीं जैसे-जैसे समाज की संरचना की प्रकृति के उपयोग की और सम्पत्ति के उत्पादन तथा अधिकार की जानकारी बढ़ती जाती है वैसे-वैसे ऐसे तथ्यों की संख्या और कम होती जाती है जिनको हम प्राकृतिक या रहस्यमय मान सकते हैं। यदि हम इनके कारणों को बार-बार जाँचते चलें तो हम इनको बार-बार और अधिक जानते चलेंगे।

तथ्यों को बिगाड़ने की एक राजनीतिक संस्कृति है। अक्सर बड़े आहत अभिमान के साथ साहित्यिक लोग राजनीति द्वारा भाषा के बिगाड़े जाने की शिकायत करते हैं। वे कहते हैं कि राजनीतिज्ञों के द्वारा भाषा के बेजा इस्तेमाल से अनेक शब्दों का अवमूल्यन हो गया है। यह कहकर वे मानो भाषा के ही अवमूल्यन की शिकायत कर रहे होते हैं जबकि वास्तव में अवमूल्यन मनुष्य के सामाजिक अधिकारों का हुआ होता है। यह भ्रम कि लेखक भाषा का प्रयोग मनुष्य के अधिकारों के अवमूल्यन के लिए नहीं करता, उसकी आँखों पर मानो पट्टी बाँधे रहता है। वास्तव में कभी-कभी वह मनुष्य के सामाजिक अधिकारों के अवमूल्यन को जानने और उसके विरोध में एक सम्पूर्ण कार्यक्रम में शामिल होने के स्थान पर केवल भाषा के द्वारा भाषा के तथाकथित राजनीतिक अवमूल्यन के विरुद्ध कार्रवाई करते हुए भाषा

के साथ एक और तरह का स्वैराचार कर रहा होता है। यदि वह पढ़नेवालों को यह बताना चाहता है कि उसने एक बड़ा सत्य पा लिया है तो कौन जाने वह केवल चमत्कार के द्वारा यह प्रभाव डालने की चेष्टा कर रहा हो क्योंकि वह यथार्थ का यथेष्ट अनुभावन नहीं कर पाया है। कौन जाने वह यथार्थ का वह पक्ष प्रकट करके जो उसके बिगाड़े हुए रूप का सबसे सरलीकृत परिचय दे सकता हो, दावा कर रहा हो कि उसने निर्भीक होकर अत्याचार का वर्णन किया है जबकि वह ऐसा वास्तव में भयभीत होकर कर रहा हो। कौन जाने उसके भयभीत होने के पीछे उसका भय हो या लोभ हो कि इसी में सुरक्षा और सुरक्षा ही नहीं बल्कि कभी-कभी पुरस्कार भी है। क्योंकि जब समता, न्याय और अधिकार की विरोधी राजनीति मनुष्य की सामाजिक अस्मिता बिगाड़ने के लिए यथार्थ को भी बिगाड़ती है तब वह प्रचार के द्वारा इस कार्य की स्वीकृति भी प्राप्त करना चाहता है और सामाजिक यथार्थ के सम्प्रेषण का झूठा दावा करनेवाले लेखक इस राजनीतिक प्रचार के सबसे सहज, उपयोगी और भेदिया साधन बन सकते हैं। यदि वे सचमुच अनजान हों तो भी अक्सर वे ऐसे साधन बनते हैं परन्तु यदि वे जानकर भी अनजान रहें तो उनका पुरस्कार कुछ अधिक ही होता है। यह और बात है कि इनमें से पहली कोटि के लेखक शीघ्र ही या तो इस पतन से मुक्त हो लेते हैं या लिखना ही बन्द कर देते हैं जबकि दूसरी कोटि के लेखक शीघ्र ही बेनकाब हो जाते हैं। लिखना बन्द करते हैं या नहीं इस विषय में कुछ कहा नहीं जा सकता क्योंकि जब उनका लेखन उनके अभिभावकों के लिए उपयोगी सिद्ध हो लेता है तब प्रकारों और शैलियों को बदलते चलते एक के बाद एक अनेक छाप के माल तैयार करते जाने की गुंजाइश निकलती चली आती है। इस क़िस्म की घटना का सबसे दुखद पक्ष यह है कि कभी-कभी ऐसा लेखक अपने 'अनजान' दौर में से निकलकर भटककर अपने 'जानकर अनजान' दौर में पहुँच जाया करता है। तब वह भीतर से स्वयं भयभीत दूसरों में भय उपजाना चाहता है।

भाषा के अवमूल्यन के विरुद्ध कार्रवाई केवल भाषा के स्तर पर नहीं हो सकती, यह पहले ही कहा जा चुका है। यह दावा करने के नतीजों का भी कि हो सकती है, अभी-अभी अनुमान किया जा चुका है। तो भी यह सवाल रह जाता है कि जब समाज में संगठित राजनीति भाषा के अवमूल्यन के विरुद्ध कुछ न कुछ कर रही हो तब लेखक क्या करे? केवल अकेला हो जाने के कारण लिखना बन्द कर दे? अथवा इन सब खतरों से बचने के लिए, जिन्हें अभी बताया गया है, वह उस दिन का इन्तज़ार करने लगे जिस दिन संगठित राजनीति एक नए समाज का उद्घाटन कर देगी? पहले विकल्प में पराजय प्रतीत होती है किन्तु यह सम्भावना भी बनी रहती है कि किसी समय वह फिर लिखने का रास्ता पा लेगा। दूसरे विकल्प में यह सम्भावना तो आरम्भ से अनुपस्थित रहती है, ऊपर से पराजय की भावना

को छिपाने के लिए एक राजनीतिक विशिष्टता का आवरण उपलब्ध हो जाता है। इसलिए कमोबेश दोनों ही विकल्प लिखने के लिए घातक हैं।

कोई तीसरा रास्ता नहीं है। इसलिए लिखना ही एक रास्ता है और यदि मैं अपने लेखन की स्वल्प जमापूँजी लेकर आज यह कहूँ कि बहुत लिखना ही एक रास्ता है तो इसे कथनी और करनी का भेद न समझा जाए क्योंकि मैं अपने कम लिखने की न तो कोई बड़ाई बता रहा हूँ न उसकी सफ़ाई दे रहा हूँ। बहुत लिखना ही लेखक के लिए एक रास्ता बच रहता है क्योंकि वह बहुत बार और बार-बार बिगड़े हुए यथार्थ को जानने और जाँचने के लिए, सत्य के अभी तक हुए दुरुपयोग को न दोहराने के लिए और संगठित राजनीति द्वारा असमता, अन्याय, शोषण और दमन के विस्तार को अपनी समझ में समेटने और दूसरे की समझ में पैदा करने के लिए भाषा का इस्तेमाल सिर्फ़ बहुत लिखकर ही कर सकता है। ऐसा करने से ही वह अपने गुणदोष सहित सबसे अधिक प्रकट हो सकेगा।

बहुत लिखने से अभिप्राय यही है कि लेखक बार-बार अपने को समाज के विविध क्षेत्रों में मानव सम्बन्ध की परिस्थिति जाँचने के लिए प्रेरित करे और अनुभूति को सुधारे जो कि यथार्थ के विकृत रूप के बहुत अधिक और बार-बार परिचय से कुंठित हो गई है : बहुत लिखने का अर्थ यह भी है कि पाठकों में बार-बार वही समझ पैदा होने की सम्भावना बढ़े जो लेखक ने अपने भीतर पैदा की हैं और यह भी कि स्वयं लेखक अपनी राय बनाकर बैठे रहने के दोष से बचे ताकि उसे ऐसा प्रमाद न हो जाए कि सब कुछ मेरा जाना हुआ है क्योंकि मैं एक बार स्वयं यह सब जान चुका हूँ। आज की स्थिति में जब संगठित राजनीतिक कर्म आदर्श और न्याय को समाज में आग्रह की वस्तु न बनाकर यथास्थिति या पिछड़ने को ही रास्ता बता रहा है, साहित्य की विधाओं के अलग-अलग खेमे बनाकर रहना लेखक को और भी असहाय करेगा। कविता, कहानी, उपन्यास, नाटक, निबन्ध इनमें क्या भेद है, यह आज अप्रासंगिक है। लेखक के लिए प्रत्येक रचना अपने में एक अलग विधा नहीं बल्कि एक न एक विधा का विकल्प होनी चाहिए। इसी भाँति यह समझ कि प्रत्येक कला दूसरी कला से जुड़ी हुई है, जितनी ज़रूरी आज है उतनी पहले कभी नहीं थी। जब हम देखते हैं कि सभी प्रकार की एकता को खंडित करके उनकी जगह एकाधिकार की स्थापना संगठित राजनीति का लक्ष्य बनता जाता है तो एकता की नई समझ ही एक प्रतिरोधी राजनीतिक अर्थ ग्रहण कर लेती है।

अन्त में अधिक नहीं, दो शब्द यथार्थ और आदर्श के परस्पर सम्बन्ध के विषय में कहना चाहता हूँ। तथ्य ही यथार्थ नहीं है यह इन शब्दों में पहले ही कहा जा चुका है कि अपने सामाजिक कारणों से अलग कोई तथ्य व्यक्त नहीं किया जा सकता। इसका अर्थ यही है कि प्रत्येक तथ्य को व्यक्त करते हुए हम वास्तव में उसके सामाजिक कारण बता रहे होते हैं। पर क्यों ? यही लेखक के सामने मौलिक प्रश्न

है। और इसी के उत्तर से उसके लिखने का कारण प्रकट होता है। निश्चय ही बिना एक ऐसे समाज की कल्पना के जिसका चित्र लेखक के मन में, किसी एक रचना के हेतु भी और पूरे समाज के हेतु भी सम्पूर्ण न हो, लिखने के कर्म का कोई अभिप्राय नहीं हो सकता। यथास्थिति अथवा प्रतिगामिता के लिए रचना रचना तो है ही नहीं, एक अपराध भी है। इसलिए आदर्श का लिखने से अन्यतम सम्बन्ध है। लिखने से उस आदर्श को पाठक या श्रोता के मन में जन्म लेना चाहिए। परन्तु क्या यथार्थ के सभी प्रकार के वर्णन से ऐसा हो सकता है ? किसी दौर में यथार्थ का एक वर्णन पाठकों के मन में यथास्थिति के प्रति अस्वीकार और प्रगति के लिए आग्रह जगा सकता है परन्तु संघर्ष के ऐसे दुर्बल दौर भी होते हैं जिनमें स्थिति का वही वर्णन यथास्थिति के लिए स्वीकार बन जा सकता है। ऐसा हुआ तो यही सिद्ध होगा कि लेखक ने संघर्ष की अवस्था को पहचानकर वर्णन में वह वस्तु नहीं दी है जो न्याय के लिए परिवर्तन की इच्छा पाठक में पैदा कर सके। हम सब जानते हैं कि आज हम ऐसे ही दौर से गुज़र रहे हैं। इसमें अनेक बार यथास्थिति का वर्णन यह प्रभाव उत्पन्न करता है कि सब कुछ इतना भयंकर है एवं शक्ति का इतना केन्द्रीयकरण है कि किसी भी आदर्श के लिए प्रयत्न तो दूर इच्छा भी व्यर्थ है एवं सबसे अधिक सार्थक वही है जो सबसे कम आदर्श और सबसे अधिक व्यावहारिक हो। ऐसे समय में बिलकुल बिगड़े हुए यथार्थ का कैसा वर्णन पाठक के मन में समाज से अन्याय को मिटाने की समझ पैदा करेगा, लेखक का यह जानना ही यथार्थ को वास्तव में जानने के बराबर होगा। दूसरे शब्दों में, यथार्थ की हमारी समझ इस समझ के बिना अधूरी है कि लोक में आदर्श की इच्छा इसी यथार्थ को किस रूप में जानकर जाग्रत हो सकती है।

इस दौर की एक अन्य विशेषता का उल्लेख करना भी आवश्यक जान पड़ता है। आज भी पाठक वर्ग संख्या में कम साक्षर और शक्ति में कम समर्थ लोगों से मिलकर बना है, यद्यपि यह स्थिति बदल रही है। संगठित यथास्थितिवादी राजनीति और प्रतिगामी व्यावसायिक शक्तियों के मेल से इस पाठक को समाज के उदासीन और सुरक्षित उपभोक्ता पाठक के समान एक उपभोक्ता बनाने का षड्यंत्र चल रहा है जबकि वास्तव में इस पाठक वर्ग का बहुमत असुरक्षित है और परिवर्तन के लिए व्याकुल है। ऐसी स्थिति में आत्म-तुष्टि और मनोरंजन के बहाने उपभोक्ता पाठक यह आग्रह करे तो आश्चर्य नहीं कि परिवर्तन की कामना भी केवल साहित्य में पूरी होने के योग्य है और संघर्ष रचनाओं में ही प्रतिफलित होना चाहिए जीवन में नहीं, चाहे वह नकली संघर्ष ही क्यों न हो। आलोचना इस ख़तरे के प्रति जागरूक न रहे और वह भी लेखक से ऐसी ही आशा करने लगे तो एक बहुत बड़ा धोखा पैदा हो सकता है। यह डर कि समाज में अब कोई शक्ति न्याय और समता के लिए संघर्ष नहीं कर सकती, इस भ्रान्ति के साथ मिलकर कि नायक कहानी में अपने संघर्ष को

सिद्ध करके समाज का परिवर्तन कर ले रहा है, वास्तविक संघर्षशील शक्तियों के लिए भटकने और बिखरने का घातक सामान जुटा सकता है। इसलिए और भी गहरी खोज के साथ यथार्थ के विकृत रूप के कारणों की ओर उसकी अभिव्यक्ति की शैलियों की पहचान लेखक को स्वयं करनी है और पाठक को करानी है ताकि हर बार यह पहचान दोनों में बने और परिवर्तन की इच्छा और सामर्थ्य पाठक में पैदा कर सके। जो आदमी हम बना रहे हैं वही परिवर्तन करेगा, हमारी कहानी का नायक उसकी जगह उसका काम करने के लिए इस्तेमाल नहीं किया जाएगा। यही आज के समाज की राजनीतिक परिस्थिति का रचना द्वारा उत्तर है।

[26 जून, 1982]

अनुक्रम

आधी रात का तारा

यह रात है। गाँव में रात है, शहर में रात है।

आकाश नील से धोए भीगे वसन की भाँति स्वच्छ है। साड़ी में टँके सितारों की तरह तारे जगमगा रहे हैं। उनमें न कोई क्रम है, न कोई शैली। उच्छृंखलता में भी कितना सौन्दर्य है!

मगर यह शहर की रात है। ऐश्वर्य अँगड़ाई ले रहा है। अन्धकार की आड़ में उत्सव ने अपने आपको बड़े पक्षपात के साथ वितरित कर रखा है। कोठे पर नवीना के तरल कंठ की खिलखिलाहट के साथ वीणा का संगीत और वारुणी का छलछल मिलकर कह रहा है—यहीं मैं हूँ, मैं—उत्सव का देवता। इसी मन्दिर में मेरा निवास है।

शहर की रात है। गलीज से भरी सड़क की सतह के नीचे, एक तहखाने की सीलन के बीच, एक घर है। लुढ़कती हुई हाँड़ियाँ, बुझा हुआ चूल्हा और रोता हुआ बच्चा एकसाथ मिलकर कुछ कहना चाह रहे हैं। किन्तु उन्हें जो कुछ कहना है उसी की असीम वेदना से उनका कंठ रुद्ध हो गया है। कोठे तक उनका स्वर नहीं पहुँच पाता।

रूखे-सूखे केश क्यों बिखरे हैं? सफ़ेद आँखें क्यों फटी पड़ रही हैं? छाती की हड्डियाँ क्यों उभरती आ रही हैं? कोई समझेगा? है कोई पीड़ा का मर्मज्ञ? विडम्बना का महाकाव्य लिखनेवाला आदि कवि कहाँ है?

धरती को आकर्षण में बाँध रखनेवाले उस जगत् में जिसे हम स्वर्ग कहते हैं—रात है अथवा दिन—पता नहीं। बादलों की अनचाही भीड़ से मुक्ति पाकर तारे सोच रहे हैं—हम और कितना बड़ा चक्कर लगा लें; कभी झपककर और कभी एकटक धरती के छोटे-छोटे ज्योति-पुंजों को देखकर वे सोचते हैं—बस इतने ही से सन्तुष्ट है मानव?

एक तारा, अभी-अभी सौर-जगत् में नया-नया आया है। नवागंतुक ने धरती की केवल प्रथम झलक भर देखी है। उसने क्यों जन्म लिया है, यही उसे नहीं ज्ञात

है। उसने किसके लिए चमकना स्वीकार किया है, यह भी वह नहीं जानता। कुतूहल होता है—कौन उसकी ओर टकटकी बाँधकर देखता होगा? आख़िर वह किसके भाग्य का तारा है।

तभी अचानक दक्षिण से, निलय की लहरों पर डूबती-उतराती एक गन्ध आई। यह नया अनुभव देनेवाला कौन?

यह था मलयानिल।

अनायास भावना के एक उद्वेग में तारे के प्राण उसी मलय के वक्ष से लिपट रहे। अब वह पवन धरती पर लौट रहा था। अदृश्य रूप में वह तारा भी, धरती के ऊबड़-खाबड़ प्रान्तों से टकराने चल पड़ा।

वह जानना चाहता है; वह देखना और समझना चाहता है, कि कहानियों के उस देश में, जिसकी नियति पर तारे शासन करते हैं—क्या है? आओ तारा; देखो, यदि आँखों में शक्ति हो; समझो, यदि मस्तिष्क वश में रहे।

ओः हो, तो यही मर्त्यलोक की धरती है! जान पड़ता है, मनुष्य बड़ा ही उदार और सुखी है। हरीतिमा के कालीन पर घरौंदे बनाकर खेलने में कितना आनन्द आता होगा! जिन अमराइयों में से होकर यह मलय बह रहा है उनमें कितनी सघन शान्ति है! आह, पवन धन्यवाद।

सहसा, निरुद्देश्य मारुत ने, एक सजे हुए शयनगृह की चौड़ी खिड़की पर पड़े हुए धानी रंग के परदे को झकझोरकर भीतर प्रवेश किया। तारे ने घर के अन्दर पहुँचकर देखा—चिड़ियों के परों से भरे हुए कोमलतम तकियों पर अपनी सुडौल कोहनी का भार देकर एक अलसाई तरुणी न जाने किसमें खो-सी गई है। जिस पुरुष की आँखों में वह आँखें डाले है, वह अपने सौभाग्य पर आनन्दातिरेक से अवरुद्ध कंठ से कुछ कह रहा है। मलय के झोंके ने युवती का आँचल उड़ाकर युवक के शरीर पर फेंक दिया है। वह सुन रही है और मुस्कुरा रही है।

तारे ने एक गहरी साँस ली। सौर-जगत् के प्रथम दर्शन में ही उसने देखा था अस्त-व्यस्त अंचल समेटकर शीघ्रता से विदा लेती हुई निशा को भी पागल चाँद इसी तरह अधखुले नयनों से देख रहा था। वह कुछ कह रहा था, ऐसा जान पड़ा मानो रात ने उत्तर में मुस्कुराना चाहा, किन्तु अचानक उसका चेहरा कहाँ क्षीण हो गया—कौन जाने।

क्या इस जगत् में भी लोग ऐसी ही आँख-मिचौनी खेलते हैं?

परन्तु अचानक स्वर्गीय सुगन्धि से गमकनेवाले मलय ने अपना रूप बदलना आरम्भ कर दिया था। किसी अज्ञात कारण से उसकी देह से सुगन्धि के स्थान पर जल्दी-

जल्दी दुर्गन्ध फूटने लगी। उसका फैला हुआ आकार संकुचित होकर सँकरी गलियों और धुँधियाले झरोखों के अनुकूल बन गया। उस अट्टालिका में चमकनेवाला, हलका नीला आलोक यहाँ नहीं है। मिट्टी के तेल से बसी हुई, ऊँघती किंचित् किरणें मानो तय नहीं कर पा रही हैं, कि रुकें या जाएँ। यह लालटेन की रोशनी है।

यहाँ धानी रंग के परदे और चौड़ी खिड़कियाँ नहीं हैं। यहाँ चिड़ियों के परों से भरा मुलायम तकिया और उस पर अपनी सुडौल कोहनी टिकाकर सोनेवाली तरुणी भी नहीं है।

यहाँ के टूटे-फूटे सीकचोंवाले रोशनदानों में से आता हुआ प्रकाश भी मानो आवश्यकता से अधिक है, इसलिए मकड़ियों ने उस पर जाला बुन डाला है।

चीथड़ों और गूदड़ों पर भगवान का दिया शरीर यहाँ पलता है—ज्वर-जरा जर्जर वृद्ध और यौवन मद-उद्दाम युवती—सबके तन पर वही चीथड़े—वही गूदड़।

यहाँ की हवा में सड़न है—बदबू है। प्राणघातक कीटाणु हैं। लेकिन साँस तो लेनी ही पड़ेगी। मलय यहाँ भी बहता है, पर इस रूप में।

तेल की ढपढपाती डब्बी के आलोक में तारे की आत्मा ने देखा—एक छोटा-सा निरीह बालक सोते से जागकर उठ बैठा है। खाट पर माँ को न पाकर वह अपनी भोली-भोली आँखें फाड़कर अन्धकार के अन्वेषण में लगा है। अब उससे नहीं रहा जाता। मुँह बनाकर वह रो पड़ा।

उसकी माँ गिरती-पड़ती, अन्धकार के किसी कोने से निकलकर आई; कुछ न खाए हुए उसे आज तीसरा दिन है। शायद तब तो कुछ विशेष चिन्ता की बात नहीं; सुनते हैं बिना खाए मनुष्य सात दिन तक जीवित रह सकता है।

बच्चे का बाप रुपया लाने गया है। आधी रात को नित्य वह रुपए की खोज में जाता था। जेल से छूटने पर घर आकर उसने देखा—जमा की हुई सम्पत्ति का एक-एक करके शेष हो जाने पर अब केवल उसकी प्यारी पत्नी और दुलारा बच्चा शेष होने को रह गए हैं। उसने जेब में छेनी और बरमा डाला और चल पड़ा। रात गहरी है। निश्चय ही वह शीघ्र लौटेगा और उसके कलेजे के टुकड़े को जीवन मिलेगा।

तारा यह सब देख-सुनकर ऊब उठा था। उसके अन्दर का सुर उसे जैसे ठेलकर वहाँ से हटा ले जाने लगा। अप्सराओं के संगीत के बीच शयन करनेवाले को धरती का रोना-धोना पसन्द नहीं आया। वह ऊँचा है, ऊँचे पर रहकर वह केवल ऊँचे की बात सोच सकता है। इन चोर-डाकुओं की क़िस्मत खराब है तो उसके लिए वह उत्तरदायी नहीं। वह उनकी क़िस्मत का तारा है जो यौवन की कविता की फुहारों में भीग-भीगकर ऐश्वर्य के प्रकाश में झलका करते हैं। जिनके पास धन है, जन है,

शक्ति है, केवल उन्हीं के भाग्य का तारा बनना, वह स्वीकार करेगा। बस।

स्वदत्त गरिमा के भार से और उल्लास की लहरों से तारे का शरीर सुख के कारण काँपने लगा। अतीव आनन्द से प्रत्येक स्नायु ढीला पड़ गया। काया पर से, धीरे-धीरे, मन का अधिकार उठ गया। काँपते-काँपते उसका सारा बदन भीषण रूप से हिलने-डुलने लगा और वह अचानक टूट गया!

तारा टूट गया।

वह भूखा प्राणी, अभागा चोर, आज ख़ाली हाथ घर लौटा था। इस रात कहीं भी अवसर नहीं लगा। बड़ी मनहूस रात थी वह। कोठरी में घुसकर उसने एक बार निरीह बच्चे की उन आँखों में देखा जो कह रही थीं—'मैं कुछ नहीं जानता'—फिर निर्लिप्त होकर बैठी पत्नी की ओर। बरबस दृष्टि को दूसरी ओर फेरकर वह बोला—'जान पड़ता है, अपनी क़िस्मत का तारा टूट गया है!'

['तारा' शीर्षक से *मनोहर कहानियाँ* (अक्टूबर, 1947) तथा 'आधी रात का तारा' शीर्षक से *आँधी* (नवम्बर, 1947) में प्रकाशित। 17 नवम्बर, 1947 को लखनऊ रेडियो से 'टूटता तारा' शीर्षक से संगीत रूपक के रूप में प्रसारित।]

गुब्बारे

तारकोल की सख़्त और काली सड़क इस तरह ठंडी थी, जैसे एक मुर्दा देह। कुछ ऐसा जान पड़ता था कि जैसे किसी दैत्य को साँप ने डस लिया हो और वह निर्जीव होकर हाथ-पाँव पसारे पड़ा हो। कम-से-कम उसके छोटे-छोटे नंगे तलवों को तो वह ऐसी ही लग रही थी। इस सर्दी के मौसम में किसी भले आदमी के बच्चे को सड़क पर नंगे पैर निकलने देने में कोई तुक नहीं, किन्तु जिनके पास पेट भर लेने के पश्चात् और कुछ ख़रीदने के लिए पैसे न बचें उन्हें 'भला आदमी' कहा ही कैसे जा सकता है!

तो वह हजरतगंज के एक सिरे से दूसरे सिरे की ओर चला जा रहा था। उसके दोनों ओर से होकर स्त्रियाँ और पुरुष गुज़रते जा रहे थे—कुछ अंग्रेज़ी और कुछ हिन्दी में बातें करते हुए। रंगीन, चमकदार, सजी-बजी स्त्रियाँ और लड़कियाँ; ऊनी आरामदेह कपड़ों से ढँके पुरुष और लड़के, जो लड़कियों की ओर घूरते न थे और न पीछे घूमकर देखते थे, बल्कि जो बड़ी सभ्यता के साथ, अपने परिष्कृत समाज की सुसंस्कृति को अक्षुण्ण रखते हुए, किसी की ओर तनिक-सा सिर घुमाकर एक नज़र देख लेते थे और शेष दर्शन को किताबों और सिनेमा के द्वारा पूर्ण करने के लिए स्थगित कर दिया करते थे। वह कभी-कभी उनके शरीर की ओर ध्यान से देखता और सोचने लगता कि इनके कपड़े इतने साफ़ और साबुत कैसे रहते हैं? उनके भरे-भरे, चौकोर, नकली कन्धे उसके लिए एक आश्चर्य की वस्तु थे।

सहसा एक ओर से तेज़ी के साथ एक हलके बादामी रंग की दुबली-पतली मोटरकार जमी हुई ठंडक को मथकर निकल गई। तीखी हवा का एक थपेड़ा उसे भी लगा और वह एक बार थरथरा उठा।

वह एक आवाज़ लगाने जा रहा था। आवाज़ भी गले से निकलते-निकलते हिल-डुल गई और एक अजीब ढंग से निकली—

"रंगीन गुब्बारे! अमरीकन गुब्बारे! गैस वाले!!"

उसके एक हाथ में एक लम्बा धागा था जिसके दूसरे छोर से बँधे हुए बीस-

पच्चीस गैस भरे गुब्बारे हवा में उलटे टँगे हुए थे। उसके दूसरे हाथ में एक छोटी-सी डलिया में, रंगीन काग़ज़ और कपड़े की बनी हुई, छोटी-छोटी, गुड़ियों के खेलने लायक, चप्पलें थीं। धागे के छोर को वह बड़ी सावधानी के साथ पकड़े हुए था। क्योंकि छूटते ही सब गुब्बारे उसकी पहुँच के बाहर उड़ जाते और वह ख़ूब जानता था कि फिर उस पर क्या बीतती।

इस छोटे लड़के का नाम था रामू। सादा और साधारण। अभी वह बच्चा था, अथवा, यदि वह सोच सकता तो उसे ज्ञान होता कि उसका यह नामकरण करने के पीछे एक असहाय और लाचार दर्द छिपा था। ठीक वैसा ही, जिसके कारण हमें भगवान को नाम लेकर पुकारने की आवश्यकता पड़ती है।

यह हजरतगंज का अँधेरा कोना था। यहाँ भीड़ कम थी। मोड़ के खम्भे से तनिक हटकर दो जने, एक स्त्री और एक पुरुष खड़े थे। थोड़ी दूर पर एक नन्ही-सी बच्ची, जिसके हाथ में एक लॉलीपाप दे दिया गया था, उसे चूसने में मग्न दूसरी ओर देख रही थी।

रामू को अपनी तरफ़ आता देख, दोनों कुछ दूर-दूर खड़े हो गए, स्त्री ने उसकी ओर एक क्रूर निगाह फेंकी।

लेकिन रामू उधर नहीं देख रहा था। वह सोच रहा था कि जाड़े के कारण आवाज़ जम क्यों जाया करती है।

बच्ची की निगाह धुँधली रोशनी में चमकती उन चप्पलों पर पड़ी, फिर धागों के सहारे उठती हुई गुब्बारों पर जाकर अटक गई। गुब्बारे हलकी हवा में आपस में हिल-डुलकर टकरा रहे थे। उसके गले से एक भोली चीख निकल गई और वह दोनों हाथ उठाकर माँ के पास दौड़ आई। वह गुब्बारे लेना चाहती थी।

रामू बिना कुछ बोले, उन तीनों के पास आकर खड़ा हो गया। उसने देखा, छोटी बच्ची पीले ऊन का बुना हुआ एक सूट पहने थी और उसके नन्हे-मुन्ने पैरों में प्यारे-प्यारे मोज़े और जूते थे। पुरुष की पोशाक की ओर उसने विशेष ध्यान नहीं दिया। स्त्री सुन्दरी थी। रामू बच्चा था तो क्या, सुन्दर और असुन्दर में बच्चे भी भेद कर लेते हैं।

बच्ची कभी गुब्बारों के लिए मचलती कभी चप्पलों के लिए। वह स्वयं नहीं जानती थी कि उसे क्या चाहिए। रामू ने पुरुष चेहरे की ओर देखा, क्योंकि वह जानता था, दाम यही देंगे। पुरुष बहुत सुन्दर नहीं था, किन्तु उसका मुख डरावना भी नहीं था, और न ऐसा ज्ञात होता था कि डाँटकर भगा देगा। इसलिए रामू ने हिम्मत की और फिर एक आवाज़ लगाई, "अमरीकन माल आ गया—गैसवाले गुब्बारे! हवा में उड़नेवाले—एक-एक आने!"

रामू को स्वयं यह हवा में उड़नेवाले गुब्बारे बहुत पसन्द थे। हालाँकि उसके हाथ में रोज़ बीस-पच्चीस गुब्बारे रहते थे, किन्तु वह एक ऐसे गुब्बारे के लिए तरसा

करता था जो उसका बिलकुल अपना हो। वह चाहता था एक बड़ा-सा बैंजनी गुब्बारा उसका बिलकुल अपना हो और वह उसके साथ जी-भर खेलकर एक बार उसे अपनी चुटकियों में पकड़कर छोड़ दे।

गुब्बारा हवा में ऊपर उड़ता चला जा रहा हो, नीचे लोग गर्दन उठाए देख रहे हों और वह भी देखता रहे ख़ुश-ख़ुश, जब तक कि गुब्बारा उन बादलों से जाकर टकरा न जाए। वह जानना चाहता था कि आख़िर वह जाएगा कहाँ तक।

अचानक स्त्री ने उसकी डलिया में से एक चप्पल उठा ली।

"अरे!" उसने पुरुष से कहा, "हाउ लवली लिट्ल थिंग्स!"

"लेकिन यह किस काम आएँगी?" पुरुष बोला, "यह इतनी छोटी हैं कि बिलकुल बेकार हैं।"

स्त्री ने उत्तर दिया, "उँह, इसी से कहती हूँ ब्यूटी को 'एप्रीशिएट' हर शख़्स नहीं करना जानता!"

पुरुष ने झेंपकर बात काटी, "आप लेना चाहती हों तो ले लीजिए, मिसेज कौशल—मैं जानता हूँ आपको इन खिलौनों ने 'फैसिनेट' कर लिया है!"

अब तक बच्ची ने रामू के हाथ के धागे को पकड़ लिया था और अब उसकी यह ज़िद थी कि वह सारे के सारे गुब्बारे लेगी। पुरुष ले देने के लिए तैयार था, मगर स्त्री नहीं। वह बोली, "मिस्टर वर्मा, आप हमेशा बेबी की तरफ़दारी किया करते हैं, आप उसे बिगाड़ देंगे।"

उत्तर में मिस्टर वर्मा केवल मुस्कुरा दिए।

रामू मौक़ा देखकर बोला, "ले लीजिए साब, बेबी के वास्ते एक-एक आने।"

मि. वर्मा ने एक रुपया और एक अठन्नी रामू के हाथ में खोंस दी और उसके हाथ से गुब्बारों की डोर लेकर बेबी के हाथ में पकड़ा दी। फिर उसे प्यार कर लिया।

मिसेज कौशल ने इस समय उन सब चप्पलों को आर्ट की दृष्टि से आठ आने में ख़रीद लिया था और अपनी पतली-पतली गोरी उँगलियों में फँसी एक चप्पल की सुन्दरता को, वे अजन्ता आर्ट के किसी विशेषज्ञ पारखी की भाँति, गम्भीर होकर, परख रही थीं। जैसे केवल कविताओं में ग्रामों के सूर्यास्त का वर्णन पढ़नेवाला नागरिक, अपने तिमंज़िले की छत पर से सीमेंट की हवेलियों के पीछे अस्त होते सूर्य को देख सराह रहा हो।

बेबी ने माँ के हाथ में यह खिलौने देखे तो उन्हें भी लेना चाहा। वह उनकी ओर लपकी और उसके हाथ से डोर छूट गई। गुब्बारे एक झटके से उड़ चले।

रामू को एक झटका-सा लगा और उसके हाथ अनायास ही नीचे लटकते हुए धागे को पकड़ने के लिए उठ गए। मगर उसके हाथ बहुत छोटे-छोटे थे और गुब्बारे काफ़ी ऊँचे उड़ गए थे।

गुब्बारे काफ़ी ऊँचे उड़ चुके थे। सड़क पर से और लोगों ने भी उन्हें देख लिया

था और उधर कॉलेज के कुछ लड़के-लड़कियों का एक गोल जमा हो गया था।

गुब्बारे हलकी चाँदनी में झलकते-झिलमिलाते उड़ते चले जा रहे थे और नीचे लोग उनकी ओर सिर उठाए ताक रहे थे। मि. वर्मा और मिसेज कौशल लड़कों के साथ चिल्लाते जाते और तालियाँ बजाते जाते।

छोटी बेबी को भी मज़ा आ रहा था। वह भी अपनी दोनों छोटी-छोटी गुलाबी हथेलियों को पीट रही थी।

चौबीस गैस भरे गुब्बारे एकसाथ उड़ते चले जा रहे थे। एक नहीं, दो नहीं, चौबीस! एकसाथ!! रामू खड़ा देख रहा था। उसके हाथ ऐसे उठे हुए थे जैसे उसी की ग़लती से यह गुब्बारे छूट गए हों, और आँखें ऊपर टँगी हुई थीं। वह मुँह बाए खड़ा देखता रहा।

[*संगम*, मार्च, 1948]

सपने और सवेरा

धीरे-धीरे, जैसे फल पकता है, पूरब की दिशा लाल होने लगी, और फिर प्रभात हुआ। रेती में फँसी हुई नौका की भाँति पंचमी का चाँद उधर उस कोने में आधे उजले आकाश में धँसा हुआ था।

एक करवट और एक सपना :

"रीता! ओह रीता, तुम! कहो, कैसे भूल पड़ीं? तुमने तो सपनों में भी आना छोड़ दिया।"

"पर आज तो आई हूँ। एक बड़ा ज़रूरी काम है आपसे।"

यह सुनकर हलका-सा रोमांच हुआ। बोला, "तुम्हारे किसी भी काम आ सकूँ यह मेरे लिए सौभाग्य की बात होगी।"

वह युवती मेरे पास आकर बैठ गई। मैं उसकी ओर निहारकर, तनिक मुस्कुराया। उसने लजाकर सिर झुका लिया।

सहसा नीले-नीले कुछ बादल, सफ़ेद-लाल धारियाँ उमड़ती-घुमड़ती आँखों के सामने से निकल गईं।

सुनहरे सपने!

दूसरा सपना और एक करवट :

आग! दहर-दहर करती हुई आँच! लपटें—जैसे बढ़ती हुई सेना! गिरता हुआ मकान! कोलाहल! अकस्मात् सर्वत्र शान्ति!

एक करवट और तीसरा सपना :

आँख जल्दी से खुल गई। लिहाफ़ हटाकर उठ बैठा। छाती और मस्तक का पसीना पोंछकर, तौलिया दूर फेंक दिया। दिल ज़ोरों से धड़क रहा था, जैसे कहीं दूर से दौड़कर आया होऊँ।

कमरे में अन्धकार था। उसी के बीच घड़ी ने बारह बजाए। मेरा ज्वर इसी समय बढ़ता है। पड़ोस के घर से गाने की आवाज़ आई। उनके यहाँ कोई उत्सव था।

'बेला फूले आधी रात...'

अपनी गरम हथेली पर अपना कपोल रखे, इसी भाँति बहुत दिन बीत गए। जीवन का एक मूल्यवान अंश मेरे हाथ से जाता रहा। मगर किया क्या जा सकता है? मुझे यह सपने छोड़ नहीं सकते। पहले बीती रातों के सपने आते थे, अब आनेवाले नए दिनों के आएँगे।...

एक रात की बात थी। मैंने एक अद्‌भुत स्वप्न देखा। मैंने देखा, कि धरती पर लेटा हूँ और मेरे चारों ओर भूरे, मटमैले रंग के साँप फैले हुए हैं। साँप, अनगिनत साँप, टेढ़े-मेढ़े, गोल, सीधे, कुंडली मारे हुए, निश्चल लुढ़के हुए हैं। एक को जैसे ही हाथ लगाता हूँ वह ऐसे बिखर जाता है, जैसे राख का बना हो। शेष सब सर्प एक ओर चल देते हैं।

इस स्वप्न का क्या अर्थ हो सकता था? स्वप्न-विज्ञान का प्रकरण खोलकर देखा। फ्रायड कहता है!

सर्प अर्थात् अपूर्ण कामनाएँ!

दूसरी रात। दूसरा स्वप्न। फ्रायड की किताब। हवा के झोंके से उसके पृष्ठ खुलते हैं। उनमें से फ्रायड निकलकर मेरे सामने खड़ा होता है। ''हः-हः-हः! अधूरी कामनाएँ, अधूरी कामनाएँ।'' वह हँसता है। ''किन्तु, मेरे पागल भाई, 'अधूरी' शब्द इसमें अधिक है। कामनाएँ अपूर्ण न रहेंगी, तो फिर कामनाएँ कैसे रहेंगी? फिर तो वे तृप्ति कहलाएँगी। गुड नाइट!''

सपना समाप्त हो गया।

प्रातःकाल अपनी चारपाई के पास नारंगी रंग की धूप का एक ढेर देखा। उस सुनहरी ज्योति में एक पोला-सा साँवला-सा चेहरा दिखाई पड़ा। ओठों पर माधुरी हँसी, आँखों में जादू का काजल। लो, मैं दिन में भी सपना देखने लगा क्या।

कुछ साल पहले की बात है। वे लोग नए-नए लखनऊ आकर पड़ोस के एक घर में रहने लगे। उनके घर में ख़ूब चहल-पहल रहती थी।...खाना-पीना, वाद-विवाद, ज़ोर-ज़ोर से बातचीत, कहकहे, गाना-बजाना। कभी-कभी किसी की मीठी खिलखिलाहट तैरकर मेरे पास तक आती—मस्त खिलखिलाहट जैसे प्याले में कोई शराब ढाल रहा हो।

अनुमान से जान पड़ता था कि उनके घर में 10-15 जने होंगे। दो-चार पुरुष कंठ भी सुनाई पड़े। किन्तु एक और स्वर कभी-कभी सुन पड़ता—कोयल के स्वर से मिलता-जुलता, भोला, हलका, जैसे कोमल पानी पर कमल का फूल तैरता हो। कभी-कभी उसी स्वर में फ़िल्मी गीत की एक तान सुन पड़ती, लेकिन एक पंक्ति के बाद गाना रुक जाता, जैसे यों ही मौज़ में आकर गा दिया गया हो।

फिर एक दिन उसे देखा। एक तनिक साँवली-सी, छोटी-सी, चपल नवयुवती। अधखुले ओठों पर आधी कही बात-जैसी मुस्कान। आँखों में लाज का काजल। सुघर, सलोना मुख, बहुत भोला।...साल भर बीत गया, लेकिन जैसे अभी कल ही

की बात हो। रीता 15 से 16 वर्ष की नवयौवना हो गई, लेकिन जैसे उतनी ही अबोध और अनजान; बेख़बर। क्या उसे पता नहीं कि वह मुझे अच्छी लगती है? वह अवश्य जानती होगी। सब लड़कियाँ जान जाती हैं।

ऐसा हुआ, कि एक रात मैंने अपने जीवन का पहला स्वप्न देखा, अर्थात पहला वह स्वप्न, जो याद रहा।

सुनसान पार्क। हम दोनों बैठे हैं।

वह, "मैंने देखा है, कि आप मुझे अक्सर देखा करते हैं।"

मुझे मज़ाक सूझता है।

मैं, "इसमें मेरा दोष नहीं। मैं विवश हूँ।"

वह, "जी नहीं। आप मुझसे अक्सर बात करने की कोशिश भी करते हैं।"

मैं, "मैं आपसे बात करना चाहता हूँ।"

वह उठकर चली गई। मैं कातर दृष्टि से उसकी अन्धकार में विलीन होती हुई छवि को देखता रहा। केशों पर से सरका हुआ पल्लू, पीठ पर छरहरे बदन के अनुकूल ब्लाउज़, सुघर बाँहें!

कैसा स्वप्न था! निरर्थक। दूसरे दिन जब मैं उनके यहाँ निमंत्रित होकर गया, तो मैंने उसे खोजकर, कहा, "रीता!"

अब हम लोग इतने परिचित थे कि बिना नमस्ते किए मिल सकते थे। उसने जवाब दिया, "कहिए!"

मैंने कहा, "एक बात कहूँ? बुरा तो न मानोगी?" फिर बिना उत्तर की प्रतीक्षा किए, कह दिया, "तुम आज बहुत सुन्दर लग रही हो!" सचमुच वह स्लेटी रंग की साड़ी पहने बड़ी प्यारी लग रही थी।

उसने जल्दी से सिर झुका लिया, और उसके गाल एकदम लाल हो गए। लेकिन सहसा उसके ओठों से मुस्कुराहट उड़ गई, और ओठ कसकर बन्द हो गए।

फिर बड़ी देर तक कोई नहीं बोला। मैंने साहस कर कहा, "कल तुम मुझे स्वप्न में दिखाई दीं!"

वह चौंक पड़ी। एक क्षण उसने मेरी ओर सम्भवत: देखा भी था। नहीं, निश्चय ही देखा था। किन्तु उसकी आँखों में क्या था, यह मैं समझ नहीं सका। शायद प्रश्न था, अथवा कुतूहल, अथवा रोष, अथवा स्नेह।...

इन छोटी-छोटी घटनाओं को अब बहुत दिन, मास, वर्ष बीत गए हैं। मैं बहुत-कुछ बड़ा हो गया हूँ।

किन्तु कुछ स्पष्ट नहीं होता है। चाँद मेरे पास सपने भेजता है, सूरज दिन। कभी वह मुझसे हँसकर बात करती है, कभी परिहास करती है। कभी मैं उसकी ओर देखता रहता हूँ, वह मेरी ओर देखती रहती है। किन्तु कह नहीं सकता, कि वह मुझसे प्रेम कर सकेगी अथवा नहीं।...

जो स्वप्न मैंने देखा था, वही उसने भी देखा था। इसी कारण वह उस दिन पल भर मेरी ओर प्रश्न करती-सी आँखें उठाकर रुकी थी। प्रश्न के भाव से उसने देखा था। वह स्वयं एक प्रश्न है : किन्तु जो स्वप्न मैंने देखा, वही उसने भी क्यों देखा?

जीवन की समस्याएँ और भी हैं, केवल स्वप्न और रीता ही नहीं। वही मेरे हृदय की अधिकारिणी नहीं है, और भी जन संवेदना के भूखे हैं। कर्तव्य! मनुष्य का पौरुष, कर्म! मैं कहाँ हूँ?

लेकिन 'अपूर्ण कामनाएँ'? मेरे सपने? हर रात के बाद एक दिन आता है, काम से भरा हुआ दिन, जीवन से ऐसे ठूँसकर भरा हुआ, जैसे गेहूँ से भरा हुआ बोरा! हलचल, मेहनत, और...

और जीवन बहुत बड़ा है। केवल वही जीवन नहीं है। वह एक अपूर्ण कामना है। वह मेरी सब अपूर्ण कामनाएँ हैं।

परन्तु सपनों के लोभ में मुझे नींद आ रही है। आज मुझे रीता की याद फिर आई है, जैसे नित्य आती है। आशा है कि कल ऐसा सवेरा होगा कि मैं उजाले में उसका भ्रम मिटा दूँगा। वह एक भ्रम है, केवल भ्रम।

मगर मैं दिन में भी स्वप्न देखता हूँ। एक करवट, और एक सपना!

हे भगवान!

[माया, 1949]

कुत्ते की प्रतीक्षा

दीर्घकाल तक लोप रहने के उपरान्त वह मोहल्ले में लौटा। उसके बदन-भर में भयंकर खुजली हो गई थी और एक अत्यन्त दुर्गन्ध उसके साथ-साथ ऐसी फैली हुई थी जैसे मकड़ी के इर्द-गिर्द उसका जाला। एक घिनौना जानवर, जिसके शरीर पर जगह-जगह से बाल झड़ गए थे—लाल, गीले-गीले पैबन्द, जहाँ बैठ जाता वहाँ किलनियाँ उतरकर रेंगने लगतीं, जहाँ खड़े होकर कान फटफटा देता वहाँ बदबू से भरी हुई हवा ऐसे हिल उठती जैसे किसी ने कूड़े के ढेर को कुरेद दिया हो।

वह एक कुत्ता था। एक कुत्ता जो कुछ समय पूर्व मोहल्ले की सड़कों पर निष्प्रयोजन घूमा करता था। इधर-उधर टहलते रहना कुत्तों के लिए कुछ अस्वाभाविक बात नहीं है, परन्तु कुछ दिनों से उसने यह कार्य इस प्रकार अपने सुयोग्य हाथों अथवा पैरों में ले लिया था जैसे वह उसकी विशेष योग्यता हो। सड़क पर, गली में, मोड़ पर, नुक्कड़ पर, हर समय वह अप्रत्याशित रूप से उपस्थित रहता। अच्छी तरह धूप निकल आने से लेकर उस समय तक, जब तक बच्चे बाहर खेला करते, वह क्षणमति बुद्धि की भाँति अस्थिर रहता। रात होने पर वेश्यागामी पुरुष की भाँति किसी गुप्त कोने में रात बिताता और सुबह मन्दिर में घंटा बजने तक, प्रसाद की मिठाई में हिस्सा बँटाने के लिए फिर दिखलाई पड़ता।

मगर जब वह कुछ दिनों गुप्त रहने के पश्चात् लौटकर आया, तब उसके बदन-भर में भयंकर खुजली हो गई थी और एक नितान्त निकृष्ट दुर्गन्ध उसके चारों ओर फैली हुई थी। रोग के कीटाणुओं ने उसके शरीर के रक्त का प्रवाह धीरे-धीरे मन्द कर दिया था। घूमने अथवा दौड़ने की शक्ति उसमें नहीं रह गई थी। अब वह अपने अगले पैरों पर मुँह गिराकर और मैली-मैली आँखें मींचकर कहीं न कहीं पड़ा रहता।

एक दिन यह कुत्ता मेरे घर के अन्दर पाया गया। एक पुराना सोफ़ापीस था, जिसकी कभी मरम्मत होती रहेगी, इस विचार से बरामदे में निकालकर रख दिया था। वह उसके झाँकते हुए जूट और उखड़े हुए स्प्रिंगों के बीच पैरों से एक गुदगुदा गड्ढा बनाकर उसी में जमा हुआ था।

कुत्तों का शौक, एक संस्कृत शौक अवश्य है और मुझे भी कुछ-कुछ है, किन्तु एक गन्दा, घिनौना रोगग्रस्त कुत्ता इस प्रकार से मेरा अतिथि बने, यह जितना असह्य है उतना अनुचित भी है और अत: बाहर से आते हुए उसे तुरन्त भगा देने का आदेश देकर मैं भीतर चला गया। थोड़ी देर बाद बच्चों ने आकर शिकायत की कि वह हटने क्या हिलने से भी इनकार करता है तो क्या हर्ज है अगर हम उसे पाल लें।

मैं बाहर निकलकर आया। छड़ी से मैंने उसे मारा। मगर वह जहाँ था वहीं पर बिना कुछ कहे और सिमट गया। फिर मारा। उसकी खोपड़ी पर छड़ी खट से बोली। वह थोड़ा-सा हिला और कुनमुनाकर गद्दी से तनिक और चिपक गया। इस बार झुँझलाकर मैंने उसे गले और पेट में कोंचा, अब वह चौंककर उठा और उसने अपने कान फटफटाए। इस प्रकार उसने अपनी सारी देह झकझोर डाली। एक गन्ध जैसे जलते हुए ऊन में से आती है, बरामदे-भर में फैल गई, जैसे किसी ने कूड़े के ढेर को कुरेद दिया हो। मैंने नाक पर रूमाल रखे देखा, वह कष्ट के साथ सोफ़े से उतरकर धीरे-धीरे चला गया।

इसके बाद शायद दूसरे ही दिन वह फिर सोफ़े पर पड़ा हुआ था।

कितनी बेहूदा बात थी। यानी इसमें कोई तथ्य नहीं कि इस तरह से सड़क के कुत्ते नागरिकों के घरों में घुस आया करें। फिर इसको कितनी बीमारी हुई है। यह छूत की बीमारी होती है।

किसी बच्चे ने खोज निकाला कि ठंडा पानी डाल देने से वह तुरन्त उठकर भाग जाता है। कदाचित् जल का स्पर्श उसकी लाल-लाल नंगी खाल पर तीव्र खुजली पैदा कर देता होगा। इस तरकीब को प्रयोग में लाया गया। वह थूथन ऊपर उठाकर किंकियाता हुआ फ़ौरन भाग गया।

परन्तु अन्य दिन फिर वही दृश्य।

इस कुत्ते के कारण मैं परेशान हो गया था। प्राय: नियम बाँधकर नित्य वह उस सोफ़े पर आकर बैठा रहता था। गद्दी की रूई, कपड़ा और जूट आदि एक तो यों ही उलझ-पुलझ गए थे। उसके खूँदने-खाँदने से वे और भी अस्त-व्यस्त और गन्दे हो गए थे। यह कुत्ता उठकर घर में इधर-उधर घूमता नहीं था, न कोई उपद्रव करता था—भूँकना, काटना या अन्य इसी प्रकार का। यह तो स्पष्ट ही था कि मुहल्ले के कुत्तों में उसकी पैठ नहीं थी। किसी भले कुत्ते के साथ के योग्य वह था ही नहीं। अन्यत्र ठौर न मिलने पर ही वह यहाँ आकर छिपता था। मगर कितना घिनौना था वह! छि:-छि:, गन्दी बीमारी!! उसके कारण यहाँ तक हो गया कि स्कूल से लौटते समय जब मैं घर से कुछेक क़दम रह जाता, तब अचानक किसी विगत पाप के पुनःस्मरण के समान सम्मुख आकर यह विचार कि वह 'डैम' कुत्ता वहीं बैठा होगा, मन को न जाने कैसा कर देता था। नाक में तीखी-सी एक दुर्गन्ध भर जाती, और

क्षोभ एवं क्रोध से मस्तिष्क घूमने लगता। घर में घुसते मुझे डर लगता था।

कल उसे फिर कुंडली मारकर उसी सोफ़े में आराम से सिमटे-गुमटे देखा। उसकी कमर पर की खाल खुजलाते-खुजलाते छिल गई थी। मांसहीन बदन को लपेटकर बैठने से हड्डियाँ तनी हुई खाल में से उभरकर चमक रही थीं। उसकी साँस के साथ वही पशु-गन्ध निकलती जान पड़ती थी। पर्दा हटाकर जल्दी से अन्दर जाते हुए मुझे कमरे के चिकने फ़र्श पर एक किलनी रेंगती हुई दिखाई दी। अवश्य यह जन्तु, इसी जन्तु के बदन से उतरा होगा।

उसी क्षण मैंने म्युनिसिपल दफ़्तर को एक जबर्दस्त नोट लिखा। मैंने लिखा कि यह कैसा कुप्रबन्ध है। आख़िर कोई बात है कि यह खुजली की बीमारीवाले कुत्ते खुलेआम घूमा करें? फिर घर में घुसकर एक कुत्ता रोज़ बैठता है, घर-घर में बीमारी फैलती है। इसमें कोई तर्क नहीं कि नागरिकों को बेकार परेशानी पहुँचाई जाए। इस कुत्ते का फ़ौरन इन्तज़ाम करें।

यह पत्र क्रोध और विवशता की एक अद्‌भुत दशा में घसीटा गया था। एक प्रकार से मैं उस कुत्ते तथा सफ़ाई के अफ़सर के ऊपर किटकिटा रहा था। इस पर मैंने मुहल्ले के तीन-चार अन्य प्रतिष्ठित जनों के हस्ताक्षर करा लिए और नौकर के हाथ तुरन्त भिजवा दिया।

मुझे एक पूरा दिन अतीव आकुल प्रतीक्षा में व्यतीत करना पड़ा। उस दिन कुत्ता कहीं दिखलाई नहीं पड़ा। यह और भी बुरा लग रहा था। म्युनिसिपैलिटी के उत्तर के अभाव तथा कुत्ते की अनुपस्थिति से मैं दिन भर व्यग्र रहा।

परन्तु दूसरे ही दिन कुत्ते पकड़नेवाली एक सींकचेदार गाड़ी घर से कुछ दूर पर आकर खड़ी हुई। गाड़ीवान का सहकारी छोकरा हाथ में एक चिट्‌ठी लिये हुए मेरा पता पूछ रहा था। गिनती में कम-से-कम डेढ़ दर्जन कच्चे-बच्चे गाड़ी को घेरकर प्रसन्न हो रहे थे। इनमें से एक मेरे पास दौड़कर आया। बोला, ''मास्टर साहब, यह कुत्ते आपने मँगाए हैं? आपका घर पूछ रहा है कुत्तेवाला।''

कुत्तेवाले की गाड़ी में आगे एक भैंसा जुता हुआ था। पीछे बड़ा मज़बूत कटघरा था जिसमें सड़क पर बिना लाइसेंस विचरण करनेवाले 10-12 कुत्ते बन्द थे। एक तो इनमें से विलायती था, झबरे बालोंवाला। दूसरा पागल था। वे दोनों खड़े थे, शेष सब फ़र्श पर मृतप्राय लुढ़के पड़े थे। मैंने कल्पना की कि इन्हीं के बीच वह बदमाश कुत्ता भी अभी शोभायमान होगा।

गाड़ीवाले ने सलाम देकर पूछा, ''साहब, आपके ही घर में कोई कुत्ता घुस आता है?''

मैंने कहा, ''हाँ, कहिए?''

गाड़ीवान, ''हुजूर ने उसे पकड़ लाने के लिए दरख़्वास्त भेजी थी।''

मैं, ''दरअसल! दरख़्वास्त तो मैंने कोई नहीं भेजी।''

गाड़ीवान, ''यह काग़ज़ हमें दिया है साहब आपका पता बता के। आपके ही घर में तो कुत्ता घुस आता है न?''

मुझे इतना ताव आया कि मैं चिल्ला उठा, ''हाँ मेरे ही घर में तो, पकड़ ले जाओ उसे।''

कहकर मैंने बरामदे की ओर उँगली दिखाई। मगर कुत्ता वहाँ नहीं था। गाड़ीवान ने सोफ़े में झाँककर ख़बर दी।

इसका क्या मतलब हो सकता था? ऐन मौक़े पर इतनी आसानी से वह छूटकर चलता बने। जा कहाँ सकता है वह। रोज़ तो आकर यहीं बैठता था। मैंने गाड़ीवाले से कहा, ''तुम ठहरो,'' और मुन्ना से कहा—''ढूँढ़कर उसका पता लगाओ।''

पड़ोस के घर में देखा गया। शायद मेरे यहाँ रोज़-रोज़ निरादृत होकर आज वहाँ चला गया हो। चौराहे पर ढुँढ़वाया गया। वहाँ भी नहीं।

किसी लड़के ने कहा, ''उधरवाली सड़क पर आज सुबह बैठा था।''

किसी ने कहा, ''मैंने देखा था आपके यहाँ आज भी आया था एक बार।''

मैंने सोचा, वह अधिक चल-फिर तो सकता नहीं। यहीं कहीं मुहल्ले में होगा।

गाड़ीवाले ने अपने असिस्टेंट को उसी लड़के के साथ भेज दिया। उसने अपनी रस्सी, जिसके एक सिरे पर फन्दा बना हुआ था, उठाई और चल दिया। पीछे-पीछे ही-ही, हू-हू करते हुए 10-15 लड़के भी चले। मैंने चिल्लाकर कहा, ''काले रंग का है कुत्ता।''

गाड़ी धूप में खड़ी थी। कुत्ते गर्मी से प्यासे होकर अपनी लाल जीभें सींकचों से बाहर निकाले हुए हाँफ रहे थे, जिनमें से लार टपक रही थी।

एक लड़के ने कहा, ''अमाँ यार, इनको पकड़कर करते क्या हैं?''

दूसरा बोला, ''पालते होंगे।''

पहला, ''दुर पागल, पालना होता तो बाबूजी अपने कुत्ते को पकड़वाते क्यों?''

दूसरा झेंप गया। एक ने कहा, ''नहीं जी, नहीं, इनकी जबान काट लेते हैं, उसकी दवा बनती है।'' कहकर उसने उनकी भीगी-भीगी जीभों की तरफ़ ग़ौर से देखा, इतने में एक कुत्ता गुर्राया। गाड़ीवाले ने घूमकर पीछे देखा और फिर अपनी बीड़ी में संलग्न हो गया।

इसी तरह काफ़ी देर बीत गई। गाड़ीवाला गाड़ी को नीम की छाया में ले गया और धीरे-धीरे उसने बहुत-सी बीड़ियाँ फूँक डालीं। लड़कों की भीड़ छँट गई।

अकस्मात् सड़क के उस छोर पर विश्वविजेता की भाँति स्फीतवक्ष गाड़ीवान का सहकारी छोकरा उदित हुआ। उसके पीछे-पीछे तमाम लड़कों की भीड़ आती दिखाई दी। असिस्टेंट के हाथ में रस्सी का एक छोर था और दूसरा काले कुत्ते की गरदन में बँधा था। मैं खिड़की से थोड़ा और झाँककर प्रतीक्षा करने लगा कि कैसे वह कटघरे में बन्द किया जाता है।

गाड़ीवान के साथ जो छोकरा आया था वह शायद इस काम में नया-नया भरती हुआ था। एक हाथ से दरवाज़े को खुला रखकर दूसरे से रस्सी द्वारा कुत्ते को अन्दर उचका देने में बार-बार कुछ न कुछ गड़बड़ी हो ही जाती थी। कभी कुत्ता आगे आने से इनकार कर देता, कभी दरवाज़े से एकसाथ दो-चार अन्दरवाले कुत्ते भौंकने लगते।

एकाएक गाड़ीवाला बीड़ी फूँककर बड़बड़ाता अपने बैठने की जगह से कूदकर पीछे आया। एक गाली उसने छोकरे को दी और एक कुत्ते को।

"देख इस तरह किया जाता है,"—कहकर कुत्ते की गरदन में फँसे फन्दे को पकड़कर उसने ऐसा अन्दाज़ा जैसे बड़ी आसानी से सफ़ाई के साथ उसे कटघरे के अन्दर कर देगा।

"हत्तेरे की," वह चिल्लाया। "जाओ बेटा, तुम्हारी क़िस्मत अच्छी थी।" उसने कुत्ते के गले का फन्दा धीरे-धीरे खोल दिया फिर उसने छोकरे को घूरकर डाँटा, "क्यों बे, देखता नहीं गले में लाइसेंस-पट्टा पड़ा है। पालतू कुत्ते को क्यों पकड़ लाया?"

मैंने चौंककर आगे बढ़कर देखा। कुत्ता था तो काला मगर शायद वह नहीं था। वैसे तो खुजली इसे भी ज़रा-ज़रा गरदन पर थी।

इसके बाद म्युनिसिपैलिटी का कुत्ते पकड़नेवाला गाड़ी को मज़े-मज़े हाँककर ले गया। उस कुत्ते की प्रतीक्षा में अब भी हूँ। और किया ही क्या जा सकता है?

[*नवजीवन,* 7 मई, 1950, यही कहानी सिर्फ़ 'कुत्ता' शीर्षक से *संगम* के 6 जनवरी, 1952 के अंक में भी छपी है।]

घरौंदा

तेज़ हवा चल रही थी, ठंडक भी थी। और तिमंज़िले के झरोखों में दीये बुझ-बुझ जाते थे : बड़ी देर तक मैं इस दीये से उस तक दौड़ता रहा, मगर हवा का झोंका कई को एकसाथ बुझाता था और मैं कोई यन्त्र तो था नहीं जो सबको एकसाथ ही बाल देता। थोड़ी देर बाद मैं दु:खी होकर खिड़की पर जा बैठा। सामनेवाले और पड़ोस के मकान में दीवालों और मुँड़ेरों के अनुसार दीयों की पंक्तियाँ जगमगा रही थीं। यह देखकर मैं रो पड़ा।

तब मैं 9-10 वर्ष का था।

मैंने सोचा यह क्या बात है कि मेरे ही घर में अच्छी रोशनी नहीं है—जबकि इनके यहाँ है। इनके यहाँ दीये बिना बुझे जल रहे हैं और सारा कोठा जगरमगर हो रहा है जैसा कि दीवाली में होना चाहिए। और कोई दिन हो और एक-दो दीये हों तो चाहे जलते रहें चाहे बुझ जाएँ—क्या फर्क पड़ता है! (इसे आलंकारिक अर्थ में न लें)। बात केवल यह थी कि हवा का रुख उनके अनुकूल था—अर्थात् उनके घर की कुछ ऊँची दीवालें हवा को झेल लेती थीं—हमारे मकान को बचानेवाली कोई दीवाल न थी। बात केवल यही थी पर मुझे अचानक लगा कि हम ग़रीब हैं—ये पड़ोसी पैसेवाले हैं, इसलिए हमारे यहाँ दीये जलते रह नहीं पाते; जैसे अन्य क्षेत्रों में वे अपनी सामर्थ्य के बल पर सफलता पा लेते हैं और हमसे आगे निकल जाते हैं—वैसे ही यहाँ भी। इनके दीये हवा से नहीं बुझ रहे हैं—ठीक ही तो है—इनके पास पैसा है, क्या न हो।

आँसू पोंछकर, ज़ीने उतरकर मैं नीचे आया। हम लोग दुमंज़िले पर रहते थे; घर में जगह कम थी—आँगन नहीं था—केवल तीन छोटे-छोटे कमरे थे और जब की बात कह रहा हूँ तब साधारणतया लोग छह-छह और सात-सात कमरों के मकानों में रहा करते थे—तब स्थान की ऐसी कोई सर्वव्यापी कमी नहीं थी। तीन कमरों में से एक में, जिसमें मैं पढ़ता था, पिताजी होम्योपैथिक दवाओं का बक्स सामने रखे, डॉ. प्यारेलाल की मशहूर मैटीरिया मेडिका में कुछ खोज रहे थे। मेरे दो महीने के भाई को कोई साधारण-सा रोग हो गया था—शायद वह रोने बहुत

लगा था—पिताजी के ऐसे भी चिन्तित रहनेवाले मुख पर इस चिन्ता ने कोई भिन्न रेखा नहीं डाली थी, पर मुझे अभी-अभी रो चुकने के कारण सब कुछ स्पष्ट समझ में आने लगा था, इससे मैंने तुरन्त देख लिया कि हमारे घर में वह ख़ुशी नहीं है दीवाली पर जिसकी आशा करना हमें सिखाया गया है—और नहीं है तो हम सब घरवाले एकत्र उसके अभाव का अनुभव करते हैं, हममें से किसी एक के कारण वह दुःख नहीं आया है। इससे पिताजी या माँ या दो महीने के भाई से इस बात पर झगड़ा करना तो ख़ैर ठीक है ही नहीं, अकेले एक कोने में मुँह बनाकर बैठ रहना भी उचित नहीं होगा। मैंने पूछा, "बाबूजी, हमें घरौंदा नहीं बना देंगे?" पिताजी ने मेरे स्वर में कुछ अतिरिक्त स्वाभिमान सुनकर किताब से सिर उठाया और मुस्कुराकर कुछ देर कुछ सोचा; फिर मुझसे खेलने की नीयत से बोले, "आप दस बरस के होने आए—अभी भी आपके लिए घरौंदा सजाया जाए?"

मैंने सीना निकालकर और दुःखी आवाज़ को अधिक काँपने से बचाकर जवाब दिया, "हाँ, हर दीवाली पर घरौंदा बनता है—इसी पर क्यों नहीं बनेगा?"

पिताजी को बात अच्छी लगी पर उन्होंने तर्क किया, "भई, घरौंदे में खिलौने सजाए जाते हैं और खिलौने तो अभी तक लाए नहीं...और फिर अकेले तुम किसके साथ घरौंदे में खेलोगे भला?"

यही सोचकर तो मैं अभी तक खिलौने लाने के लिए उत्सुक नहीं हुआ था—इस मजबूरी को मैंने चुपचाप, अन्य आकर्षणों की अपेक्षा में (जैसे चौराहे पर सबके साथ पटाखे छुड़ाना इत्यादि) स्वीकार कर लिया था—पर इस समय यही अभाव मेरे अहं की रक्षा कर रहा था। मैंने कहा, "मैं ही घरौंदे में बैठूँगा" (वास्तव में 'मैं खेलूँगा' कहना चाहता था, पर झिझक गया) : मैंने कहा, "मैं ही बैठूँगा— " और फिर कुछ सोचकर जोड़ दिया, "और आप बैठेंगे।"

फिर उसी कमरे में डेस्क और कुर्सियाँ हटाकर, भइया के खटोले को तख़्त के नीचे कर और बक्स से धुली चादर निकालकर घरौंदा बनाया गया। उसे घेरने के लिए मैं तिमंज़िले से ईंटें उठा लाया जो वहाँ कई महीनों से किसी मरम्मत के सिलसिले में आई हुई पड़ी थीं। तिमंज़िले की मुँड़ेर पर तब केवल 3-4 दीये ऊँघ रहे थे—उनको अनदेखा करके मैंने कोने से अँधेरे में ही सफ़ेदी की हँड़िया खोज निकाली। अभी कल ही सफ़ेदी होकर चुकी थी (हालाँकि दीवालें नीचे से आधी-आधी ही पुतवाई गई थीं) और उसमें कुछ बच रहा था। उससे ईंटें पोतकर उजली कर दीं। दो-तीन पिछली दीवालियों के खिलौने किसी नए ढंग से सजा दिए गए। ये पिताजी की इधर-उधर की चीज़ें जमा करने की आदत की लपेट में आकर ख़्वामख़्वाह जमा हो गए थे। महराजिन चाची सगुन के नए लक्ष्मी-गणेश लाकर दे गई थीं। उन्हें खिलौने के बीच में लाकर बिठाया : वे ही खिलौने नए थे, ऊपर से देवता थे और सबसे ऊपर दीवाली की विशिष्ट पहचान, इससे मैं आश्वस्त हुआ।

फिर एकसाथ पन्द्रह-बीस दीये उस घरौंदे में रखकर मैंने खीलों-बताशों और चीनी के खिलौनों की एक अच्छी-ख़ासी रसद की माँग की। घर में जितनी थी सब वहाँ रखकर और दीये जलाकर मैं चुपचाप दूर से एक बार सारा दृश्य देख गया। खाने की चीज़ों में से एक दाना भी नहीं छुआ—आत्मरक्षा की मेरी प्रज्वलित भावना ने कहा कि इन्हें व्यय मत करो। कुछ देर पिताजी और माँ और भइया भी वहाँ बैठे। मैं पूजा होने तक जागता रहा; फिर काजल अँजवाकर और चुपचाप भरपेट खाना खाकर उसी घरौंदे में सो गया।

दीये सब पूरी लौ से जलते रहे—यहाँ हवा के झोंकों की पैठ नहीं थी—वह मेरा घरौंदा सुरक्षित था—वास्तव में वह मेरा घर था—पिताजी का परिवार—जो, जो कुछ भी था उसी में एकत्र था। उसमें एक इकाई की भावना थी और इस सामूहिक उत्सव के अवसर पर एक अजब तुलना में बढ़कर वह और तीव्र और अहंशालिनी हो उठी थी।

हम चारों जने कितने अकेले थे—और इस साल की दीवाली भी एक नए ढंग की दीवाली थी। पिछले साल जब छोटा भइया नहीं हुआ था—हम लोगों ने बहुत से लोगों को बुलाया था और देर रात तक पिताजी ने भी पहले कौड़ियाँ फेंकी थीं, फिर फलाश की कई बाजियाँ खेली थीं, जैसे जीवन में वैसे ताश के खेल में वे चाल चलने में या दाँव बोलने में हमेशा अनावश्यक ईमानदारी बरतते हैं इसलिए कोई भी बाजी उन्हें बाँटने को नहीं मिली थी। इसी शहर में रहनेवाली हमारी एक बुआ सपरिवार आई थीं जिन्हें हर त्योहार पर सपरिवार भोजन का निमंत्रण होता था। उन्होंने आकर ख़ूब पान लगाए थे और अम्मा से ख़ूब गप्पें लड़ाई थीं। उनको सब पता रहता था कि कौन चीज़ कहाँ बाज़ार भाव से बहुत कम पर मिल रही है—जो चाहे ले आए—नहीं, हम ही चलें दिला दें और यह भी उनको बहुत आता था कि कद्दू के छिलके को ऐसे कैसे बनाया जाए कि उसमें कीमे का धोखा हो, या पुरानी धोती की किनारी के क्या-क्या इस्तेमाल हैं। इस साल के पिछले ही साल की बात थी, पिताजी किसी न किसी प्रकार अपने भाईयों-बहनों के परिवारों से सम्बद्ध थे, मित्रों से भी, एक चहलपहल-सी हुई थी। जो केवल औपचारिक निमंत्रण पर आए अभ्यागतों के इधर-उधर आने-जाने के कारण नहीं हुई थी—उसमें कुछ ऐसा था कि ये सब लोग किसी विवशता से अलग-अलग रहते हैं—आज अवसर पाकर एकत्र हो गए हैं। मैं तब दीयों के जलने-बुझने की चिन्ता में नहीं पड़ा था—बुजुर्गों में घुसकर उनकी बातें सुनने में बड़ा मज़ा आता था। पूजा के समय पिताजी ने तब भी काफ़ी उदासीनता दिखाई थी। वे अपने पैरों खड़े हुए थे और लक्ष्मी की पूजा में विश्वास नहीं रखते थे, रुचि चाहे रखते हों क्योंकि उसमें यह तो कहा ही जाता था कि हमें इस वर्ष और समृद्धि दो। वे नए-नए ही अपने परिवार के कर्ता हुए थे—बहुत कुछ स्थिर भाव से—बिना अधिक विछोह अनुभव

किए हुए उन्होंने वह नई परिस्थिति स्वीकार की थी—पर मुझे सब कुछ उखड़ा-उखड़ा-सा लगने लगा था—एक उगते हुए धान के पौधे को दूसरे खेत में रोपने में किसान को क्या दर्द होता है ? उसी प्रकार संयुक्त परिवार के विकीर्णन की ऐतिहासिक पद्धति को बढ़ते हुए बच्चों के मन का क्या पता ?—मगर सच्चाई यह थी कि इस दीवाली पर मुझे यह स्पष्ट ज्ञान हुआ था कि प्रथा वही है, त्योहार भी वही है, परन्तु वह पारिवारिक, सामूहिक उत्सव की अनुभूति नहीं है जो दीवाली या उसके बराबर के किसी भी त्योहार की तात्त्विक विशेषता है। वह दिन ही नहीं रहे जब दीवाली का कोई अर्थ हुआ करता था—जब वह त्योहार एक 'अवसर' के रूप में आता था, अब की भाँति एक 'तिथि' के रूप में नहीं। तब इसी दीवाली का आना मात्र कैलेंडर से नहीं जानते थे—मौसम का बदलना और घर में त्योहार की तैयारियाँ होना एक-दूसरे के आनुषंगिक थे। यही नहीं कि तब हम लोग अधिक समृद्ध थे, अन्य मध्यवित्त परिवारों की भाँति तब हम लोग एकत्र थे। तब हमारे घर में बड़ा-सा आँगन था। दुमंज़िले पर बाबा, हमारे पितामह रहा करते थे और नीचे आँगन में हम सब बच्चे अपने पिताओं के लाड़ और बाबा के आतंक के औसत के अनुपात में ही शोर मचा सकते थे। उस समय मैं बहुत छोटा रहा होऊँगा और इसलिए मेरे तब के संस्मरण केवल कुछ भावों तक ही सीमित है। सारे घर भर में तुरन्त हुई पुताई की एक अजब-सी महक भरी खुश्की, शाम को बढ़ती हुई ठंडक और पुलोवर न पहनने पर पड़नेवाली डाँट, चाचा, बुआ और मौसी के लड़के-बच्चे मेरे समवयस्क या मुझसे बड़े, उनकी शैतानियाँ, विशेषकर अपनी छोटी बहनों को खिझाने की जो ऐसी शैतानी है जिसे मैं कभी न कर पाया न शायद कर पाऊँगा। बहन के अभाव का मेरा यह रोना यहाँ अप्रासंगिक है—पर यह बिलकुल सच है कि अगर भाइयों पर मरनेवाली, उनके भेदों को गुप्त रखनेवाली और इतना हँसने-गानेवाली वे बहनें न होतीं तो तबके उस विशाल संयुक्त परिवार का हमारी आयुवालों के लिए कोई महत्त्व न होता।

दीवाली तब हमें हर साल एक-सी अच्छी लगती थी।

घरौंदा तो तब बनता था। अन्ततः होता यही था कि हम सब लड़के-बच्चे उसमें से खदेड़ दिए जाते थे और—सगुन की कौड़ियाँ फेंकने के बाद से लेकर पौ फटने तक दूर से दूर के रिश्तेदारों—औरतों, बुड्ढों और जीजाओं और सालियों का जमघट वहाँ लगा रहता था। मैं—या कहूँ कि 'हम' —क्योंकि तब मैं बिलकुल भी अकेला नहीं था—जब तक स्वेच्छा से रुचि के कारण जाग सकते जागते और एक हमारे बड़े होशियार चाचा हैं उनके दाँव पर लग्गू बसते रहते और अपनी हार-जीत का हिसाब मिलाया करते—उसके बाद कुछ देर कर्तव्य भावना से जागकर वहीं हुलक जाते। बीच में शायद एक बार—चाय बनती तो—जागते नहीं तो फिर तो यही याद है कि सुबह अचानक मौसम बदला हुआ मिलता—आँगन में रातरानी तक धूप

आई हुई होती और घर भर में कुंकुम और तेल की गन्ध भरी हुई होती जो रात भर जला था।

जब छोटे चाचा ने प्रकाशन का व्यापार बन्द करके ज़मींदारी का अपना हिस्सा बँटवा लिया और गाँव में रहने लगे, और बड़े किसी कॉलेज के अध्यापक होकर सपरिवार दूसरे शहर चले गए यानी जब बाबा का देहान्त हो चुका तब तो पिताजी अकेले रह गए।

तब मैं 9–10 वर्ष का था। और आरम्भ में जिस घटना का वर्णन मैंने किया है वह मध्यवर्ग के एक परिवार के सांस्कृतिक जीवन में आनेवाले एक बड़े अन्तराल से सम्बद्ध है। किसी परिवार की दीवाली उस परिवार और उस परिवार के वर्ग की आर्थिक दशा का प्रतिबिम्ब है—इस अर्थ में दीवाली वास्तव में लक्ष्मी का त्योहार है। और जैसे-जैसे बढ़ते हुए मूल्यों और घटती हुई जीविका—अर्थात् बढ़ते हुए औद्योगिक या कृषिक शोषण के साथ मध्यवर्ग की परिवार व्यवस्था विकीरित होती गई है, वैसे उसकी दीवाली का रूप बदलता गया है। हमारे चाचा के सभी लड़के परदेस में हैं—कोई कहीं, कोई कहीं। रोज़ी की फ़िक्र में हम भी इस विराट नगर में आकर अकेले रहने लगे हैं। बचपन की दीवालियों की याद तो बहुत आती है, घरौंदे की भी। मगर घरौंदे के आप-हम अभ्यस्त हैं क्योंकि इस स्थानसंकुल नगर में जिस घर में हम रहते हैं वह आकार में घरौंदे से बड़ा नहीं है। और रही घर के याद आने की बात सो अब हम स्वयं एक घर हैं, एक विशाल संयुक्त परिवार की अन्तिम इकाई—जो अब स्वतंत्र है—पर अब भी यदि हमें अपने पड़ोसियों में आस्था न होती तो इसका बड़ा डर रहता कि दीवाली अब कहीं व्यक्ति का ही त्योहार बनकर न रह जाए।

[जनसत्ता, 18 अक्टूबर, 1952]

मूँछ

सुबह-सुबह यानी नौ बजे हमारे अकेले कमरे के दरवाज़े पर किसी ने दस्तक दी। बिना सोचने का यत्न किए हुए मैंने कहा : "चले आओ।"

एक अपरिचित चेहरे ने अन्दर झाँका। फिर कहा, "उठिए।"

मैंने कल शाम को शेव किया था और नित्य की भाँति सुबह उठकर पहले-पहले अपना चेहरा देखने को नित्य से अधिक आतुर था। उसके बजाय देखा इसे।

मेहरुद्दीन ने (महरा की हमारी रक्खी हुई नामवाचक संज्ञा) अपनी मूँछें मुँड़ा दी थीं। सिर घुटा लिया था। सिर पर, और कुछ नहीं मिला तो एक फटा रेशमी रूमाल बाँध लिया था। स्पष्ट था कि हमारा दिया हुआ यह रेशमी रूमाल किसी और काम नहीं आ सकता था और सूती कपड़े तो पहनने के भी काम आ सकते थे।

इस रूमाल से ही मैंने पहचाना कि यह मेहरुद्दीन यानी हमारा महरा है जो कमरा साफ़ करने रोज़ आता है। बिस्तर से कूदकर हम बरामदे में आ खड़े हुए। वास्तव में कमरा इतना छोटा है कि कोई बिस्तर से कूदे तो बरामदे ही में गिरे। मुझे खेद है कि इसके बाद जो हुआ उसका अभी तक के वर्णन से वातावरणगत सम्बन्ध कुछ क्षीण होगा, पर वह अपने ही में यथेष्ट रोचक है।

फ़र्श झाड़ते हुए अचानक मेहरुद्दीन कुछ शरमाकर बोले, "दो-तीन दिन से हमारा मुँह कुछ अजीब-सा लग रहा है।"

वैसे तो समूचा वह कुछ अजीब-सा लगता था। लम्बा, काला, दुबला और बड़ी-बड़ी मूँछें।

"क्यों?" हमने पूछा, यद्यपि जानते थे कि क्यों।

"हमने मूँछों पर अस्तुरा चलवा दिया है।"

"क्यों?"

"हमारे पिताराम गुज़र गए हैं।"

"अरे! कब?"

"पता नहीं। कई दिन हुए। हमें तो गाँव से अब ख़बर आई।"

"अच्छा! क्या बीमारी थी? क्या उमर थी?"

"उमर हमें क्या पता? वो बहुत बुढ़ा गए थे। बीमार बहुत थे। हमें दो-तीन दिन से बहुत बुरा लगता है। मूँछ-दाढ़ी-सिर सब मुँड़वा लिया है।"

"तो क्या हुआ। मूँछ फिर उग आएगी।"

इससे उसे कुछ ख़ुशी हुई इसलिए वह हँसा या इस बात में यों ही कोई हँसानेवाली बात थी इसलिए, पर हँसकर कहने लगा कि अब वैसी मूँछ कहीं उग सकती है। मेरे बहुत बड़ी-बड़ी मूँछें थीं।

ज़रा देर सोचकर वह फिर बोला, "अभी तक हमारे मूँछ नहीं मुँड़ाई गई थी। अब कोई भी हमारे यहाँ गुज़र जाए तो हमें सारा सिर मुँड़ाना पड़ेगा। चाची, भतीजा, दादी, मौसी, भांजा तक कोई भी मर जाए तो हमको सारे मुँह पर अस्तुरा चलवाना पड़ेगा।"

"क्या बताएँ भाई, तुम्हारी मूँछें तो सचमुच बहुत उम्दा थीं, मगर क्या किया जाए। जब तुम्हारे पिताराम ही नहीं रहे तो मूँछें क्या रहतीं। मगर पिताराम तो फिर मिलेंगे नहीं मूँछें तो आ जाएँगी।"

यह बात उसकी समझ ही में नहीं आई। मेरा मतलब न समझकर वह मूर्खों की तरह हँसने लगा और दलील देने लगा कि मूँछ बड़ी चीज़ होती है—एक बार गई तो गई। देखिए, आदमी की इज़्ज़त उसकी मूँछ से ही होती है।

इस पर मैंने नीतिवश उसकी मूँछों के प्रति बड़ी संवेदना प्रकट की क्योंकि उससे बहस क्या करता। मैंने कहा, "क्या बताएँ, तुम पर तो बड़ी मुसीबत आ पड़ी।"

"हमारा तो कुछ नहीं। हमारे चाचा के लड़के के ऐसी बढ़िया दाढ़ी थी—ये दाढ़ी थी और ख़ूब मूँछें थीं—ये-ये। उसके पिताराम चले गए तो बिचारे का सारा चेहरा एकदम मुँड़ गया। अब तक उसके वैसी ज़बर दाढ़ी नहीं आई।"

यह सुनकर मैंने उसकी तकलीफ़ समझने की बहुत कोशिश की। समझ में नहीं आया कि उस पर बहुत बड़ी मुसीबत आ पड़ी है कि उसके पिताराम गुज़र गए जो बहुत बूढ़े थे—बीमार और बेकार—और जिन्होंने उसको पाल-पोसकर इतना बड़ा कमाऊ आदमी बना दिया था। अब उसकी अपनी इज़्ज़त थी—मूँछ थी—वह जाती रही।

इस तरह जो कुछ हानि हुई वह एक सयाने मर्द की हुई जो अब स्वतंत्र था। पिता उसको एक पुरुष बनाकर चले गए तो चले गए। यह अच्छा हुआ कि वह हानि कच्ची उम्र के बिना मूँछवाले, लौंडे की नहीं हुई।

[1952, अप्रकाशित]

फुटबॉल

वह असली फुटबॉल नहीं थी, रबर की बड़ी-सी गेंद थी। मुझे फ़िलहाल इसी बात से उलझन हो रही थी कि ये लड़के इस हलकी-सी गेंद को लेकर क्यों जान लड़ाए दे रहे हैं।

एक ने दूसरे के पैरों से गेंद को खींच लिया और सीधे दौड़ाता ले चला। ज़रा दूर पर ठहरकर उसने रुख बदला और चाहता था कि गेंद को दूर पर अपने दोस्त के पास कर दे—और उसने एक शॉट भी लगाया—मगर एक तीसरे ने बीच ही से गेंद को उड़ा लिया और फिर एक ओर दौड़ाता ले चला।

कोई मैच नहीं था। यों ही एक-दूसरे से कैरी करने की प्रैक्टिस हो रही थी। बड़ा भारी मैदान था, चार-पाँच लड़के थे—ग्यारह-बारह बरस के, मैदान के एक छोटे से हिस्से में गेंद घूम-फिर रही थी। इतने में देखा, एक छोटे-से साहबजादे भी इधर-उधर दौड़ रहे हैं, "हमें भी खिलाओ।" काला-सा गोलमटोल शरीर और उस पर हरी कमीज़ और हाफ पैंट! ऐसा लगता था जैसे इसी घास में से एकदम कोई चीज़ पैदा हो गई हो।

उम्र रही होगी कोई छह-सात बरस की। बच्चा था। बहुत दौड़ता तो भी गेंदवाले लड़के के दस गज पीछे ही रहता। एक ने गेंद को उसकी तरफ़ फेंका और आवाज़ दी, "मार परमा।"

परमा ने बड़ी शान से किक लगाई। सारा एक्शन बड़ा शानदार था। पैर का फेंकना और बदन का झूमना। कमी सिर्फ़ यही थी कि गेंद दोनों पैरों के बीच से सीधी निकलती चली गई। परमा ने घूमकर उसका पीछा नहीं किया। थोड़ी देर तो वह इधर-उधर दौड़ा, फिर खड़ा होकर इन्तज़ार करने लगा।

ज़रा देर बाद फिर उसी लड़के ने परमा को गेंद पास की कि 'मार परमा' : इस बार परमा ने बड़ी सुघर किक लगाई थी मगर पता नहीं क्यों गेंद उसकी पीठ पर आकर लगी।

"नहीं, नहीं, उससे मत लो गेंद भई, हाँ, परमा, लगा।"

अब थोड़ी देर के लिए गेंद पर परमा का एकाधिकार था। उसने पहले तो पैर

उठाया कि वहीं से किक लगा दे—गेंद का क्या ठिकाना—रहे कि छिन जाए। मगर फिर कुछ सोचकर गज भर पीछे हटा और बड़े स्टाइल से, पेनाल्टी शॉट लगाने के अन्दाज़ में गेंद पर झपटा।

तब तक गेंद मैदान के उस कोने में दो लड़कों के बीच पिट रही थी।

परमा के शानियल एक्शन का अन्त इस तरह हुआ कि उसने दोनों हाथ कमर पर रख लिए और 'में' करके फुक्कड़ मारी कि हमें तक सुनाई पड़ी।

इसके बाद कई बार गेंद उसके हाथ आई और आने के पहले ही निकल गई। उधर कोई गेंद को सरका ले जाता इधर वह वहीं खड़ा हो जाता और रोता 'में'।

लड़के सब ग्यारह-बारह बरस के बाद की उम्र के थे, उन्हें धीरज कहाँ! धीरे-धीरे गेंद की ऊँचाई ज़मीन से बढ़ती गई। उस पर चोट भी अब 'बुम्' से बोलने लगी, बहुत कुछ जैसे असली फुटबॉल पर बोलती है। खिलाड़ी दूर-दूर होते गए और गेंद मैदान के इस कोने से उस तक, हवा में धनुष बनाती हुई आने-जाने लगी।

बीच मैदान में परमा खड़ा था और उठी हुई गरदन डुला-डुलाकर गेंद को आते-जाते देख रहा था। अपनी उम्र के लड़कों के साथ खेलने को वह राज़ी नहीं था और इनके साथ खेलने की उसकी औकात नहीं थी। बार-बार मुफ़्त में गेंद देकर बड़े लड़कों ने उसका दिमाग़ बिगाड़ दिया था।

वह चुपके से रेंग गया और थोड़ी देर बाद एक परैम्बुलेटर के साथ लौटा। उसमें एक नन्ही-सी बिटिया थी—उससे कुछ ज़्यादा ही काली और लाल कोट पहने हुए। परैम्बुलेटर कोई नौकर टहला रहा था, उसे वह यहाँ घसीट लाया था।

बिटिया ने दोनों हाथ उठाकर 'आँ-आँ' करना शुरू किया, फिर उचक-उचककर सारी गाड़ी को हिला डाला। इसके बाद बहती हुई नाक के मुँह में जाने का ख़याल किए बिना उसने भी बड़े ज़ोर से फुक्काड़ा मारा 'में...'।

बिटिया का बड़ा भाई आकर पूछता है, "क्या है?"

नौकर कहता है, "बिटिया अपनी गेंद माँगती है।"

भाई, "नहीं बिट्टो, गेंद नहीं। हम लोग खेल लें, ऐं, क्यों न? बड़ी अच्छी है बिट्टो, हाँ हाँ।" मगर गेंद तो बिट्टो को देनी ही पड़ी क्योंकि नौकर ने उसे किसी तरह बहलाने की कोशिश ही ठीक से नहीं की। और फिर गेंद बड़े भाई के हाथ में ही थी, वह उस पर अधिकार रखने के लिए उसे उठाए लेता आया था।

बिट्टो ने गेंद को दोनों हाथों से सीने से चिपका लिया और जब गाड़ी खर-खर करके चल दी तो उस पर उसकी लार टपककर फैलने लगी। पीछे-पीछे परमा चला। गेंद का खेलना उसके बस के बाहर था, पर इस समय उसको सन्तोष यह था कि गेंद उससे भी छोटे एक बच्चे के पास पहुँच गई जिसके पास उसका कोई उपयोग नहीं।

मैं यह सब देख रहा था। मुझे बड़ा बुरा लगा कि देखो तो एक किसी की

अयोग्यता के कारण सारा खेल बन्द हो गया। क्या नौकर बच्ची को किसी तरह बहला नहीं सकता था? फिर अचानक समझ में आया कि सारा खेल ही ग़लत था। जो बच्ची गेंद खेल ही नहीं सकती उसे फुटबॉल की इतनी बड़ी गेंद किस बेवक़ूफ़ बाप ने तो दी है। और ये लौंडे बारह-बारह बरस के होने को आए—असली फुटबॉल पर क्यों नहीं ताक़त आजमाते? फिर परमा को चाहिए कि अपने बराबरवालों के साथ खेले, अगर बड़ों से मुक़ाबिला करता है तो रोता क्यों है, मुक़ाबिला तो अपने से ताक़तवर से होता ही है।

[1952, अप्रकाशित]

कहानी की कला

कहानी बहुत छोटी-सी है, ज़्यादा वक़्त नहीं लूँगा, यानी उससे ज़्यादा नहीं जितना आपने मुझे दिया है मगर सम्भव है कि...बल्कि डर है कि कहानी वक़्त से पहले ही न समाप्त हो जाए और आप कान लगाए सुनते रह जाएँ कि और क्या कहता है, और मैं इधर मुँह बाए ही रह जाऊँ।

इसलिए कहानी को थोड़ा-सा लम्बा करना पड़ेगा। विस्तृत करने की अनुमति मिल जाए तो सुविधा यह है कि बहुत लम्बी हो जाए तो काट दी जा सकती है, कम लम्बी रह जाए तो बढ़ाई जा सकती है मगर छोटी रह जाने में यह सुविधा तो खैर है ही नहीं, ऊपर से ख़तरा यह है कि कुछ कहने से रह जाए और इससे भी बड़ा ख़तरा यह है कि जो कहना है वही कहने से रह जाए। साथ ही एक ज़िम्मेदारी भी है, वह यह कि बात को पहले सही ढंग से समझा जाए ताकि उसका तत्त्व मालूम हो जाए, क्योंकि संक्षेप जिसमें तत्त्व नहीं है और केवल लघुता है, वास्तव में संक्षेप नहीं, न्यून है। फिर यह भी एक बात है कि विस्तार सीमित होने के कारण इतना स्थान—क्षमा कीजिएगा—इतना समय नहीं रहेगा कि सही और ग़लत दोनों तरह की बातें एकसाथ कही जा सकें। यों सही और ग़लत दोनों बातें साथ-साथ न कहने के पक्ष में और तर्क भी हैं, पर यहाँ यही चलने दीजिए, चाहे इसी तर्क से मुझे होशियार क्यों न हो जाना पड़े।

जी? क्या कहा आपने? कहानी? आप कहते हैं कि आख़िर कहानी तो बताइए क्या है? ओह, कहानी तो बहुत छोटी-सी है। छोटी है, मगर कहानी तो है, और फिर इतनी छोटी भी नहीं कि बिना कहे आप तक पहुँच जाए। उसे सुनाने में मेरा कुछ नहीं लगता—न समय, न श्रम, किन्तु मैं हिचकता हूँ यह सोचकर कि कहानी तो है बहुत छोटी-सी, इत्ती-सी, क्योंकि वह सरल है, और वह सरल इसलिए है कि वह सच्ची है और मानवीय है, पर मन है हमारा आपसे बात करने का। अच्छा, अगर इस लोभ को तज भी दूँ तो भी क्या कहानी को वैसे ही कह पाऊँगा जैसे कि वह है? कोशिश करके देखता हूँ। सुनिए—

''किसी व्यक्ति ने तीसरे दर्जे के एक डब्बे में घुसकर देखा, कोई लेटा है, कोई

अध-लेटा पड़ा है, किसी ने बेंच पर सामान फैला रखा है। कहीं भी बैठने की जगह नहीं है...''

अब इसी को मैं यों भी कह सकता हूँ कि एक बार की बात है, दिल्ली शहर से एक आदमी लखनऊ के लिए चला...या उस आदमी के साधारण मानवीय व्यवहार में आपको कोई महत्ता न दिखाई दे तो उसको थोड़ा असाधारण या हीन या उत्कृष्ट दिखला सकता हूँ, जैसे सुनिए—

''किसी शहर में एक सीधा-सादा ग़रीब आदमी रहता था। उसके एक लड़का और सात लड़कियाँ थीं और लड़का नालायक था, लड़कियाँ सातों बिन-ब्याही बैठी थीं। एक दिन अचानक उसे एक तार मिला कि तुम्हारी माँ बहुत बीमार है और मर रही है। वह बदहवास दौड़ा-दौड़ा स्टेशन गया और जल्दी-जल्दी टिकट ख़रीदकर प्लेटफ़ार्म की तरफ़ भागा। रास्ते में उसकी जेब कट गई, दो आदमियों से टकराया, चार से गालियाँ खाईं और ग़लत प्लेटफ़ार्म पर जा पहुँचा। वहाँ पहुँचकर सब डब्बे देख डाले मगर कहीं तिल रखने की भी जगह न थी। कुछ के अन्दर तो नज़र भी न जाती थी। आदमी ऐसे भरे थे जैसे बोरे में जौ के दाने। अब तो वह बहुत घबराया। उसे रुलाई आने लगी और हालाँकि उसने कई बार इधर-उधर से घुसने की कोशिश की मगर वहाँ मक्खी का सिर भी न जा सकता था, उसका क्या जाता! खैर, कहानी आगे बढ़ाने के लिए किसी तरह वह एक डब्बे में रेंग गया।''

कहिए तो इसे कुछ थोड़ा और बढ़ा दूँ और कुछ लुत्फ़ भी पैदा कर दूँ क्योंकि शायद मनोरंजन ही आपका अभीष्ट हो। यानी इसे इस तरह कर दूँ कि इतने में बादल गरजा और पानी बरसने लग गया और बिजली कड़की। बादल फिर गरजा और प्लेटफ़ार्म पर वह भगदड़ मची कि, अब यहाँ 'बेचारा' शब्द आना चाहिए, कि बेचारा परमात्मा से मनाने लगा कि उसे इस भीड़ से कुचलकर मरने से बचा, चाहे उसकी माँ को, जहाँ कहीं वह बीमार है वहीं मार डाल।

मगर क्यों? मैं इस कहानी को इस तरह क्यों कहूँ? क्या इसलिए कि इस बहाने आपसे कुछ देर और बात करने का मौक़ा मिल जाए, या इसलिए कि उस मुसाफ़िर की मुसीबत का पूरा-पूरा भान आपको हो जाए, या इसलिए कि आप उस पर दया करने लगें, तरस खाएँ कि देखो तो बेचारा किस मुसीबत में फँस गया बैठे-बिठाए, हालाँकि बैठने की जगह उसे अभी नहीं मिली। क्या आपको ऐसे आदमी से कोई मानवीय सहानुभूति नहीं होगी जो न दयनीय हो, न आर्त्त हो, वरन् जो केवल कष्ट में हो? क्या मेरे पात्र का अतिरिक्त भाव से क्लांत होना आपकी सामान्य स्वाभाविक संवेदना पाने के लिए ज़रूरी है? अच्छा, समझा, आप चाहते हैं कि मेरी भाषा कुछ और चमत्कारिक हो और उसमें ऐसी जान हो कि नायक के प्रति आपका हृदय द्रवित हो जाए।

मगर क्यों? कहानी तो बहुत सादी है और छोटी भी है, यानी यही कि तीसरे

दर्जे के किसी डब्बे में जगह न थी। एक यात्री ने एक बेंच पर दो आदमियों–भर की जगह पर अपना बिस्तरबन्द बँधा–बँधाया रख छोड़ा था, और उस पर जमकर बैठा हुआ था। आगंतुक ने उससे पूछा, "भाई, इसमें आप दो आदमियों की जगह नहीं निकाल सकते क्या?"

अब आप कहेंगे कि यह कोई कहानी है? यह तो तीसरे दर्जे में घटनेवाली एक दैनन्दिन घटना है। और इसे आप कहानी कहते हैं तो इसमें चौंकानेवाली कोई बात कहाँ है? और उक्ति, उपमा या वर्णन का कोई चमत्कार नहीं था तो क्या थोड़ा करुण–रस या शृंगार–रस भी आप नहीं पैदा कर सकते थे? कैसी विषय प्रवंचना है! कहानी ही बनानी है तो इसे यों कहिए कि जब वह हारकर रोने–रोने को हो आया तो अचानक निराशा की बदली को चीरकर पंचमी का चाँद उदित हुआ, अर्थात् क्षीण आशा की एक किरण झाँकी अर्थात् एक डब्बे में उसे एक बेंच ऐसी दिखाई दी जिस पर किसी ने अपना होल्डाल रख छोड़ा था और यही नहीं वह दुष्ट उस पर डटा भी हुआ था जैसे ख़ज़ाने पर साँप बैठा रहता है। आगंतुक ने निकट जाकर एक क्षण तक कुछ संकोच किया, फिर...

नहीं, यह भी नहीं बनी। इसे ऐसे रखूँ कि जगह घेरकर बैठनेवाले यात्री से आप सब सुननेवाले डर जाएँ और हमारा निरीह आगंतुक तो उससे एकाएक जगह माँगने की हिम्मत भी न करे।

हाँ, तो एक डब्बे में एक बहुत भयानक आदमी डटा हुआ था जो सत्रह ख़ून कर चुका था और जिसकी दाढ़ी बढ़ी हुई थी, न इतनी कम कि उसमें कोई सेक्स–अपील हो, न इतनी ज़्यादा कि देखकर श्रद्धा हो, बल्कि ठीक इतनी जितनी से वह खूँखार लगने लगे और उसके बड़ी–बड़ी मूँछें भी थीं, नहीं, गलमुच्छे थे। उसने जो कपड़े पहन रखे थे उन पर बहुत सख़्त कलफ़ था। उसके हाथ में एक शिरभंजक दंड था और कन्धे से बन्दूक लटक रही थी। सीने पर कारतूसों से खचाखच भरी पेटी थी और पैरों में डम्प्लाट बूट थे जिनमें भयंकर नालें जड़ी हुई थीं। वह थोड़ा–थोड़ा सो रहा था। उसकी नाक ऐसे बज रही थी जैसे लकड़ी काटने का आरा चल रहा हो। आगंतुक ने चारों ओर देखा, सभी उस जवान के आतंक से चुप बैठे थे। उसने माथे से पसीना पोंछा, साँस रोक ली और लड़खड़ाते पैरों को सम्हालता तथा उसकी लाल नृशंस आँखों से आँखें बचाकर यह कहने की हिम्मत की, "ग़रीबपरवर, ज़रा–सी जगह, बस टिकने भर की, इनायत फ़रमाइएगा... ?"

अब शायद आप उत्सुक हो उठे हों कि अब क्या होगा, एक किस तरह गुर्राएगा और दूसरे की किस तरह बजाय माँ के नानी मर जाएगी।

मगर वह मेरा उद्देश्य नहीं। मुझे तो केवल घटना का वर्णन करना है, केवल यह बताना है कि जब दो व्यक्तियों, दो मानवों के बीच एक सम्बन्ध टूटा और दूसरा बना तो उसमें क्या कहानी पैदा हो गई। मैं तो सिर्फ़ यह बताना चाहता हूँ कि जब

खड़े हुए यात्री ने बैठे हुए यात्री से जगह माँगी, क्योंकि वह दो की जगह घेरे बैठा था, तो जवाव क्या मिला?

"भाई, इसमें आप दो आदमियों की जगह नहीं निकाल सकते क्या?"

"नहीं, नहीं निकाल सकता। मैं आराम करूँगा।"

कितनी सीधी-सी बात है, नहीं साहब, जगह नहीं निकाल सकते, आराम करेंगे। कहिए, आप क्या कर लेंगे?

मैं जानता हूँ कि ऐसे कोई कहानी नहीं कही जाती कि यह हुआ फिर वह हुआ और अन्त में यह हुआ, इति। मगर यह ख़ूब जानता हूँ कि कहानी होती ऐसी ही है; उसका आरम्भ भी होता है, मध्य भी और अन्त भी, परन्तु उसके बीच केवल एक घटना होती है। उसके पात्र या चरित्र, जड़ या जानवर कुछ भी हो सकते हैं पर वे कुछ ऐसा करते हैं जो मानवीय होता है और निरपेक्ष मानवीय होता है। तो कहानी यह है कि जब जवाब आया, नहीं, मैं जगह नहीं निकाल सकता, मैं आराम करूँगा, तो आगंतुक ने कहा, अच्छा, और अपने हाथ के थैले को ज़मीन पर रखकर वहीं खड़ा हो गया। अगर उसके टखने में नासूर होता तो उसके खड़े रहने से शायद आपको आसानी से दर्द होता, मगर नहीं था, इसलिए वह ऐसे ही खड़ा रहा। गाड़ी चलने में दो घंटे की देर थी। उसने एक बार चारों ओर देखा, कोई उसके अपमान पर हँस तो नहीं रहा है। नहीं, कोई नहीं हँस रहा था, क्योंकि कोई किसी तीसरी परिस्थिति में नहीं था। उसने एक बार फिर चारों ओर देखा कि कोई कहीं ज़रा-सी जगह दे दे, पर सभी या तो सिकुड़कर बैठे थे या लेटकर, जगह कहाँ से होती! फिर उसने एक लम्बी साँस ली और सोचा कि खड़ा रहूँगा तो क्या, गाड़ी तो चलती रहेगी...अपनी माँ के अन्त समय तक उसके पास पहुँच तो जाऊँगा।

निश्चय ही दूसरा यात्री दो आदमियों की जगह घेरकर बैठा हुआ था। एक तो यह अन्याय था, उससे भी पहले यह असभ्यता थी। क्या इसी कारण वह देखने में डरावना था? कितना अच्छा होता यदि वह बिना डरावना हुए असभ्य हो सकता या बिना असभ्य हुए डरावना हो सकता। निश्चय ही उसने दंडनीय कार्य किया था और वह तुच्छ प्रमाणित हुआ था, पर क्या उसकी तुच्छता इसीलिए प्रमाणित हो सकी थी कि और सब लोग श्रेष्ठ थे? क्या न्याय का आदर्श अन्याय का ही विपर्यय होता है? कहानी कला के नियम कहते हैं कि यहाँ पर मुझे सताए हुए मुसाफ़िर को महान साबित करना चाहिए, उसकी सहिष्णुता, निःस्वार्थता या क्षमा की प्रशंसा करनी चाहिए, पर क्यों करूँ? कहानी तो बहुत सीधी-सी है और छोटी भी और वह बस इतनी-सी है—

"खड़े-खड़े उसे पाँच मिनट बीत गए; दस, पन्द्रह, बीस मिनट बीत गए। आध घंटे बाद बैठे हुए आदमी में ज़रा-सी हरकत हुई, उसने आसन बदला और राल घूँटी। ज़रा देर बाद उसने खड़े हुए आदमी के मुँह की ओर देखा पर वह दूसरी ओर देख रहा था इसलिए वह ओठ काटने लगा। फिर उसने आसन बदला और इस बार

जो उसकी आँखें आगंतुक से चार हुईं तो वह डब्बे के बाहर झाँकने लगा। खड़ा हुआ आदमी खड़ा रहा। गरमी बढ़ रही थी। वह पसीने से नहाता गया। पाँच मिनट और बीत गए। अचानक बैठे हुए आदमी ने पाँव समेट लिए और गला साफ़ करके कहा, "अब मुझसे बरदाश्त नहीं होता, आप यहाँ बैठ जाइए।"

जी हाँ, बस इतनी-सी कहानी है, क्योंकि घटना ही इतनी-सी है। घटना में दो व्यक्ति हैं। दोनों में एक मानवीय सम्बन्ध है यानी एक सम्बन्ध है जिसको लेकर दोनों वहाँ एकत्र होते हैं, फिर उस सम्बन्ध में बाधा आती है, वह विकल होता है, बदलता है, अचानक दूसरा हो जाता है। यह सम्बन्ध का बनना ही घटना है, यह घटना ही कहानी है। क्यों हम यह दिखाने की कोशिश करते हैं कि वह सम्बन्ध तभी बनता है जब उसके बनने की सम्भावनाएँ सबसे कम होती हैं? क्यों हम बिना किसी अतिरंजित दृष्टि के वह घटना पहचान ही नहीं पाते और उसे पहचानकर चौंकते क्यों हैं, वह तो मानवीय है, स्वाभाविक है, और उसमें कुतूहल क्यों पाते हैं, आनन्द क्यों नहीं?

वास्तव में सभी आनन्ददायिनी मानवीय घटनाएँ स्वाभाविक हैं; यदि एक व्यक्ति श्रेष्ठ है तो उसकी श्रेष्ठता स्वयं महत्त्वपूर्ण है, किसी की क्षुद्रता उसे महत्त्व नहीं देती। यदि कोई दया करता है तो वह दयालु है; क्या यह बताया जाए कि वह पहले बड़ा नृशंस दस्यु था फिर बदलकर साधु हो गया, तभी दया का श्रेय उसे मिलेगा? कला यह नहीं है कि किसी गुण को प्रदर्शित करने के लिए दुर्गुणों को अतिरंजित कर दिया जाए—न कला यही है कि जब कोई स्वाभाविक घटना घटे तो उसका ऐसे वर्णन किया जाए कि हम चौंक उठें। कला तो यह है कि हम उसमें रत मानवों के पारस्परिक सम्बन्ध को तुरन्त देख सकें; जहाँ कोई ऐसा नहीं कर पाता, वहाँ उसे तरह-तरह के प्रयोगों का आश्रय लेना पड़ता है, जहाँ कोई ऐसा कर पाता है अर्थात् जीवन की सहज मानवीयता को देख पाता है और उससे कौतूहल नहीं, आनन्द ग्रहण कर पाता है, वहीं सच्ची कला का जन्म होता है। वहाँ अनुभव के स्तर पर ही प्रयोग का आरम्भ हो जाता है। कला तो जीवन के लिए है ही, जीवन भी कला के लिए हो जाता है।

इसलिए हमारी कहानी यह है कि एक यात्री ने दूसरे से कहा, "भाई, ज़रा हमको भी बैठने दो।" दूसरे ने कहा, "नहीं, मैं आराम करूँगा।" पहला आदमी खड़ा रहा। उसे जगह नहीं मिली, पर वह चुपचाप खड़ा रहा।

दूसरा आदमी बैठा रहा और देखता रहा। बड़ी देर तक वह उसे खड़े हुए देखता रहा। अचानक उसने उठकर जगह कर दी और कहा, "भाई, अब मुझसे बरदाश्त नहीं होता। आप यहाँ बैठ जाइए।"

(1952. कल्पना, अप्रैल 1953, में प्रकाशित। *सीढ़ियों पर धूप में* संकलित)

लड़ंके

दो भाई लड़ रहे थे।

बड़ा छोटे को घिर्राता हुआ बड़ी दूर तक घास में ले गया। वहाँ जाकर छोटे ने बड़े ज़ोर से चीख मारी, "छोड़ दे, आः !" बड़े ने घबराकर उसे छोड़ दिया। दूसरे क्षण कूदकर छोटे ने बड़े के दो घूँसे जमाए और दोनों फिर गुत्थमगुत्था हो गए।

कुबेरिया थी। मैं मैदान में चित पड़ा हुआ था। जब ये दोनों लड़ते-लड़ते मेरे पास आ जाते तब कुछ मुझे भी सुनाई पड़ जाता, "मार डालूँगा साले"..."तेरी ऐसी कम तैसी"..."हूँ और ले, और ले"...फिर धमाधम दो-तीन घूँसे।

शाम होती जा रही थी। आख़िर ये कब तक लड़ेंगे, यह सोचकर मैंने दोनों को डपटकर बुलाया। उस वक़्त छोटा बड़े की गरदन से लटककर, और पैरों से उसकी कमर को जकड़कर उसकी नाक दाँत से काटने ही वाला था, वह वैसे ही रह गया। उसे लटकाए-लटकाए बड़ा मेरे पास आ खड़ा हुआ।

मैंने छोटे को हुक्म दिया, "उतर!"

वह बोला, "नहीं उतरूँगा, ये मारेगा।"

अब बड़े से यह कहलवाना कि नहीं मारूँगा, कोई आसान काम नहीं था। वह बड़ा होकर मार खा गया था और खिसियाहट की उस अवस्था को पहुँच गया था जहाँ किसी भी प्रकार की क्षमा दुर्बलता प्रतीत होने लगती है। उसने पैर पटककर घोषणा की, "पतंग मेरी है।"

इस पर छोटा कूदकर उतर पड़ा। बोला, "मेरी है।"

"धत्! तेरी है, लाया कौन था जाकर?"

"तो इससे क्या हुआ? अधन्ना किसने दिया था?"

"और इकन्नी किसने दी थी?"

यह तो अच्छी बात थी कि लातों से अब वे बातों पर 'आ गए थे, मगर मेरी समस्या यह थी कि अगर छह पैसे की पतंग में एक आना एक का और दो पैसे दूसरे के हैं तो बिना यह हिसाब करे कि किसने पतंग को कितनी देर तक उड़ाया और किसने कितना मज़ा लूटा, यह तय करना लगभग असम्भव था कि पतंग किसके क़ब्ज़े में जाए।

मैंने अक़्ल लड़ाई और सवाल किया, "डोर किसकी थी?"

मगर इससे समस्या और उलझ गई, क्योंकि डोर एक तीसरे लड़के की थी। गनीमत हुई कि वह यहाँ था नहीं।

मैंने अचानक निर्णय किया और बड़े से कहा, "इसे दे दे पतंग।"

बड़ा कुछ सौम्य स्वभाव का था, इससे मेरा आदर करता था पर आज्ञा-पालन करने के पहले उसने विद्रोह किया, "हाँ! इसे क्यों दे दूँ? इकन्नी मैंने दी थी।"

"हाँ, और अधन्ना किसने दिया था?"

बड़ी मुश्किल थी। मैंने छोटे को समझाया कि तुम छोटे हो इसलिए तुमने अधन्ना दिया सो ठीक ही किया, मगर बड़े दद्दा का कहना मानना चाहिए और ज़िद नहीं करनी चाहिए। बड़े को समझाया कि छोटे भाई से कहीं लड़ते हैं, और तुम बड़े हो, तुम्हें इकन्नी देनी ही चाहिए थी। अब पतंग के पीछे लड़ोगे तब तो हो चुका।

इस पर छोटे ने अपनी नुकीली ठुड्डी बाहर फेंककर और आँखें नचाकर पूछा, "क्या हो चुका?"

मैंने गम्भीर होकर कहा, "चुप। जाओ, लड़ो नहीं। पतंग अलग रख दो, कल उड़ाना।"

इस पर दोनों ओर से जवाब आया कि "कल दूसरी पतंग लाएँगे, उसे उड़ाएँगे।"

"यानी कल फिर झगड़ा करोगे?" मैंने उन्हें ज्ञान दिया, "क्या ज़रा-सी बात पर झगड़ते हो! मान लो पतंग फट जाती तो उसका क्या होता?"

मुझे क्या मालूम था कि इस सूक्त से सब समस्या सुलझ जाएगी। दोनों उछल पड़े और मैंने तो समझा था कि फिर गुँथ जाएँगे, पर दोनों ने किलकारियाँ मारीं, "फाड़ डालो, पतंग को फाड़ डालो।" यह विचार बड़ा ध्वंसात्मक था, पर मैं टोकता रह गया और वे दोनों ऊँची घास की तरफ़ भागे जहाँ पतंग को उन्होंने सहेजकर रख छोड़ा था। पतंग लाकर बड़े ने उसमें अपना पंजा घुसेड़ दिया। दोनों शोर मचा रहे थे जैसे किसी गढ़ पर धावा बोल दिया हो। छोटा आते हुए पीछे रह गया था, वह दौड़कर आया और एक कोना जो साबुत बचा था नोचकर भागा।

मगर ज़रा दूर भागकर ही वह लौट आया और कूदकर उसने बड़े की पीठ पर एक घूँसा दिया और इस बार बड़ी ज़ोर से, जिधर मुँह था उधर ही भाग चला।

बड़े का चेहरा तमतमा आया। पर उसने दाहिने हाथ से पतंग की चिर्रीवत्ती पकड़े-पकड़े बाएँ से पीठ सहलाई और मेरी ओर मुस्कुराकर कहा, "अ हा हा हा! ज़रा देखिए, इतना तेज़ भाग रहा है जैसे मैं इसको पिछुआऊँगा ही तो!"

[1952, *सीढ़ियों पर धूप में*]

सेब

चलती सड़क के किनारे एक विशेष प्रकार का जो एकान्त होता है, उसमें मैंने एक लड़की को किसी की प्रतीक्षा करते पाया। उसकी आँखें सड़क के पार किसी की गतिविधि को पिछुआ रही थीं और आँखों के साथ, कसे हुए होंठों और नुकीली ठुड्डीवाला उसका छोटा-सा साँवला चेहरा भी इधर से उधर डोलता था। पहले तो मुझे यह बड़ा मज़ेदार लगा, पर अचानक मुझे उसके हाथ में एक छोटा-सा लाल सेब दिखाई पड़ गया और मैं एकदम हक् से वहीं खड़ा रह गया।

वह एक टूटी-फूटी परैम्बुलेटर में सीधी बैठी हुई थी, जैसे कुरसी में बैठते हैं, और उसके पतले-पतले दोनों हाथ घुटनों पर रखे हुए थे। वह कमीज़-पैजामा पहने थी, कुछ ऐसा छरहरा उसका शरीर था और कुछ ऐसी लड़कौंधी उसकी उम्र थी कि मैं सोच में पड़ गया कि यह लड़का है या लड़की! लड़की होती तो उस पर दो पतली-पतली चोटियाँ बहुत खिलतीं; यहाँ वह झबरी थी। तुरन्त ही मेरे मन ने मुझे टोका—भला यह भी कोई सोचने की बात है, क्योंकि उस बच्ची में कहीं कोई ऐसा दर्द था जो मुझे फ़ालतू बातें सोचने से रोकता था।

यह बिलकुल स्वाभाविक था कि मैं पास जाकर बड़ी शराफत से पूछता, ''क्या बात है बेटी, तू इतनी घबराई हुई क्यों है ? तुझे यहाँ कौन छोड़कर चला गया है ?'' पर वह न उतनी घबराई हुई थी और न उसे वहाँ कोई छोड़कर चला गया था क्योंकि उसके चेहरे पर एक गहरी आशा की दृढ़ता थी, यद्यपि वह आशा इसी बात की थी कि उसका बाप अभी आ जाएगा। इसलिए मैंने पूछा नहीं, पर थोड़ा और पास आकर उसे देखता रहा। मुझे डर था कि प्रेम को हाथ लगाते ही वह रो पड़ेगी, लेकिन एक बार मन हुआ कि उसे ज़रा-सा और पीछे हटाकर फुटपाथ पर कर दूँ—डीजल-इंजिनवाली भौंड़ी बसों की दहशत मेरे दिल में बचपन से बैठी हुई है—पर फिर यह सोचकर रुक गया कि हालाँकि कोई ड्राइवर कम कुशल होता है कोई ज़्यादा और कोई अपनी बीवी को पीटता है कोई नहीं, पर ऐसा कोई नहीं होगा जो उसे बचाकर नहीं निकल जाएगा।

लड़की ने एक बार मुझे बड़ी घृणा से देखा, फिर अपने बाप को देखने लगी।

वह सड़क के पार ज़मीन पर कोई चीज़ ढूँढ़ रहा था। मुझे देखकर वह शायद मन में हँसना चाहती थी कि आप यहाँ खड़े क्यों संवेदना लुटा रहे हैं, पर वह बहुत कमज़ोर थी और उसके चेहरे पर भाव एक अजीब लक्षणा के साथ आते थे जैसे कमज़ोर व्यक्तियों के आते हैं और इसलिए उसका चेहरा और सख़्त हो गया। अब सोचता हूँ कि उसने अपना ध्यान तुरन्त मुझ पर से हटाकर खोई हुई चीज़ के मिल जाने पर लगा दिया होगा।

यह स्वाभाविक ही था कि मैं अपमानित अनुभव करता कि मैं तो—जैसा कि मुझे बचपन से सिखाया गया है, दुखी जनों के प्रति आर्द्र होना—उस पर तरस खा रहा हूँ और वह मेरी अनदेखी कर रही है, पर मुझे कोई अपमान नहीं मालूम हुआ, क्योंकि मुझे उसका स्वाभिमान अच्छा लगा। इस बार मैंने ग़ौर किया तो देखा कि वह बहुत मैले कपड़े पहने थी। कमीज़ के कालर पर मैल की लहरदार धारियाँ थीं, मगर चेहरा साफ़ था जैसे उसका बाप लड़की को मुँह धुलाकर बाहर ले गया हो। लगता था जैसे धुलकर उसका मुँह और भी निकल आया है। कमीज़ पर उसने स्वेटर पहन रखा था जो चिपककर बैठता था; पूरी बाँह की कमीज़ थी, कफ़ के बटन बाक़ायदा लगे हुए थे और इस बार मैंने ग़ौर किया तो दिखा कि कलाइयों में बहुत-सी नई चूड़ियाँ थीं।

मैंने सोचा, संसार में कितना कष्ट है। और मैं कर ही क्या सकता हूँ सिवाय संवेदना देने के! इस ग़रीब की यह लड़की बीमार है, ऊपर से कुछ पैसे जो अस्पताल की फ़ीस से बचाकर ला रहा होगा, उन्हीं से घर का काम चलेगा, यहाँ गिर गए। किसी गाड़ी से टक्कर खा गया होगा। वह तो कहिए कोई चोट नहीं आई वरना बीमार लड़की लावारिस यहाँ पड़ी रहती, कोई पूछने भी न आता कि क्या हुआ। मैंने सचमुच उसके बाप को वहीं से आवाज़ दी, "क्या ढूँढ़ रहे हो? क्या खो गया है?"

उसने वहीं से जवाब दिया, "कुछ नहीं, गाड़ी की एक ढिबरी गिर गई है।"

उसकी खोज ख़त्म हो गई थी। वह बिना ढिबरी के इधर चला आया। उसके साथ मैंने परैम्बुलेटर के नीचे झाँककर देखा—जहाँ गाड़ी की बॉडी और धुरी का जोड़ होता है, जहाँ धुरी हिलगी रहती है; वहाँ का एक बोल्ट बिना नट के था।

मैंने सोचा, बस। मगर इसे ही काफ़ी अफसोस की बात होनी चाहिए, क्योंकि एक तो गाड़ी वैसे ही ढचर-मचर हो रही थी, ऊपर से इस नट के गिर जाने से वह बिलकुल ठप हो जाएगी, क्या कहावत है वह—ग़रीबी में आटा गीला—कितना दर्द है इस कहावत में, और कितनी सीधी चोट है! आटा ज़रूरत से ज़्यादा गीला हो गया और अब दुखिया गृहिणी परात लिये बैठी है—उसे सुखाने को आटा नहीं है। यानी आटा है, मगर रोटियाँ नहीं पक सकतीं।

मैंने अपनी तार्किक चतुराई दिखाई, पूछा, "मगर ढिबरी गिरी कहाँ थी? क्या तुमको ठीक मालूम है, यहीं गिरी थी?"

लड़की की मरी-सी आवाज़ आई, ''गिरी तो यहीं थी, अभी मुझे दिखाई पड़ रही थी। तभी एक मोटर आई उससे वह छिटककर उधर चली गई।''

मोटर के गुदगुदे पहिए से छोटा-सा नट छिटककर कहाँ जाता, पर वह लड़की अपने स्वास्थ्य से दुखी थी, इससे उसका यह ग़लत अनुमान मैंने क्षमा कर दिया और सड़क के पार गया। उसी जगह मैंने भी ढिबरी को खोजा।

जब ख़ाली हाथ मैं लौटकर आया तो बाप ने कहीं से एक छोटा-सा तार का टुकड़ा खोज निकाला था और बड़ी दक्षता से बोल्ट को छेद में बैठा रहा था और उसे बाँधने की कोशिश कर रहा था। गार्ड को उसने ज़रा-सा हुमासा तो लड़की जाने क्यों खिसिया गई, पर जैसा कि मैंने पहले बताया, उसके चेहरे पर भाव वैसे नहीं आ सकते थे जैसे तन्दुरुस्त बच्चों के आते हैं, इसलिए उसने जल्दी से अपने बाप का कन्धा पकड़ लिया और नीचे झाँकने लगी—जैसे अपनी गाड़ी ठीक करने में मदद देना चाहती हो।

मैंने पूछा, ''अब कैसे जाओगे? ऐसे तो यह ठीक न होगी?''

बाप का मुँह दाढ़ी-भरा था और जबड़ा चौड़ा था। उसने गाड़ी के नीचे मुँह डाले-डाले खुरदरी आवाज़ में जवाब दिया, ''चले जाएँगे।'' और लड़की से कहा, ''बेटे, तू तनिक उतर तो आ!''

बेटी ने बाप के कन्धे पर एक हाथ रखा, एक से अपने सेब को कसकर पकड़े रही और नीचे उतरकर गाड़ी से कुछ दूर हटकर खड़ी हो गई। मैं बहुत द्रवित हो उठा। बिचारी बीमार है, इसे शायद सूखा हो गया है—या तपेदिक। इससे कम इसे कोई बीमारी होनी ही नहीं चाहिए, और वह खड़ी भी नहीं रह पाएगी, काँपती रहेगी, कहीं गिर न पड़े। हे भगवान, जल्दी से बोल्ट में तार बँध जाए!

मगर लड़की सीधी खड़ी रही। सिर्फ़ एक बार उसने नाक सिड़की। बीच-बीच में अपने नंगे पैरों को देखकर पंजे सिकोड़ती रही और अधीरता से गाड़ी की धुरी को देखती रही। यह तो स्पष्ट था ही कि वह अपने बाप की कारीगरी से बहुत प्रभावित हो उठी है। वह बहुत दुबली थी, छड़ी-सी और साँवली थी, एक नए प्रकार का सौन्दर्य उसमें था, वह जो कष्ट उठाने से आता है। पर फिर मेरे मन ने मुझे फ़ालतू बातें सोचने से रोक दिया।

मैंने पूछा, ''यह बीमार है?''

बाप ने लड़की को पुकारा, ''आ बेटे, बैठ जा, ठीक हो गई।''

धीरे-धीरे चलकर अपने ढीले पैजामे को समेटकर लड़की परैम्बुलेटर में चढ़ रही थी, तभी मुझे गाड़ी के पेंदे में एक छोटी-सी ढिबरी पड़ी दिख गई। झट उसे उठाकर मैंने बाप को दिया, ''यह कैसी है, इससे काम नहीं चलेगा?''

''ओ नहीं जी, ये तो बहुत छोटी है। वो तो मैंने बना लिया जी।''

मैं अपनी करुणा से परेशान था। फिर मैंने पूछा, ''इसे क्या हुआ है?'' और

उसके दुखी उत्तर के लिए तैयार हो गया। मैंने सोचा था कि जब वह कहेगा, साहब, मर्ज़ तो कुछ समझ में नहीं आता किसी के, तो डाक्टर हुक्कू का नाम सुझाऊँगा।

बाप हँसकर बोला, "अब तो ठीक है यह, इसे मोतीझाला हुआ था बहुत दिन हुए, तब से कमज़ोर बहुत हो गई है। सुइयाँ लगती हैं इसे।"

गाड़ी चूँ-चूँ करके चलने लगी थी। अब लौंडिया को शरम लगने लगी कि इतनी बड़ी होकर प्रैम में बैठी है!

"कहाँ रहते हो?"

"यहीं, सरकंडा बाज़ार में।" और अपनी मांसल बाँह उठाकर उसने सरकंडा बाज़ार को इंगित किया जो सामने धूप में चमकता दिख रहा था।

मुझे कुछ न सूझा तो पूछा, "वहाँ से रोज़ यहाँ तक आते हो? तब तो बड़ी तकलीफ़ उठाते हो।"

वह हँसा तो नहीं, पर कुछ ऐसे मुस्कुराया जैसे कह रहा हो कि अपनी करुणा का श्रेय लेना चाहते हो तो हमारी व्यथा को क्यों अतिरंजित कर रहे हो! मैंने यह भी पूछा था, "सुइयों में तो बड़ा ख़रचा होता होगा?"

वैसे ही उत्तर आया, "कोई छब्बीस लगवा चुका हूँ अभी कोई ख़ास फ़ायदा नहीं है। धीरे-धीरे होगा। तीन रुपए छह आने की एक लगती है।"

अब भी मैं और कुछ पूछना चाहता था क्योंकि मेरा मन कह रहा था कि मेरा काम अभी ख़त्म नहीं हुआ। मगर मैं यह भी देख रहा था कि उस लड़की की व्यथा कितनी सादी थी, मामूली थी; कोई ख़ास बात थी ही नहीं। मैं संवेदना दे सकता था तो अधिक-से-अधिक देना चाहता था, इसलिए मेरे मुँह से निकला, "घबराओ नहीं, ठीक हो जाएगी लड़की।" अब सोचता हूँ कि बजाय इसके अगर मैं पूछता, आज कौन-सा दिन है, तो कोई फ़रक न पड़ता।

बाप ने मानो मुझे सुना ही नहीं। लड़की ने अपने सेब की तरफ़ देखा, पूछा, "बप्पा?" बाप ने बड़े प्यार से मना कर दिया।

बीमार लड़की धैर्य से अपने सेब को पकड़े रही। उसने खाने के लिए ज़िद नहीं की। चमकती हुई काली-सफ़ेद चूड़ियों से उसकी कलाइयाँ ख़ूब ढँकी हुई थीं। मुट्ठी में वह लाल चिकना छोटा-सा सेब था जो उसे बीमार होने के कारण नसीब हो गया था और इस वक़्त उसके निढाल शरीर पर ख़ूब खिल रहा था।

मैं जल्दी-जल्दी चलकर आगे निकल आया। अब मैं वहाँ बिलकुल फ़ालतू था।

[1952, *सीढ़ियों पर धूप में*]

स्पष्टवादिता

जब हम कहते हैं कि अमुक बड़ा स्पष्टवादी है, साफ़ बात करता है, तो वास्तव में हमारा मतलब होता है—अमुक बड़ा मूर्ख है, हमेशा इधर-उधर की बातें किया करता है। और सचमुच आज कोई साफ़ बात सुनना पसन्द नहीं करता—यों चाहे कहते सब रहें कि हम तो साहब, साफ़ बात करते हैं। हमसे पूछिए तो हम तो साफ़-साफ़ कह देंगे कि हमें साफ़ बात करनी नहीं आती—आपकी बात उठाएँ तो आपसे तो इस समय बोलने का नहीं, सुनने का अनुरोध है। इससे पूछता हूँ कि आपको साफ़-साफ़ सुन पड़ रहा है या नहीं?

या आपके साफ़ सुनाई पड़ने में और हमारे साफ़ बात करने में कोई सम्बन्ध नहीं है। हमें साफ़ बात कहनी आती होती तो इतनी देर में क्या इतना ही कह पाते? यही नहीं—आपसे तो पन्द्रह मिनट ही बात करने का मौक़ा मिला है—और साफ़-साफ़ बात कहनी है तो एक मिनट में ख़त्म कर सकते हैं—फिर जिनसे घंटों बातें करने का मौक़ा मिलता हो उनसे साफ़-साफ़ कुछ कहने का मतलब यही तो है कि उनसे कुछ कहें, वह सुनें और वार्तालाप समाप्त हो जाए। और अगर घंटों मीठी-मीठी बातें करने का मौक़ा मिलता हो तो हम तो ऐसी स्पष्टवादिता से बाज़ आए।

स्पष्टवादिता अगर समय बचाने की कोई मशीन होती तो वह ज़रूर एक वरदान होती—किसी से जल्दी फ़ुरसत पाती हुई—उनसे कह दिया कि आप अव्वल दर्जे के बोर हैं और अब आप चलते-फिरते नज़र आइए। बस, बात ख़त्म हो गई। मगर क्या दरअसल बात ख़त्म हो गई? इस बात पर भविष्य के लिए चाहे उनसे बोलचाल ख़त्म हो जाए मगर उस वक़्त तो—अगर वे सच्चे क़िस्म के बोर हैं—तो फ़ौरन आपके इस वक्तव्य पर नए सिरे से विवाद आरम्भ कर देंगे। पूछेंगे—क्यों जनाब, आपने यह कहा कैसे? ऊपर से यह भी कहते जाएँगे, कि नहीं, आप साफ़-साफ़ बताइए, आपका क्या मतलब है—जैसे कि हमने कुछ बहुत घुमा-फिराकर बताया हो! गरज़ यह है कि बात ख़त्म होने के बजाय बढ़ती ही जाएगी और इतनी बढ़ेगी, इतनी बढ़ेगी कि आख़िर हमेशा के लिए हमारी-उनकी बातचीत ख़त्म हो जाएगी—और हम अपनी स्पष्टवादिता के शहीद हो जाएँगे।

मगर सच्ची बात तो यह है कि स्पष्ट बात कहने के अपने कोई फ़ायदे नहीं हैं। बचपन के वे दिन तो गए जब मेज़पोश पर रोशनाई गिरा देने पर सारे घर के बयान लिए जाते थे और सबसे कहा जाता था कि सच-सच बता दोगे तो मार नहीं पड़ेगी, तब तो यह सुनते ही कि सच बोलने से मार नहीं पड़ेगी, तुरन्त सामने आ जाते थे और बड़े अच्छे लड़के बनकर कहते थे—मैंने गिराई है। तब की बात और थी। अब तो जिसके सम्मुख आप अपराधी हों, उससे जाकर कहिए, ''देखिए-ए-ए मैंने यह अपराध किया है''—तो वह तो ख़ुश ही होगा कि बिना खोजे ही अपराधी मिल गया। जब तक आप यह न कहिए, ''मैंने यह अपराध किया है; आप मुझे क्षमा कीजिए'', तब तक स्वीकारोक्ति का कोई लाभ नहीं और अगर यही कहना हो कि क्षमा कीजिए, तो उसमें स्पष्टवादिता कहाँ—क्योंकि क्षमा तो हम माँगते नहीं—माँगना चाहते नहीं—माँगेंगे तो उन्हीं से जो बिना हमारे स्पष्टवादी हुए हमारी बात साफ़-साफ़ समझ सकते हैं, जिनमें इतनी विशालता है या इतना स्नेह है।

यह बताना दरअसल मुश्किल है कि स्पष्टवादिता एक शाप है या एक वरदान है। यह बताना स्पष्टवादी होने से भी ज़्यादा मुश्किल है। अगर आपका बैंक-बैलेंस कुछ नहीं रह गया है और कर्ज़े बेतहाशा बढ़ गए हैं तो सरकार के दफ़्तर में साफ़-साफ़ कह आइए कि भाई, अब कुछ नहीं रहा। आप दिवालिए करार दिए जाएँगे। कोई आपसे कुछ माँगने की हिम्मत नहीं करेगा। मगर जेब में थोड़े-से भी पैसे हों और आप सच बोलने की धुन में कह दें कि भाई, अभी कुछ बच रहा है, तो सब आपके दरवाज़े पर हाजिरी बजाते नज़र आएँगे।

वास्तव में स्पष्टवादिता एक मजबूरी है। कोई नहीं चाहता कि किसी से साफ़-साफ़ कुछ कह डाला जाए। इशारे दिए जाते हैं और वह कहावत सुनाई जाती है कि ''अकलमन्दारा इशारः काफ़ी अस्त।'' जब यह भी सफल नहीं होता तो कहा जाता है, भाई, तुम तो कुछ समझते ही नहीं। और जब यह भी असफल रहता है तो हारकर साफ़-साफ़ बात कह डालनी पड़ती है। उस वक़्त अगर सुननेवाला हाँ-हूँ करके वार्तालाप का विषय बदल दे तो समझिए कि वह समझ तो गया मगर बात उसके मतलब की नहीं थी। अगर उसके मतलब की होती तो वह ज़ोर से चीखता—'अब समझे।' अतः निष्कर्ष यह निकला कि स्पष्टवादिता अपने आपमें न शाप है, न वरदान है—अगर कहनेवाले के मतलब की है तो शर्तिया एक शाप है, अगर सुननेवाले के मतलब की है तो उसके लिए वह वरदान है ही।

मगर जिस बात को कहने में इतना व्यायाम करना पड़े, वह आपके मन में तो स्पष्ट नहीं ही है। होती तो कुछ कहना ही न पड़ता और वह स्पष्ट हो जाती। अन्य किसी क्षेत्र में होती, तो ध्वन्यनुसारी शब्द का प्रयोग करें तो कहें कि 'खट' से सामने आ जाती। आप दूसरों की सलाह मानने को राज़ी हों और फिर एक अजनबी की सलाह मान सके तो हमारी सलाह मानिए और ऐसी सच्चाई से इतनी दूर रहिए कि

जिसके पास रहना चाहते हैं वह दूर न चला जाए।

हम सलाह तो दे रहे हैं पर यह बख़ूबी जानते हैं कि हमने जब-जब नाक को घुमाकर पकड़ना चाहा है, यानी जब-जब हमने कोई शतरंज की चाल चली है, अपना मोहरा जो पिटा है सो तो पिटा ही है, अपनी चाँद भी थोड़ी-थोड़ी गंजी हो गई है। अहा! यह तो कुछ कविता ऐसी बनती नज़र आती है—

हमने जब कोई चाल चली शतरंजी,
अपना मोहरा जो पिटा सो पिटा, अपनी—
भी चाँद हो गई थोड़ी-थोड़ी गंजी।

चाँद गंजी हो जानेवाली बात कुछ डरानेवाली है न! मगर यहीं पर आकर सारा डर छूट जाता है। कारण यह है कि इस प्रकार की 'अस्पष्टवादिता' में तो सिर के केवल उजाड़ हो जाने का ही ख़तरा है—आपकी स्पष्टवादिता में सिर खुल जाने का भी डर रहता है। माना कि आप ऐसी खरी बात करते हैं, ऐसी साफ़ बात आपके मुँह से निकलती है कि मालूम होता है आपने खींचकर लट्ठ मार दिया, पर दूसरा आदमी—आपका श्रोता बहुत करके, शब्द-निर्भर नहीं होता। वह सचमुच के लट्ठ का इस्तेमाल ज़्यादा अच्छा जानता है।

हमारे एक दोस्त थे। और हमें याद है जब पहले दिन उनसे मुलाक़ात हुई थी उन्होंने हाथ मिलाने के बाद यही कहा था, "भाई साहब, देखिए मैं तो 'बहुत साफ़-गो' आदमी हूँ। खरी बात कहता हूँ और खरी बात सुनना पसन्द करता हूँ।" इसके बाद बहुत दिन तक वे हमारे दोस्त रहे। इस बीच कई ऐसे मौक़े आए जब उन्होंने अपनी स्पष्टवादिता का परिचय दिया। जैसे एक दिन सुबह-सुबह हमारे दरवाज़े पर वे टैक्सी से उतरे और हमको हमारे दैनिक उषःपान यानी बेड-टी के बीच चौंकाकर बोले, "दोस्त, दस रुपए की हमको सख़्त ज़रूरत है।" हमको कुछ अप्रतिभ देखकर उन्होंने आश्वासन दिया, "हमको ज़रूरत है और साफ़ बात यह है कि हम लेकर जाएँगे।" इसके बाद और स्पष्टीकरण की आवश्यकता नहीं थी। वह रुपए लेकर चले गए। फिर हमसे अक्सर मिलते रहे और यह कहने के लिए ही मिलते रहे कि रुपए वापस कर देंगे।

हमने साफ़ बात न करने की अपनी आदत को ताक़ पर रखकर दो-एक बार उनसे पूछा भी, "अच्छा, अगर आप वापस कर देंगे तो यह तो बताइए कि कब?" इसका जवाब यह आया कि जैसे ही होगा वैसे ही देंगे। और इसी तरह बहुत वक़्त गुज़र गया। हम उनकी साफ़गोई के क़ायल थे, इसलिए हमारी-उनकी दोस्ती बनी रही। तब तक बनी रही जब तक कि एक दिन उन्होंने हमसे यह कहा, "भाई, साफ़ बात तो यह है कि हम तुम्हारे रुपए दे नहीं सकते।" उनकी इस स्पष्टवादिता का हम पर इतना प्रभाव पड़ा कि हमने अपनी दोस्ती का हक़ चुकाने की चिन्ता में बेहतर समझा कि हम भी उनसे कुछ स्पष्ट-स्पष्ट बातें कर डालें। फल क्या हुआ,

यह बताने की आवश्यकता नहीं। वह स्पष्ट है। वास्तव में वह पहले ही से स्पष्ट था, केवल हम उसे देख नहीं पा रहे थे, क्योंकि स्वभावत: हम आशावादी हैं और आशावादिता और स्पष्टवादिता का सदा बैर है। आशावादिता एक अनागत भविष्य की ओर सम्बोधित होती है। स्पष्टवादिता तात्कालिक है—तुरन्त ही फ़ैसला कर देती है। भविष्य में कुछ और सुधार होने की सम्भावना रह ही नहीं जाती।

इस बात को भी समझना आपके लिए सरल होगा, अगर आपने कभी किसी तरह का कोई व्यापार किया है। व्यापार में खरे व्यवहार का कितना महत्त्व है यह सभी नहीं जानते, विशेषकर इस दुनिया में जहाँ सभी तरह के चोर, बेईमान मौजूद हैं और व्यापारियों को उनसे उलझना पड़ता है। कल्पना कीजिए कि एक नई दुनिया बस गई है। धीरे-धीरे इस दुनिया के सभी दुर्गुण दूर हो गए हैं, सब लोग सच बोलते हैं। अब इस दुनिया में बाज़ार भी हैं, दुकानदार भी हैं और गाहक भी हैं मगर सब एक-से-एक स्पष्टवादी! मान लीजिए हमने एक दिन विज्ञान की किताब में बिजली के चमत्कारों का वर्णन पढ़ा और हमारी जो शामत आई तो हम एक दुकान में घुस पड़े।

स्पष्टवादी दुकानदार अपनी दुकान की सफ़ाई कर रहे थे। हम ज़रा झिझके पर उन्होंने लपककर हमारा स्वागत किया और कहा, "आइए-आइए, बाबू साहब, कोई बात नहीं, सफ़ाई यहाँ चौबीस घंटे किया करते हैं—जो कुछ कूड़ा निकलता है आप ही लोगों के मत्थे मढ़ देते हैं।" हम स्पष्टवादिता या सत्यवादिता से आक्रान्त होकर हम मंत्रमुग्ध की भाँति खिंचे हुए दुकान के अन्दर चले गए। देखा, सामने बड़ा-सा बोर्ड लटक रहा है। "कृपया उधार माँगकर लज्जित न होइए।" हमने चारों ओर नज़र दौड़ाई। कई तरह के साबुनों के, तेलों के और बिस्कुटों, मुरब्बों या दवाओं के विज्ञापन लगे हुए थे जैसे—

"सब साफ़, विशुद्ध चरबी से निर्मित सर्वोत्कृष्ट साबुन। मैल भी काटता है, कपड़ा भी।"

"**महकमनोहर महुआ हेअर आयल,** लम्बे केशों का काल। रेशमी बालों को मानिन्द जूने के बनाता है।"

"**सर्वप्राण-हर,** जिस बदौलत लाखों डाक्टर मालामाल हो गए। खाँसी-जुकाम से लेकर पागलपन तक के लिए एकदम व्यर्थ। जगत्प्रसिद्ध 'सर्व-कष्टहर सुरा' की सर्वोत्तम नकल।"

असलियत को छिपाने की कोई भी कोशिश नहीं की गई थी। यह सब देखकर हमने डरते-डरते पूछा, "क्यों जी, आपके यहाँ बिजली के हीटर भी हैं?"

"जी हाँ," कहकर उन्होंने हीटरनुमा कोई चीज़ अलमारी के पीछे से खोज निकाली और झाड़-पोंछकर मेरे सामने पटक दी। "यह देखिए, बिलकुल देशी बना हुआ है। लेबिल पर मत जाइएगा, वह तो विलायती लगा दिया गया है। यों मैं आपको यक़ीन दिलाता हूँ कि हर पुरज़ा इसी शहर का बना है और रद्दी-से-रद्दी है।"

हमने कहा कि भाई इतनी सच्चाई के साथ ये अपनी चीज़ की बुराई कर रहे हैं, लिहाज़ा चीज़ ज़रूर उम्दा है। "अच्छा तो दाम क्या होंगे?"

मालूम हुआ कि दाम सिर्फ़ बीस रुपए हैं। हम तो भौचक रह गए। सिर्फ़ बीस रुपए! हमने कहा, "साहब, इसके दाम तो कुछ कम मालूम पड़ते हैं, आप कुछ और बढ़ाइए।"

दुकानदार इस पर नाराज़ हो गए। कहने लगे, "आप चीज़ नहीं देखते। महँगे दामों पर जाते हैं। इसमें सबसे बड़ी ख़ूबी तो यह है कि इधर प्लग लगाया, उधर फ्यूज गायब। अगर कभी यह धोखे से गरम भी हो जाए तो हमारे पास ले आइए, हम फ़ौरन इसे बिगाड़ देंगे। वैसे चल निकला तो चल निकला। फिर यह मोमबत्ती की लौ की तरह आँच देगा। और सुनिए, सुबह नौ बजे चाय का पानी चढ़ा दीजिए, दफ़्तर से लौटकर उबलता हुआ मिलेगा। एक घंटे में अंडा क्वार्टर-बॉयल होता है और सबसे बड़ी ख़ूबी यह है कि टोस्ट जलने क्या सिंकने का भी कतई कोई डर नहीं।"

हमने कहा, "ठीक है, मगर दाम इसके कम हैं। कुछ और बढ़ाइए," तो स्पष्टवादी दुकानदार बोले, "सरकार, औरों को यही चीज़ हमने पन्द्रह रुपए की बेची, आपको बीस में दे रहे हैं। आपके लिए यह ख़ास ज़्यादती है और दाम बढ़वाना चाहते हैं। ख़ैर चलिए, आपको पच्चीस में दे देंगे।"

हमने ज़िद की कि हम उसके चालीस रुपए से कम नहीं देंगे। भला यह भी कोई बात है कि ऐसी साफ़ बात कहनेवाला व्यक्ति अपना नुक़सान करे! मगर दुकानदार का कहना था, "यह हीटर मुझे मुश्किल से तीन रुपए का पड़ा होगा अब क्या बाक़ी मैं आपके घर से दूँगा? ख़ैर चलिए, आप तीस दे दीजिएगा।"

हमने एक ठंडी साँस ली और उनके हाथ में दस-दस के तीन नोट गिन दिए। फिर हाथ जोड़कर उनसे अनुरोध किया कि वह एक आना पैसा हमसे और ले लें। वह राज़ी नहीं हुए। हमने समझाया, "न आपकी बात रहे न मेरी, तीस रुपए और एक आना इसकी कीमत बिलकुल ठीक है।"

उन्होंने कहा, नहीं। हमने कहा, नहीं। फिर उन्होंने कहा, नहीं। और फिर हम चले आए। इस प्रकार उनकी कृपा से हमारे पास एक आना बच गया। आना क्या बच गया, समझ लीजिए कि इज़्ज़त बच गई, क्योंकि जिसके पास चार पैसे होते हैं वह इस दुनिया में इज़्ज़तदार कहलाता है। कहना न होगा कि हमारे पास इस समय वही चार पैसे बचे हैं। पर आप इससे यह न समझ लीजिएगा कि स्पष्टवादी दुकानदार ने हमें लूट लिया।

ऐसी स्पष्टवादिता हमेशा एक वरदान है। साफ़ बात कही और मैदान मार लिया, प्रतिद्वन्द्वी चारों खाने चित। वास्तव में यह स्पष्टवादिता का नहीं, आपकी उस बुद्धि का कमाल है जिससे आप यह निश्चय करते हैं कि स्पष्ट कहें पर क्या स्पष्ट

कहें। साफ़-साफ़ कहना और सच कहना बराबर नहीं है। साफ़ बात पसन्द करना और साफ़ बात सुन सकना भी बराबर नहीं है। लोग स्पष्टवादी भी होते हैं और सच नहीं भी बोलते। बल्कि साफ़ बोलना ही यदि श्रेष्ठता का प्रमाण है तो लोग साफ़ झूठ ज़्यादा अच्छी तरह बोल सकते हैं और वह भी बड़ी सफ़ाई से कि आप यह समझे कि बड़ी खरी बात कह गया जबकि बात सिर्फ़ कुछ न हो—सिवाय बातें बनाने के उसने और कुछ न किया हो। अगर बात स्पष्ट है तो खरी भी होगी और अगर की है तो किसी के लिए वह खरी-खोटी भी होगी। यों अगर आप शब्दों को ऐसा नचा दें कि उनका अर्थ अनर्थ हो जाए—मनमाना मतलब उनसे निकल आए, तो आप कुछ भी कह डालिए। जब तक आपका अभीष्ट अर्थ उससे निकलता है, वह स्पष्ट है और आप स्पष्टवादी हैं। शाप या वरदान की चिन्ता तब आपको क्यों सताएगी ? शाप है तो उसके लिए जो आपकी बात मान लेता है। वरदान है तो उसके लिए जो नहीं मानता है और आपकी स्पष्टवादिता के आक्रमण से बच जाता है।

अत: एक बार फिर कहता हूँ कि साफ़ बात तो यह है कि हमें साफ़ बात कहनी नहीं आती। इस कारण नहीं कि हम स्वभावत: कमीने हैं और चालाकी से काम लिया चाहते हैं। इस कारण भी नहीं कि हम डरपोक हैं—स्पष्टवादिता बरतने में पिट जाने का जो डर है उसके आगे अपनी आत्मा को झुका देते हैं—बल्कि इस कारण कि हम आपसे बात करना चाहते हैं : जो भी हमारे अकेलेपन का साथी बनना चाहता है उससे कुछ कहना चाहते हैं, उसकी कुछ सुनना चाहते हैं, और देर तक कहना चाहते हैं, देर तक सुनना चाहते हैं—जितनी देर तक सम्भव हो। उसमें यह डर नहीं है कि स्पष्टवादी न कहलाकर हम बकवादी कहलाने लगें। जब मन में कहने के लिए बहुत कुछ स्पष्ट होता है तो साफ़ कहा भी तो नहीं जाता। साफ़-साफ़ कहें तो अनकहनी के उस रस को खो बैठेंगे। एक संवेदनशील श्रोता का जो वरदान हमें मिला है वह शाप बनकर रह जाएगा। हाँ, मन नहीं मानेगा तो कह भी देंगे, पर उसके लिए हम तभी तैयार होंगे जब हमारा श्रोता तैयार हो। उस अवस्था में हमारे वक्ष पर अपना सिर रखकर कोई भी हृदय की धड़कन तक सुन सकता है, चाहेंगे तो हम उसके कान में चुपके से वह बात कह भी देंगे। ऐसी कनबतियाँ स्पष्टवादिता के किसी नियम के अन्तर्गत नहीं आतीं, सही, पर जो कहना है वह और किसी तरह कहा भी तो नहीं जा सकता।

[1952, *सीढ़ियों पर धूप में* के अन्तर्गत 'खुलाघर' नामक खंड में आंशिक रूप से प्रकाशित। *जो आदमी हम बना रहे हैं* में संकलित]

खेल

नुक्कड़ के मकान में बढ़ई लगा हुआ था; उसने अभी-अभी एक कुन्दे में से एक तख़्ता निकाला था; एक ज़रा-सा टुकड़ा लकड़ी का जो फ़ालतू बच रहा था किसी तरह छिटककर बरामदे से बाहर बजरी पर आ रहा।

वह काफ़ी देर से बढ़ई की कारीगरी देख रहा था। किसी भी तरह का कौशल मोहक होता है, फिर यह कौशल तो बच्चे को पसन्द आता है, क्योंकि वह देखता आ रहा था कि किस तरह एक बेडौल खुरदरी लकड़ी को बढ़ई की आरी ने बीच से दो कर दिया, फिर उस पर रन्दा चला। खर्रखर्र करके देवदार के ख़ुशबूदार लच्छे निकलते आए और चिकना-सा तख़्ता निकल आया—उस पर लकड़ी के रेशे, गोल-गोल भँवरदार छल्ले, लम्बी लहरियोंदार लकीरें—बीच में एक गाँठ—जैसे छपी हुई-सी—उसकी तबीयत होती थी इसी तरह का काम वह ख़ुद करे—ठोंक-पीट, मरम्मत का काम—कोई चीज़ औजारों से तैयार करना।

इस टुकड़े ने उसे फ़ौरन खींचा। वह बढ़ई के काम का न था, बच्चा उसका कुछ न कुछ बना लेता; उसके पास एक बच्चे की कल्पना थी जो किसी भी वस्तु में किसी भी वस्तु की प्रतिष्ठा कर सकती है।

वह पहले हिचका, फिर उसने लकड़ी का वह टुकड़ा उठा लिया और उसको उलट-पुलटकर देखते-देखते अनायास ही मैदान तक आ गया। उस चौकोर मैदान में धूप छिटकी हुई थी। धूप तक आते-आते उसका ध्यान बँट गया। बहुत-से और बच्चे मिलकर कोई खेल खेल रहे थे, उसके प्रभाव में वह भूल गया कि वह टुकड़े का क्या करने जा रहा था।

उसने लकड़ी के टुकड़े को ऊपर उछाला; चकरघिन्नी की तरह घूमता हुआ वह ऊपर गया और जब नीचे आया तो बच्चे ने उसे गोच लिया। वाह, यह भी तो एक खेल है ! अब हर मरतबा वह टुकड़े को और ऊपर उछालता और उसके उतरते वक़्त डरता कि शायद इस बार रह जाऊँ, पर हर बार उसे गोच लेता।

धीरे-धीरे वह इस खेल से ऊबता जा रहा था। इस बार टुकड़ा बहुत ऊपर गया था—अपनी चौकोर शक़्ल को तेज़ी से घूमकर गोल दिखलाता हुआ—और बच्चे

ने सोच लिया था कि इस बार न गोच सका तो कोई हर्ज नहीं—कि वह लकड़ी का टुकड़ा आकर उसके सिर पर खट् से बोला।

खेल में नया लुत्फ़ आ गया—हालाँकि चोट ज़रूर आई होगी। वाह, यह भी तो एक खेल है! इसलिए कई बार उसने टुकड़े को अपने सर पर झेलने की कोशिश की—इसमें होशियारी की बात यह थी कि टुकड़ा इतने ऊँचे भी न जाए कि लौटकर बहुत ज़ोर से लगे और इतने नीचे भी न रह जाए कि अपनी चालाकी पर स्वयं ग्लानि हो।

मैं यह सोच रहा था कि इससे भी यह बच्चा ऊबा तो क्या खेल ईजाद करेगा—कहीं टुकड़े को फेंक न दे और बाक़ी लड़कों के साथ कोई पिटा हुआ साधारण-सा खेल खेलने न लग जाए, जैसे चोर-चोर! तब तो मुझे उस बच्चे से बड़ी निराशा हो जाएगी। इतने में उसने कुछ किया जिसे देखकर तबीयत ख़ुश हो गई।

किसी क्वार्टर में कोई मेहमान कार पर आए थे। कार वहीं खड़ी थी। वह कार के सामने खड़ा हुआ और लकड़ी को उसने निशाना साधकर कार के पार फेंका। बहुत सन्तुलन की आवश्यकता थी, इतने ही ज़ोर से फेंकना था कि लकड़ी कार के ठीक पिछाड़ी ज़मीन पर गिरे—यह नहीं कि बहुत दूर निकल जाए। उसे इस हाथ तौलने में मज़ा आने लगा। मज़े का खेल था ही। इधर से वह फेंकता, फिर दौड़कर उधर से उठा लाता।

अचानक उसे ध्यान आया कि आगे से पीछे फेंकने के अलावा टुकड़े को कार की चौड़ाई के पार भी फेंका जा सकता है—यानी जिधर दरवाज़े होते हैं उधर से दूसरी तरफ़ जहाँ दरवाज़े होते हैं। इसलिए अब यह होने लगा। मैं बोर हो रहा था—हालाँकि होना मुझे नहीं चाहिए था—क्योंकि खेल के इस नए सुधार में बच्चा एक नई दूरी के लिए नए सिरे से हाथ साध रहा था। पर एक बार ऐसा हुआ कि इधर से फेंककर जो वह उधर उठाने गया तो लकड़ी का टुकड़ा ग़ायब था।

उसने आसपास सब जगह खोजा—बजरी पर, घास में। कार के नीचे झाँककर देखा। पास से गुज़रनेवाले बच्चों को ताड़ा...पर लड़का तेज़ था, अचानक उसे जाने क्या समझ में आया कि वह कार के सामने आया और बफ़र पर पैर रखकर ऊपर चढ़ने लगा।

बफ़र से हेडलाइट पर और हेडलाइट से वह हुड पर आ गया। हुड पर खड़े होकर उसने ताली बजाई और थोड़ा-सा कूदा भी, सम्हालकर। लकड़ी का टुकड़ा कार की छत पर निश्चिंत रखा हुआ था। उसने हाथ बढ़ाकर देखा, हाथ छोटा रह जाता था। अब आगे चढ़ने में हिम्मत की ज़रूरत थी—मगर हिम्मत उसमें थी सो वह ढलुवाँ विंडस्क्रीन पर से छत पर चढ़ गया। मुझे उसकी गोरी-गोरी टाँगों और कत्थई जूतों को विंडस्क्रीन पर फिसलते देखकर ख़ूब हँसी आई। बच्चे ने अपना खिलौना उठाया और फिर हुड पर वापस आ गया।

धूप बड़ी प्यारी थी। हलकी-हलकी हवा थी जैसे धूप को उड़ा ले जाएगी। हर चीज़ चमक रही थी और हरियाली ख़ास तौर से। वह बिना धारियोंवाला लाल ऊनी निकर-वाकर पहने हुए उस बड़ी भारी ऊँची मशीन पर खड़ा था और धूप में उसका गोरा रंग, भूरे बाल और भोली आँखें तसवीर जैसी लग रही थीं। मुझे तो वह दूर से यों प्यारा लग रहा था, पता नहीं उसे क्या इतना अच्छा लगा कि वह हुड पर से उतरा ही नहीं, ऊँचे पर से मैदान को देखता रहा, जहाँ और बच्चे खेल रहे थे। लकड़ी का टुकड़ा और उसके सीधे-सादे खेल उसे भूल गए थे।

[1952, *सीढ़ियों पर धूप में*]

एक जीता-जागता व्यक्ति

अक्सर मेरा मित्र टोका करता, "क्या देखा करते हो सड़क पर चलते हुए?"

"कुछ नहीं, दिखाई देता है, इसलिए देखता हूँ।"

"और मैं समझता हूँ कि कोई चीज़ देखते चलते हो कि पड़ी मिल जाए तो उठा लूँ।"

"हाँ, शायद यह इरादा रहता है, इनकार नहीं कर सकता। पर ताज्जुब है कि आज तक कुछ उठाकर ला नहीं पाया। वास्तव में सड़क पर तमाम लोग...।"

"बेशक, सबके सामने तुम्हारी हिम्मत ही न होगी, और जिसने पहले देखी होगी वह तुम्हें क्यों हाथ लगाने देगा?"

"जी नहीं," मैं हँसा, "लोगों को लो...।"

"अच्छा," उसने आँख मारी, "आप कोई जीती-जागती चीज़ घर ले जाएँगे!"

"नहीं, नहीं," मैंने कहा, "लोगों को ही देखो, क्या यह कुछ कम रोचक हैं कि कितनी भीड़ है और सब अपने-अपने रास्ते जा रहे हैं और किसी को परवाह नहीं है कि मैं क्या कर रहा हूँ क्योंकि मैं उन्हें देखता हूँ पर हस्तक्षेप नहीं करता। देखो न, इस तरह मुझे भी औरों के साथ एक अस्तित्व मिल जाता है और वे सब ज़्यादा से ज़्यादा स्वतंत्र रहते हैं क्योंकि कम-से-कम दखल देते हैं...।" फिर अपनी बात सरल करने के लिए मैंने कहा, "मेरा मतलब है, यह मुझे अच्छा लगता है।"

"हूँ, अहं, अहं, सिर्फ़ अहं," उसने कहा, "अपने-आपको जाने क्या समझते हो!"

"ठहरो, यह देखो," मैंने पैर टेककर साइकिल रोक ली। वह कुछ दूर आगे जाकर रुका। सिर घुमाकर बोला, "अमाँ, पा गए कुछ?"

वह एक आधी घरेलू चिड़िया थी, गौरैया कदापि नहीं, उससे कुछ ज़्यादा रंगीन मेल की, जिसकी पीली चोंच होती है और पीले पंजे, काला-सिर और कत्थई देह होती है। मुझे मालूम नहीं, वह पिड़कुलिया है या देसी मैना, पर इस मन:स्थिति में उसे कभी नहीं देखा था जिसमें वह इस समय थी।

मित्र बोला, "यह यहाँ क्या करने आ गई?" जैसे यह उन्हीं की ग़लती हो

और अब उन्हें सहानुभूति के लिए मजबूर होना पड़ रहा हो।

चिड़िया बिना पर खोले ही फड़फड़ाई। उसने शरीर का बोझ एक बार इधर, फिर उधर डाला और दम लेने लगी। कोलतार के एक कीचड़ में वह फँस गई थी। बनती सड़क के लिए बजरी का एक ढेर पास ही लगा था, उस पर पाँच-छह कौए और-और तरफ़ देखते हुए बैठे थे।

मित्र साइकिल घुमाकर पास आया, "साले, अभी से जमा हो गए? अमाँ मरने तो दो किसी को चैन से।"

क्या सचमुच चिड़िया मर रही थी? मर जाती। तारकोल बहकर वहाँ जमा हो गया था, उस पर धूल जम गई थी और अनजाने में उस पर वह उतर पड़ी थी। काफ़ी देर से वह छुड़ा रही होगी तभी कौओं ने देखा होगा—उड़ नहीं रही है तो खाद्य है।

सूरज डूब रहा था। ढलुआँ सड़क पर झुंड की झुंड मशीनें आदमियों को लेकर पीली रोशनी में पैठी जा रही थीं। हम लोग जहाँ खड़े थे वहाँ यातायात ऐसा हो गया जैसे बहते पानी में कहीं कोई टहनी अटक जाए तो वह भँवर बना ले।

"ज़रा किनारे हो लें," मैंने कहा, "नहीं, नहीं, इधर से नहीं चिड़िया से और दूर जाकर फुटपाथ पार करेंगे।" मित्र ने घूरकर देखा। हम लोग बिलकुल हाशिये पर जाकर खड़े हो गए, पर वहाँ भी चिड़िया से क़रीब उतनी ही दूर थे।

चिड़िया के लिए कोई उम्मीद न थी। एक पंजा ज़रा-सा हुमसता तो दूसरी ओर ज़ोर पड़ता और वह फिर फँस जाती। चौंककर देखती और फिर इधर-उधर बदन को झटके देती और पंख न खोलती—शायद पंख खोलने से पंजे और धँसने लगते हों—लेकिन उसका कलेजा मुँह को आ जाता।

मित्र ने कहा, "देखो यार, बिलकुल आदमियों की तरह कर रही है।"

छुड़ा दूँ, मैंने सोचा। इसमें सोचने की क्या बात है? पर क्या वह ख़ुद कोशिश नहीं कर रही है, उसे अपने-आप करने न दूँ? मैं समझ सकता हूँ कि ख़ुद कोशिश करने का क्या अर्थ होता है और सहानुभूति एक जगह अनादर भी बन जा सकती है। वह इस समय एक महत्त्वपूर्ण संघर्ष कर रही है जैसे उसने ज़रूरी समझा है और जैसे वह ही कर सकती है। उसे करने दूँ? अन्त तक ले जाने दूँ?—जैसे उसे सुखकर होगा?

"मूर्ख," मित्र बोला, "उसे छुड़ा क्यों नहीं देता? अहंवादी लोग दूसरों को सताए बिना रह नहीं सकते।" उसने साइकिल दीवार के सहारे छोड़ दी और ख़ुद आगे बढ़ा। मैंने रोक लिया। रहो, रहो। अपने अहं को थोड़ा और रोक रक्खो, मैंने उससे मन में कहा। वह रुक तो गया, पर एक पत्थर उठाकर उसने कौओं पर फेंका। जिसे लगनेवाला था वह फुदककर किनारे हो गया, उसने इधर देखा तक नहीं।

न चिड़िया ही हमारी तरफ़ देख रही थी। उसने कौओं की ओर भी न देखा था, यद्यपि उनका होना वह जानती थी। वह डरी हुई थी, पर उसका डर एक परिस्थितिगत वास्तविकता थी। धीरे-धीरे वह उसके समकक्ष आ चुकी थी। स्पष्ट देखा जा सकता था कि उसकी कोशिश सिर्फ़ छूटकर उड़ जाने की है; कौए हैं तो हैं, और वे उसके फँस गए होने की स्थिति का एक अंग ही हैं।

तो क्या मैं छुड़ा दूँ? इसमें सोचना क्या है? पर वह अपने को छुड़ा लेगी, निश्चय ही छुड़ा लेगी। वह आख़िरकार मिट्टी की नहीं है, भुस-भरी भी नहीं है, और यहाँ उसके संघर्ष में क्या है जो मैं तरस खाते हिचकिचाता हूँ?

फिर भी, फिर भी, फिर भी...सहसा और देखते रहना असम्भव हो गया। आख़िरकार मैं उससे बड़ा और ज़्यादा ताक़तवर था। मैं आगे बढ़ा।

पहली बार चिड़िया ने मुझे देखा। जिस तरह वह अभी तक नहीं करना चाह रही थी, वैसे पंख फड़फड़ाकर अपने को हुमसाने लगी। एक क़दम मैं और आगे बढ़ा और मन में कहा, 'बस, क्षण-भर में सब हो जाएगा।'

चिड़िया ने कातर आँखों से मुझे देखा। उनमें केवल अविश्वास था। उसने चोंच खोल दी और बुरी तरह डरकर वह छटपटाई।

मैंने कहा, "मैं तुम्हें छुड़ाने आ रहा हूँ।"

जकड़े हुए पंजों पर उसका शरीर दाएँ से बाएँ पागल की तरह डोलने लगा, जैसे कह रहा हो, "नहीं, नहीं।"

मैंने कहा, "मैं तुम्हें आहिस्ते से छुड़ा दूँगा।"

उसने हाँफकर चोंच बन्द की और फिर खोली, कहा, "नहीं, नहीं, मैं ख़ुद छूटने को बेकरार हूँ।"

मैंने कहा, "ठहरो तो..." हालाँकि मैं जान गया था कि उसके सामने मैं कितना बेकार था। मेरे सामने वह सड़क की भीड़ का एक हिस्सा थी, जीता-जागता, जिसे पहले मैंने देखा था, पर उसका अपना अस्तित्व था जिस पर कोई हाथ नहीं डाल सकता था। मैं उसे केवल भयभीत कर सका था और मैं कुछ कर भी नहीं सकता था, पर उसने अपनी सारी ताक़त जुटा ली थी और यह सिर्फ़ वही कर सकती थी। मैंने मौन रहकर उसे आँख-भर देखा। जैसे सम्मोहित होकर वह एक पल थिर आँखों से मुझे देखती रही, फिर काँपकर ऐसे फड़फड़ाई जैसे यह उसका आख़िरी फड़फड़ाना हो। फिर उसने पंख खोल दिए और उन्हें तान दिया। अचानक वह छूट गई।

गज़-भर दूर उड़कर उसने धूल में पंजे रगड़े और मकानों की तरफ़ उड़ चली। कौओं में से एक ने एक बार कैंव किया और फिर सब बजरी के ढेर पर बदहवासों की तरह फुदकने लगे।

मित्र बोला, "अमाँ जाओ, तुमसे कुछ नहीं हो सकता।"

रंगीन आकाश और डूबते सूरज की तरफ़ बस्ती थी, जिधर चिड़िया तैरती चली जा रही थी। उस पर से दृष्टि उतारकर मैंने पूछा, "क्या?"

वह बोला, "अमाँ, हम तो ख़ुश हुए थे कि चलो, तुम्हें कुछ मिल गया पड़ा हुआ।"

"हाँ, मिला तो था," मैंने कहा।

"मगर?" उसने पूछा।

"मगर," मैंने कहा, "उसे तो चिड़िया अपने साथ लेकर उड़ गई।"

[*युग चेतना,* अगस्त, 1957, में प्रकाशित। *सीढ़ियों पर धूप में*]

इन्द्रधनुष

वह घोर ग़रीबी का एक दिन था। थोड़ी देर हुई उसने मुझे एकसाथ मुक्त और निरुपाय कर दिया था और चिन्ताएँ न्यूनतम ही नहीं रह गई थीं बल्कि जिन भौतिक आवश्यकताओं की वे चिन्ताएँ थीं वे भी सहसा मुझसे अलग हो गई थीं, उतनी ही अनिवार्य पर मेरे अस्तित्व में बिना तनिक भी हस्तक्षेप किए हुए। मैं उठा और किताबों की अलमारी के पास गया जिस पर जानी-पहचानी पीठों की पंक्ति के सामने कुछ पैसे रखे हुए थे। मैंने उन्हें गिना और न देखते हुए कि ये कितने से कम हैं और कितने से ज़्यादा, घर से निकल पड़ा।

सीढ़ियों पर एक आभा थी, उससे होकर जब मैं सार्वजनिक मैदान में आया तो तेज़ रोशनी में ऊँची घास, जगह-जगह जिसमें फटे काग़ज़ और फेंके चिथड़े अरझे हुए थे, लगभग काली दिखाई दे रही थी। उसको एक जोखिम उठाने के-से आनन्द से मैं रौंदता हुआ सड़क पर पहुँचा और बजरी पर चलने लगा।

एक निरन्तर आवाज़ मेरे चलने से हो रही थी। मैं उसे सुनता गया, सुनता गया और अचानक मुझे लगा कि अब नहीं सहा जाएगा—अपने अन्दर एक लम्बे समय से जिस चीज़ से मैं लड़ता आ रहा था वह इस सड़क पर मुझे दबोच लेगी और फिर यह संघर्ष ख़त्म हो जाएगा। सचमुच तब रखने लायक कुछ न बचेगा, क्योंकि मुझे जो आशा थी वह उससे नहीं थी जो मेरे पास था; मेरे साहस का स्रोत कहीं मुझसे बाहर, मेरे आगे और मुझसे ऊँचे था और उसको पा लेना ही मेरा संघर्ष था। टूट जाने दूँ उस तनाव को जिससे मैं अपने और अपने आदर्श के बीच स्थिर हूँ ? कितनी शर्म की मौत होगी, पर कितनी आसान और निश्चिंत जिसमें मेरा कुछ नुक़सान नहीं है; कोई न जानेगा कि मैं कैसे मरा और इस सड़क पर की दुर्घटना से लौटकर मैं फिर स्वीकार कर लिया जाऊँगा...उस ग़रीबी के साथ जो तब एक रोचक विशेषता बन चुकी होगी।

न, इस तरह नहीं और इतनी जल्दी भी नहीं। वापस आ जाऊँगा, मैंने अपने से चीखकर कहा और ऊपर देखा—हो सकता था कि कोई चीज़ मैं न देख पा रहा होऊँ।

आसमान में कुछ हो रहा था। इस बीच एक बहुत असाधारण बादल घिर आया

था और इस तरह से अपने को खोल और समेट रहा था कि मैं उसे देख लूँ। बरसेगा, मैंने कहा।

कीचड़-भरी पिछवाड़े की गली में दीवाल से सटे-सटे मैं जाने लगा। थोड़ी दूर पर, मैं जानता था कि बाज़ार के बीच वाला खेल का मैदान है और पक्की सड़क भी वहीं से मोड़ लेती है। साफ़ हवा वहाँ होगी और गली में दोनों ओर के मकान जिस धूप को बेवकूफ़ की तरह न इधर से आने दे रहे थे न उधर से, वह मैंने कल्पना में देख लिया, असंख्य झिलमिलाहटों की एक चादर बन गई होगी...अगर हवा ज़रा-सी तेज़ होगी तो उसमें लहरें पड़ती भी देखी जा सकेंगी और एक बहुत बड़ा आकाश होगा, बादलों से ज़मीन तक पूर्ण, जैसे कि वह हमेशा रहता है, इस बार तने हुए बरसते पानी से। वह दृश्य गली से निकलते ही वहाँ था...ठीक वैसा जैसा मैंने सोचा था।

पानी ज़ोर का पड़ने लगा और एकाएक मेरा दृश्य दूर जैसे एक अपनी दुनिया में चला गया। कितना सुन्दर था। पानी को धारण करती हुई दूर तक फैली हरी धरती और मुझसे अलग। तुमने मुझे अकेला रहने दिया है, मैंने कहा, और कितना अकेला मैं हूँ।

पानी और ज़ोर से आया और झिलमिलाती रोशनी की चादर डूब गई। धूप का एक खंड जो तिरछी धारों के सहारे खड़ा था गिर पड़ा और वातावरण में एक उत्तेजना आने लगी जैसे कुछ विकसित हो रहा हो। मैं देखता रहा, इस बार बिलकुल न जानते हुए कि अब क्या होगा। अचानक पानी बन्द हो गया; वह आवाज़ जो लोगों के और पानी के बीच निरन्तर वर्तमान थी, बुझ गई और धूप फिर निकल आई और ऐसा लगने लगा जैसे विकास का एक वृत्त पूरा हो गया हो।

लगभग फ़ौरन भीड़ बिखरने लगी। तुम लोग कितने अधिक हो, अलग-अलग व्यक्ति, और जो यह अभी हुआ है इसने तुम सबको मुक्त कर दिया है, मैंने कहा।

किसी को यह समझने की फ़ुरसत न थी। पर क्या हुआ कि तुम नहीं जानते, मैंने कहा, देखो, थोड़ी देर पहले से तुम कितने भिन्न हो; पानी के बरसते वक़्त तुम एकत्र हो गए थे और पानी के बाद तुम अलग-अलग हो गए हो और अब समूह में और नहीं हो।

किसी रंगीन दुकान से दो औरतें निकलीं और तेज़ी से एक ओर निकलती चली गईं...अपनी साधारणतया स्त्रियोचित चाल का एक द्रुततर छन्द बनाती हुईं...ग़ौर करने पर देखा जा सकता था कि उसकी मौलिक ताल क्या है—मैंने देखा और आनन्द देते हुए उन्हें दूर तक चलते चले जाने दिया।

जैसे ही मैंने बिसाती का बरामदा पार किया, लड़कों का एक झुंड उड़ता हुआ पीछे से आया और मुझे बीच में छोड़ते हुए दो तरफ़ बँटकर आगे निकल गया, वहाँ वह एक लड़के के चारों ओर गोल सर्कल बनाकर स्थिर हो गया।

गली में पानी भरा था। उसमें किसी ने ईंट रखकर रास्ता बना दिया था और एक

काला-कलूटा लड़का जो इसी साल से स्कूल जाने लगा था, एक ईंट पर दोनों पैर से खड़ा होकर दूसरी पर जाने का इरादा कर रहा था। मैं उसकी ईंट पर ज़रा-सी जगह लेकर आगे निकल गया, उसने कोई ख़याल न किया। बहुत अच्छे, मैंने कहा, मुझे यह पसन्द आया। अगर तुम मुझे नहीं देखते तो मैं मान लेता हूँ कि मैं तुम्हारे अनुभव में दखल नहीं दे रहा हूँ जो तुम्हें अभी ज़रा देर पहले, मेरे साथ, पानी बरस जाने के वक़्त हुआ है।

दुकानों के बाद चौड़ी, दूर तक जाती हुई सड़क थी। जहाँ से सड़क शुरू होती मालूम होती थी वहाँ मकानों की एक लम्बी धुली हुई क़तार थी, और उसके बाद आसमान था, पहले से भिन्न, पर उतना ही दूर।

मैं वापस चला। दो छोटी लड़कियाँ चकर-चकर बात करती हुई मुझसे आगे निकल गईं। उनकी बातें समझने की कोशिश करना बेकार था; वे इतनी ख़ुश थीं कि किसी दूसरे की समझ में आनेवाली बातें कर ही नहीं सकती थीं। वे मुझसे बहुत आगे निकल गईं और मैं एक क्षण के लिए खिला हुआ वहीं ठिठक गया।

अचानक मैंने देखा, सड़क के अन्त पर मकानों के समूह से लेकर दूर मेरे पीछे तक इंद्रधनुष खिंच गया है।

दोनों लड़कियाँ चलती गईं और इंद्रधनुष एक बड़े भारी खुले दरवाज़े की तरह उनके रास्ते के अन्त पर खुला रहा।

एक आदमी अपने बच्चे को उँगली पकड़ाए मेरे पास से गुज़रा और चलता गया। मुझे कोई ऐतराज नहीं, मैंने कहा, क्योंकि तुम ख़ुश हो और अकेले रह सकते हो।

इस पर बच्चे ने बाप के हाथ से उँगली छुड़ा ली और ठुमकता हुआ आगे भागा जैसे किसी ने चाबी भरकर उसे चला दिया हो।

बाप लपककर उसके बराबर हो लिया और दोनों चुपचाप चलते गए; सीधी सड़क पर छोटे होते हुए दूर तक मैं उन्हें देखता रहा जैसे कि वे इंद्रधनुष के नीचे से गुज़र जाएँगे।

तब मैंने एक बार फिर देखा कि मैं कितना अकेला हूँ पर कितना सुखी। ये लोग सुखी हैं, मैंने कहा, जो मेरे पास से गुज़रते जा रहे हैं और मुझे नहीं देखते, और यह इन्द्रधनुष सुन्दर है जिसके नीचे से ये लोग गुज़र जाएँगे।

अब मैं उस मैदान में आ गया था जो पहले धूप में काला दिख रहा था और अब हरा और चमकीला हो गया था। कितना ठीक, मैंने कहा, और मेरे मन में कुछ भरने लगा। हवा चली, वह साफ़ थी और बहुत बड़े मैदान में उसने मुझे चारों तरफ़ से घेर लिया।

यही मैं हूँ जैसा कि उस हवा ने मुझे परिभाषित कर दिया है, मैं बच गया हूँ और मैं टूटा नहीं हूँ...मैं वापस आ गया हूँ सुरक्षित और सुन्दर और नए सिरे से सम्पूर्ण, मैंने कहा, और मैं कृतज्ञ हूँ इस अनुभव के लिए। किसके प्रति, इसका प्रश्न

नहीं है क्योंकि और किसी का इस अनुभव में मेरे साथ हिस्सा ही नहीं है।

सीढ़ियों पर आधी दूर आकर मैं रुक गया। न, अभी नहीं, अभी कुछ है जो बिलकुल मेरा है और उसके साथ मैं घर नहीं जाऊँगा। दोनों हाथ के सामान को मैंने सीने से लगा लिया और दीवाल से टिककर इन्तज़ार करता रहा। मैं कृतज्ञ हूँ सचमुच कृतज्ञ हूँ चीखकर मैंने कहना चाहा। मैं नहीं चाहता कि कोई जाने कि इस समय मुझमें क्या हो रहा है, पर हो रहा है, मैंने कहा, और फूट-फूटकर आँसू आँखों से बहने लगे।

ठीक, मैंने कहा, यहीं खड़े रहो जब तक यह आनन्द सम्पूर्ण न हो जाए।

एक नई लहर आई और छोटी-छोटी होकर बिखर गई। एक बार, बार-बार नए आँसू फूटकर बहे जब तक कि सब धुल न गया। सधे हुए क़दम रखकर मैंने बाक़ी जीना तय किया और दरवाज़े के सामने मुस्कुराता हुआ खड़ा हो गया।

उसने दरवाज़ा खोला और वे शब्द जो वह दरवाज़ा खोलने पर मानो हमेशा कहती है, मैंने स्पष्ट सुने। वह मुस्कुराहट भी नहीं थी और हँसी भी नहीं, बल्कि उसका अपना स्वागत था जो उसके चेहरे पर आया और मैंने सिर उठाकर उससे आँखें मिला दीं। तुम ख़ुश हो, पर तुम नहीं जानतीं कि अभी क्या हुआ है, मैंने कहा।

अन्दर आकर मैंने हाथ की चीज़ें मेज़ पर रख दीं और उसके पीछे-पीछे कमरे में चला गया। मैं हलका हो गया था, पर थोड़ी देर के लिए कोशिश करके यह अनुभव करते रहना चाहता था कि मेरे हलके हो जाने और बोझ रख देने में कोई सम्बन्ध नहीं है।

स्वच्छ और शान्त वह बैठकर अपने साधारण से काम में लग गई और मैं बोलूँगा नहीं क्योंकि जो कहूँगा अप्रासंगिक होगा। न जो कुछ फूटकर बहा है उसे तुम्हारी ख़ातिर छिपाऊँगा।

मैंने झुककर उसके सीने पर सिर रख दिया। देखो, मैं वापस आ गया हूँ। और टूटा नहीं हूँ। उसके गोरे सीने पर सोने की माला थी जो गले के चारों ओर घूम गई थी, जैसे एक कहानी पूरी हो गई हो। मैंने उस पर एक हाथ रख लिया और उसकी ज्योति में आँखें बन्द कर लीं।

उसने अपने हाथ का काम रख दिया और मुझ पर हाथ रखकर पूछा, क्या हुआ?

नहीं, मैंने कहा, कोशिश मत करो, ऐसी ही रहो जैसी तुम हो, सुन्दर, उज्ज्वल और बिना वह जानते हुए जो मेरे अन्दर हुआ है। तुम नहीं जानती हो कि मैं किस तरह टूटने से बच गया हूँ पर तुम सुन्दर हो और क्या यह काफ़ी नहीं है, उतना ही जितना कि मेरा कृतज्ञ होना है। पूछो मत, न मैं बताऊँगा और न तुम्हें जानने की ज़रूरत है क्योंकि इस समय तुम ऐसे ही सुन्दर हो, अकेली और बिना जाने हुए और बिना जानने की कोशिश किए हुए कि मेरे अन्दर क्या हुआ है।

[1957, *सीढ़ियों पर धूप में*]

उमस के बाहर

एक भारी आसमान खेत पर पॉटरी-वर्क्स की चिमनियों के सहारे खड़ा हुआ था और उसके सफ़ेद गोल-गोल बादल क़ायदे से सजे हुए थे। कितना अवास्तविक था या कितना अधिक वास्तविक था—इतना कि मैं उसे स्वाभाविक नहीं मान सकता था। वह एक तरह से सुन्दर था, पर उसमें कोई करुणा नहीं थी।

पानी बरस चुका था। वर्षा थम गई थी—जैसे यही अब उसके लिए उचित हो। वातावरण में एक आभा आ गई थी—एक औसत साधारण रोशनी जिसमें मैं बाहर आ गया; मैंने मान लिया था कि मुझसे एक घुटन है और वह बाहर भी है। उस समय तेज़ चलते रहना ही एक उपाय था और मैंने खेत की ओर की सड़क पकड़ ली।

अब पहले से अच्छा था। चलना सहायक था, क्योंकि मैं एकरस काली सड़क को अनवरत पैरों के नीचे जल्दी-जल्दी छूटते देख रहा था। मैं जाना नहीं चाहता था, सिर्फ़ चलना चाहता था, चलना, चलना, और चलना, जिसका अन्त भी अभी से निश्चित नहीं करना चाहता था। जानता हुआ कि कहीं रुकूँगा या कहीं से लौटूँगा, उस चरम क्षण को उसके अपने आविष्कार के लिए छोड़ देना चाहता था।

सड़क आगे घूमकर जो कोना बनाती थी वह कच्ची मिट्टी का एक छोटा-सा एकान्त मैदान था—अहा! मैंने उसे पार करने का निर्णय कर लिया। चक्कर काटकर सड़क-सड़क नहीं जाऊँगा, जल्दी-जल्दी नहीं, धीरे-धीरे, गीली कच्ची मिट्टी में पैर रखूँगा। शुद्ध मटमैले पानी में छप से पाँव का निशान बनाते हुए, अनजानी गीली मिट्टी में उत्सुकता से, न जानते हुए कि पैर कितना धँसेगा और रपटन में वजन तौलकर। मिट्टी साफ़ थी, प्रकृत, और कहीं-कहीं केवल नम, और मेरी ऊब को तोड़ रही थी। जागती मुस्कुराहट की तरह मैदान इधर से उधर फैला हुआ था—उसमें से रास्ता बनाए जाने के लिए और चलनेवाले को आनन्द देने के लिए। नीचे देखते-देखते मैं उसमें चला। चलते-चलते हलकी-सी सिहरन होने लगी। ख़ुश होकर मैंने सिर उठाया और ठगा-सा खड़ा रह गया।

कुछ सूखी ज़मीन के एक ऊँचे टुकड़े पर दो नन्हे-नन्हे जूते रखे हुए थे—

साफ़-सुथरे, किरमिच के छोटे-छोटे जूते, रंगीन और कम पहने हुए। उस ज़मीन के इधर-उधर थोड़ी-बहुत घास थी, बहुत ऊँची नहीं, पर ताज़ी उगी हुई, गझिन और मटमैले पानी में आधी डूबी हुई। एक छोटा-सा पानी-भरा गड्ढा था और दूर तक चिकनी साफ़ गीली मिट्टी...

तब हवा चली और पानी भरे गड्ढे में उसके अनुपात के बराबर लहरें बन गईं।

कितना सुन्दर था और कितना विचित्र, पर सुन्दर अधिक नहीं, ठीक उतना ही विचित्र जितना सुन्दर हो सकता है, ज़्यादा नहीं कि अद्‌भुत हो जाए। मैंने ग़ौर से देखा—हाँ, दो साफ़-सुथरे प्यारे-प्यारे रंगीन जूते, जैसे दो गोरे-गोरे नन्हे-नन्हे पाँव इनमें से अभी कूदकर भाग गए हों। उतारकर खेल में होश न रहा होगा, भूलकर घर दौड़ा होगा—पानी में छप-छप करता हुआ, कितनी दुलार-भरी आजिज़ी से बुलाया गया होगा।

मैंने एक क्षण इस चित्र को कल्पनाओं में घुल जाने दिया, पर फिर सहसा सामने देखा—ऊँची मिट्टी पर वे सजे हुए-से रखे थे, सुरक्षित और सूखे, स्पष्ट जैसे अभी बोल पड़ेंगे।

जी कड़ा करके मैंने कहा, नहीं, मैं जाऊँगा। अब मेरा जाना और ज़रूरी हो गया है। धीरे-धीरे वह मैदान पार करके मैं सड़क के किनारे चला आया। हाँ, ठीक है, यही ठीक है, मैंने कहा। अनजाने ही में पेड़ से मैंने एक सूखी टहनी तोड़ ली और चलते-चलते उसकी नोक नम मिट्टी में छुआकर ठहर गया। टहनी से मुलायम ज़मीन पर मैंने कोई लाइन खींच दी—हाँ, ठीक है, यही ठीक है। मिट्टी का खुरचना और उसके नीचे से और साफ़ मिट्टी का निकल आना कितना सुखकर था। मैंने कहा, मैं जान रहा हूँ कि मैंने क्या किया है। मैं चला आया हूँ जानकर, और यह जानना अच्छा है।

अचानक मैंने देखा, मैंने दो पत्तियों की तसवीर खींच दी है, और देखो, वह भी सुन्दर है, बिना मेरे चाहे हुए। अचानक उसके लिए मन में कितना मोह हो गया है।

बस दिखाई देने लगी; ठीक, एक बार मैंने तसवीर को टहनी की नोक से छुआ, यही ठीक है; अब मैं अपने लिए कुछ दोहरा सकता हूँ। जाने से पहले मैंने इस तसवीर को मिटा दिया होता, क्योंकि मैं उसे उठाकर नहीं ले जा सकता था। उन प्यारे जूतों को, उस मधुर विस्मय को ले जा सकता था, पर मैं चला आया हूँ। यह चित्र यहीं रह सकता है, ऐसा ही बेमतलब और सुन्दर जैसा वह मेरे बिना चाहे बना है। इससे मुझे कोई मतलब नहीं कि कब तक और किनके लिए या उनके लिए किस तरह। मैं कोई कलाकार नहीं हूँ और मेरा अंकन सम्पूर्ण नहीं है, पर मेरे अंकन का सम्पूर्ण होना महत्त्व का नहीं है—अब मैं यह भी जानता हूँ कि उस निराले ढूह पर वे मुन्ने-मुन्ने जूते वहीं हैं, अपने चारों ओर के बीच एक अर्थ रखते

हुए और मैं चला आया हूँ। मैंने उन्हें वहाँ नहीं सजाया था और उनकी कोई कहानी ज़रूर होगी, चाहे वह मेरी जानी न हो; पर मैंने भी कुछ रचा है और वास्तव में उसी क्षण रचा है जिस क्षण मैं चला आया हूँ। न, मुझे भय नहीं है कि उन्हें कोई फेंक देगा या चुरा लेगा। देखो, कितना सुन्दर था वह जो मैंने पाया और मैं चला आया हूँ और मैं दुखी नहीं हूँ।

[1957, *ज्ञानोदय,* अप्रैल 1959, में प्रकाशित। *सीढ़ियों पर धूप में*]

मुक्ति का एक क्षण

वह कबूतर आज फिर आ गया। कितना बुरा हुआ! मैं आपको उसकी कहानी सुनाना चाहता था; अब मेरी कहानी न बन सकेगी। आज फिर आकर वह कल की कहानी में जुड़ गया है। अब भी शायद उसने कोई कहानी बना दी होगी, पर वह मैं अभी जानता नहीं।

मेरे कितने पास आ गया है, उसे डर नहीं लगता! चाहूँ तो हाथ बढ़ाकर पकड़ लूँ। फिर उसे लिये हुए नीचे जाऊँ, जहाँ औरों के साथ मेरे मित्र होंगे जिन्हें मैंने कल अपनी कहानी सुनाई थी—कैसा लगेगा उन्हें, मेरे हाथों में यह कबूतर देखकर—जैसे कल का एक स्वप्न, शोर-शराबे की दुनिया से दूर जो एकान्त में कहीं घटित हुआ था, और स्वप्न की ही भाँति जो अविश्वसनीय था, सहसा साकार हो उठा है।

तब फिर, मुझे ही क्यों, इसकी पुनरावृत्ति एक हानि जैसी लग रही है, जैसे इसने मेरा कुछ छीन-सा लिया है!

पर यह कितना सुन्दर है, और ठीक कल जैसा सुन्दर है—इसमें कमी नहीं है। भरा-पूरा कबूतर है, जवान। चकर-मकर करती हुई गरदन, जैसे गुटरगूँ-गुटरगूँ कर रही हो; सफ़ेद रंग कुछ मैला हो गया है; क्या ऐसा तो नहीं कि पंजे में जो चोट है उसकी वजह से इसे घोंसले में बहुत दिन पड़े रहना पड़ा हो? कल के उन दानों को, जो इसने छोड़ दिए थे, चुग रहा है। एक पंजे के बल फुदकता है, यह देखकर तकलीफ़ होती है, पर सच में मैं नहीं जानता कि उसे भी हो रही है या नहीं।

कल वह अचानक फुर्र से मुँडेर पर आ बैठा था; गरदन घुमा-घुमाकर उसने चारों ओर देखा था—अच्छा! यह जगह है? मैं चने चबा रहा था, तो उसको भी मैंने थोड़े-से फेंक दिए। वह उतरकर छत पर आ गया। चुगने लगा। खाएगा। आधी मुट्ठी मैंने छत पर छिटका दी। एक दाने से दूसरे तक फुदकना मुश्किल होगा, एक पंजा बेकाम है और लुंज-सा लटका हुआ है, यह सोचकर आधी मुट्ठी मैंने एक जगह कुरै दी। यह आसान था। एक दाना चुगता, चारों ओर देखता। चारों ओर ताकने के लिए ही शायद कबूतर की गरदन इतनी लोचदार बनाई गई है—क्योंकि आँखों से वह दाएँ-बाएँ ही देख सकता है।

चुगते-चुगते वह हाथ के बहुत पास आ गया। पकड़ लूँ? पकड़ लूँ तो अभी सिमट जाएगा और गरदन कन्धों में धँसाकर टुकुर-टुकुर दाएँ-बाएँ देखने लगेगा। उसका स्पर्श! चिकने परों के अन्दर सिमटा हुआ स्पन्दित, एक गरम पिंड! जैसे हाथ में उसके प्राणों की ही उष्णता अनुभव हो रही हो! कितना सुन्दर पक्षी है यह, जिसका धड़कता हुआ प्राण उसके शरीर से इतने सन्तुलित अनुपात में है।

कल्पना ही में मैंने उसे छोड़ दिया। क्यों पकड़ लूँ? क्योंकि इतने पास है और निरीह है इसलिए मेरे प्रेम की अभिव्यक्ति और हो ही क्या सकती है? मेरे इतने पास आकर चुग रहा है तो यह मेरे लिए गर्व का विषय होना चाहिए—पर नहीं—क्यों? क्या इसलिए कि मैं ऐसा हूँ कि यह मुझसे भय नहीं करता? वह नहीं कर रहा है तो यह उसकी निजी सम्पत्ति है जो मुझे दे रहा है और मैं कृतज्ञ हूँ—नहीं, कृतज्ञ भी क्यों हूँ—यदि पक्षियों ने भय करना सीखा है तो जिनके कारण सीखा है उनका उत्तरदायी मैं नहीं हूँ, यदि इसने भय नहीं किया है तो मैंने भी न भय किया है, न भयभीत किया है। न यही अनुगृहीत है—क्योंकि इसने न अपनी मुक्ति मुझसे पाई है, न अभय माँगा है।

अंग-अंग में शक्ति देती हुई धूप, जहाँ कबूतर चुग रहा है वहाँ को और यहाँ को जहाँ मैं बैठा हूँ छाए हुए है, और वह कबूतर वहाँ है। वह वहाँ बड़ी देर से है। मैं उसे देर से देख रहा हूँ। मैं प्रतिकृत हूँ।

छत पर बिलकुल एकान्त है। कोई नहीं है। सहसा लगता है कि सिर्फ़ हम दो हैं—एक मैं और एक कबूतर। वह आज फिर आ गया है। वही है वह। क्या मुझे चीन्हता है? पर क्यों चीन्हे, मुझे ही क्यों चीन्हे, शायद छत चीन्हता हो? पर वह भी क्या ज़रूरी है, क्या वह आज फिर उसी सहज भाव से नहीं आ सकता जिससे कल आया था? इसमें उसे क्या बाधा हो सकती है? छत पर बिलकुल एकान्त है, और मैं भी तो यहाँ उसी क्षण वर्तमान हुआ जिस क्षण आज वह धूप में उतरकर एक पंजे के बल आ बैठा।

वह फुदक-फुदककर चल रहा है। जिधर जाना चाहता है उधर जा रहा है। बिलकुल स्वाधीन भाव से कुरसी के नीचे से निकल जाता है। कल के दो-एक दाने मिल गए हैं।

सामनेवाले कोने में पहुँच गया। वहाँ चारों ओर देखता है—टुकुर-टुकुर। क्या उसने लक्ष्य किया है कि कोई यहाँ है? वह ख़ास तरीक़ा जो कबूतरों को आता है, गरदन टेढ़ी करके देखने का, उससे मेरी तरफ़ आँख करके देख रहा है। देखा? वह इतना स्वतंत्र है कि अपनी तरफ़ से मुझे हँसा भी सकता है। यह खिलौने जैसी आँख पहले भी देखी है, शायद खिलौने ही में—पर यहाँ एक सजीव प्राणी है, और जिधर चाहता है उधर देख रहा है, यानी उसका अपना अहं भी है। अब छत पार कर दूसरी ओर गया—फिर इधर मुँह घुमाया—कुछ देखने क़ाबिल नहीं। फिर सूरज की तरफ़

मुँह किया। हा: गरम है! हू:, सबेरे कड़ाके की ठंड थी। अब वहीं बैठा है। कुछ नहीं कर रहा है, सिर्फ़ अपना लूला पंजा लटकाए वही कर रहा है जो उसके लिए स्वाभाविक है—गरदन चकर-मकर करके चारों ओर टुकुर-टुकुर ताक रहा है, जैसे गुटरगूँ-गुटरगूँ की आवाज़ कर रहा हो।

कल उसे पहली बार देखा था। धड़कते हृदय से देखा था, क़रीब-क़रीब मेरे हाथ से वह दाने चुग गया था। एक बार ज़रूर उसने शक किया था, मगर मेरे लिए भी तो इस तरह उठना-बैठना मुश्किल था कि वह शक न करे, क्योंकि शक करने की बात ही क्या थी और मैं किसी इरादे से थोड़े ही उठा था। बहरहाल, आज वह ग़लतफ़हमी दूर हो गई है। और क्या मैं कह सकता हूँ कि कबूतर सुन्दर लग रहा है? मैं स्पष्ट कर देना चाहता हूँ कि ऐसा कहने में कोई अनुग्रह नहीं है, कोई बन्धन नहीं है, कोई बन्धन नहीं है। वह मुझे अच्छा लग रहा है—बस इतना ही सच है। वह वहाँ थोड़ी दूर पर धूप में है। वह है, और स्पष्ट है कि उसके जाने का कोई कारण नहीं है इसलिए अच्छा है कि वह अच्छा लगता रहे, और रहे। अहा! अच्छा ख़याल आया। आज भी वह शायद दाना खा सकता है—यानी अगर चाहे तो। ठीक। मैं ले आऊँगा, पर रुकना पड़ेगा। मैं जाकर ले आऊँगा, तब तक रुक सके तो रुके, पर हम लोग बिलकुल स्पष्ट कर लें—वह मुझे अच्छा लगता है और आज भी उसके लिए मैं दाना ला रहा हूँ, दुनिया इसको एक सम्बन्ध मान सकती है और गल्प-साहित्य इसको मनुष्य और पक्षियों के प्रेम की एक सच्ची घटना भी कह सकता है। पर यह कोई अनुग्रह नहीं है, न कोई बन्धन है। यहाँ की धूप सुखद है और इस छत का अपना एक एकान्त है, उसको न आप तोड़ें न हम, और सच इतना ही रहने दें कि यह समय बहुत सुन्दर है।

[*ज्ञानोदय,* जुलाई, 1957 में प्रकाशित। *सीढ़ियों पर धूप में*]

एक छोटी-सी यात्रा

थका और उलझा हुआ मैं बस में चढ़ा जो दौड़ने को एक पैर आगे बढ़ाए खड़ी हाँफ रही थी, और एकदम आगे की सीट की ओर ढकिल गया। वैसे ही मैं बैठा भी होऊँगा क्योंकि उस समय तक मैं कुछ नहीं जानता था—सिवाय एक चले जाने की इच्छा के और उसका भी चारों ओर से कोई सम्बन्ध न था। यह स्वाभाविक ही रहा होगा, क्योंकि आज का दिन ही ऐसा बीता था। बार-बार मनुष्यों के बीच मैं गया था और हर बार ऐसा ही अनुभव हुआ था जैसा तपते हुए उजाड़ में प्रतीक्षा करने से होता है; इसलिए अब, जब मैं जाना चाह रहा था, मैं अच्छी तरह जानता था कि मैं भाग नहीं रहा हूँ सिर्फ़ जा रहा हूँ और किसी की वजह से नहीं, बल्कि अपनी तरफ़ से और अपनी ही इच्छा से।

लेकिन बैठकर मैंने देखा—यह तो एक और प्रयत्न है, फिर किसी तरह का सम्पर्क करने का। एक बार फिर अपने को जोड़ता हूँ। इस बार स्त्रियों और पुरुषों के किसी सम्पुजन से नहीं, आधुनिक जीवन के उस अवसर से जो व्यस्त नगर के एक स्थान से दूसरे को वेग से जाने में मिलता है।

अचानक शाम का अख़बार आ गया। खिड़की से झाँककर देखा—भुलभुल मिट्टी पर पाँव बदलते हुए चार-पाँच छोकरे शोर मचा रहे थे। देखते ही देखते एक फिजूल-सी मार-पीट शुरू हो गई। बाढ़ की उमर के एक लम्बोतरे लड़के ने एक छोटे बच्चे की गरदन पर रद्दा दिया और उसे पीछे ढकेलकर टाँग से वहीं रोक दिया, तब गरदन फुलाकर कनकनाती हुई आवाज़ लगाई—'ईउनिं न्यूज।' छोटेवाले ने रुआँसे होकर एक बार छूटने के लिए ज़ोर मारा, फिर लम्बे की कमर में पंजे गड़ाकर उसे पीछे खींचने लगा।

फ़ौरन मैं इस स्थिति से सम्पृक्त हो गया। यहाँ कुछ घटना हो रही थी और मैं प्रच्छन्न रूप से उसका एक अंग था—क्योंकि मैं अख़बार ख़रीदना चाहता था। मुझे अच्छा लगा कि मैं किसी में योग दे रहा हूँ और मैंने उत्सुक होकर खिड़की से अख़बार लेने भर को हाथ निकाल दिया।

यह नई बस बहुत ऊँची थी। खिड़की से मैं वह ऊँचाई अनुभव कर सकता था।

लम्बे ने सफ़ाई से मोड़कर एक अख़बार मेरे हाथ पर रखा और एक व्यावसायिक गर्व से बोला, ''यह लीजिए साहब।'' उसका हाथ खिड़की तक ख़ूब आसानी से पहुँच जाता था।

पर मैं, जैसा कि मेरे लिए अनिवार्य था, इस स्थिति में अपनी ओर से शामिल हो रहा था, इसलिए अपने निर्णय का अधिकार मेरा था। मैंने निर्णय किया कि क्या बुरा है, क्या अच्छा और लम्बे लड़के को दयापूर्वक ऐसे देखा जैसे मुझे उसकी हरकत बिलकुल न जँची हो। मुझे साफ़ दिखाई दिया कि वह अपमानित हुआ है और यही मैं चाहता भी था, क्योंकि मेरी समझ में मैं अपना योग इसी तरह सबसे ज़्यादा ईमानदारी से दे सकता था।

पर उसने कड़ककर कहा—'ईउनिं न्यूज', तुरन्त ही जवाव में एक महीन आवाज़ आई—'ईउनिं न्यूज' और छोटे लड़के ने छूटकर पंजों के बल खड़े होकर किसी तरह अख़बार खिड़की तक पहुँचा दिया। शाबाश! मुस्कुराकर मैंने ले लिया। उसकी ओर प्यार से मैंने देखा, उसकी हिम्मत बढ़ाने के लिए। ख़ूब, लड़का बहादुर है। पर वह स्वीकृति में मुस्कुराया नहीं, न उसने गर्व से सीना ताना, घबराकर बोला, ''बाबूजी, जल्दी दे दीजिए, नहीं तो बस चल देगी।''

निस्सन्देह, पैसे तुम्हें निश्चय ही दिए जाएँगे। आख़िरकार अख़बार मैंने ख़रीदा है। और इस अख़बार के पैसे तुम्हारी गाढ़ी कमाई के हैं। कहीं अधन्ना निकल आए तो कितना अच्छा हो क्योंकि बड़े सिक्के की रेज़गारी तुम्हारे पास शायद ही निकले। इस जेब में नहीं है, उसमें इकन्नी है, दोअन्नी है, पर अधन्ना नहीं है। खैर। बड़प्पन के एक क्षण में मैंने इकन्नी निकालकर दी और सोचा कोई हर्ज नहीं, जो यह पैसे न दे पाए और बस चल दे।

बस चलने के पहले काँपने लगी। वह अपनी जेब खँखोड़ रहा था और मेरी ओर परेशान होकर देखे जा रहा था। मैं इस कहानी के नायक की भाँति उसके छोटे-से मुँह की ओर प्यार से देखकर मुस्कुरा रहा था और उस क्षण को अपनी ओर आता देख रहा था जब मैं पुचकारकर कहूँगा, कोई हर्ज नहीं बेटे, अधन्ना तुम रख लो, ठीक है न? तुम छोटे हो, कमज़ोर हो। क्या मैंने देखा नहीं, अभी किस तरह तुम दबाए जा रहे थे? पर तुम लड़ सकते हो और मैं यह पसन्द करता हूँ। तुम ईमानदार हो, मेहनती हो, तुमने मेरी सहानुभूति सचमुच ही अर्जित की है, इसलिए मैं अपनी जगह से जो कुछ कर सकता हूँ कर रहा हूँ। भुलभुल में खड़े हुए ऐ छोटे बच्चे! रख लो, तुम दो पैसे के लिए परेशान न हो। वास्तव में तुम नहीं समझ सकते कि मैं अन्दर ही अन्दर तुम्हारी कितनी इज़्ज़त कर रहा हूँ, तुम जो कि अपनी मेहनत की कमाई खाते हो—शायद खिलाते हो—बूढ़े बाप, माँ, ग़रीब बहन...।

मन ही में मैं उपकार के सुख से विभोर हो उठा। लड़के को देखा, उसकी नाक

फूलती जा रही थी, और आँखें भींच-भींचकर वह जेब में बार-बार हाथ घुसेड़ता था। मैंने उसकी परेशानी को फिर पसन्द किया और सोचा, कितना सुपात्र है यह मेरी इस उदारता के लिए!

बस चल दी। कृपा के एक चरम वैभव में मैं मुस्कुराया—कितना शालीन होगा वह क्षण जब मैं न पैसे माँगूँगा, न वह दे पाएगा और मेरे प्रति एक विशिष्ट अनुभव की स्मृति लिए हुए वह वहीं रह जाएगा और मैं चला जाऊँगा, प्रतिकृत और अपने में एक बार फिर सम्पूर्ण।

बच्चा मुँह बाए मुझे देखता रह गया। मैं सोच ही रहा था कि इस समय मुस्कुराना मेरे गुप्तदान के प्रतिकूल तो नहीं होगा कि किसी ने खिड़की पर हाथ मारकर मुझे बुलाया। वह लम्बा वाला लड़का था—अब मैंने देखा कि वह दुबला भी बहुत था—कह रहा था, "अपने पैसे लेते जाइए जनाब।"

वह चार क़दम बस के साथ-साथ दौड़ा, फिर सहसा निस्तेज होकर मैंने उसके हाथ से एक मैला-सा अधन्ना ले लिया।

मेरे अन्दर कुछ वापस आने लगा। एक क्षण मैंने विरोध किया, पर फिर आने दिया। वह शान्तिदायक था।

अख़बार मोड़कर मैंने गोद में रख लिया और चुपचाप अपने को ढीला छोड़ दिया, वही उचित था, श्रेयस्कर था। चुपचाप वह लौटना मैं स्वीकार करता रहा—वह विश्वासप्रद था, किसी क़दर पहचाने हुए रास्ते-सा था।

आहिस्ते, लेकिन सफ़ाई से बस मोड़ ले रही थी। तनिक सिर घुमाकर मैंने देखा, लम्बे ने छोटे की जेब से सब पैसे निकालकर हथेली पर फैला रखे थे और उसमें से दो पैसे ढूँढ़े जा रहे थे।

जब मैं बिलकुल लौट आया तो फिर मुस्कुरा रहा था, पर इस बार वह मेरी, बिलकुल अपने लिए, मेरी मुस्कान थी; दरअसल किसी को उसका दिखाई देना इस बार ज़रूरी न था। बस ने रफ़्तार पकड़ ली थी और हवा ताज़ी थी जिसमें मैंने लम्बी साँस ली और धन्यवाद दिया कि मैं बच गया। जब मैं जाना चाह रहा था तो शायद वहाँ नहीं जाना था जहाँ उस अख़बारवाले को दो पैसे बख़्शते हुए मैं जानेवाला था; अब मैं वापस आ गया था, पर उस उजाड़ एकान्त में नहीं जहाँ मनुष्यों से मिलना प्रतीक्षा करने जैसा लगता है।

[1957, *सीढ़ियों पर धूप में*]

हिन्दी के एक सम्पादक से भेंट

एक मँझोले आकार की मेज़ पर वह बैठे हुए थे। उनकी कुरसी घूमनेवाली और गद्देदार न थी, मेज़ पर मढ़ा हुआ मोमज़ामा जगह-जगह से चिटक गया था, और उसके पाए खौसहे हो गए थे। दीवालों पर बड़े-बड़े चार्ट और नक़्शे गर्द से दीवाल की रक्षा कर रहे थे—यही उनका प्रमुख उद्देश्य मालूम होता था। ध्यान से देखा तो मालूम हुआ कि वे नक़्शे नहीं, सड़क पर लगाने के लिए प्रचारित पोस्टर हैं। सम्पादकजी के दाहिने हाथ की ओर रैक था। उसमें आमतौर से जिसे सामग्री कहा जाता है वह भरी हुई थी—टाइप किए हुए लेख, हाथ के लिखे हुए लेख, साइक्लोस्टाइल की हुई प्रतियाँ और साथ में किसी मंत्रालय का कई साल पुराना प्रतिवेदन, तह किए हुए दस-पाँच अख़बार—और यह सब देखने से ही धराऊ ऐसा लगता था।

मैंने कहा, "नमस्ते, मैं आपके पास आपका बहुमूल्य समय लेने इसलिए आया हूँ कि मुझे एक छोटी-सी लेख-योजना आपके सामने रखनी है। संक्षेप में मैं आपको बताता हूँ।"

सम्पादकजी ने कहा, नहीं, सिर खुजलाया, बोले, "क्या लेख-योजना है?"

मैंने कहा, "आजकल अंग्रेज़ी पत्रों में देश के जन-जीवन के अनेक पहलुओं को लेकर समझदार लोग अपनी राय प्रकट कर रहे हैं। आप यह न समझें कि मैं आपसे अंग्रेज़ी का अनुकरण करने का अनुरोध करने आया हूँ। मेरा प्रस्ताव है कि हिन्दी पत्रों को भी जनमत का विकास करने में ऐसे लेख इत्यादि प्रकाशित करके योग देना चाहिए जो केवल कुछ निश्चित मान्यताओं का पोषण न करते हों, लोगों में नई मान्यताओं के लिए उत्सुकता भी उत्पन्न करते हों। यह सोचकर मैं आपके पास आया हूँ कि आपका पत्र हिन्दी का बहुप्रचलित पत्र है, मुद्रण और प्रकाशन की सुविधाएँ भी आपके पास मामूली नहीं हैं और आप किसी विचारधारा का एकांगी समर्थन करने में भी विश्वास नहीं रखते हैं।"

सम्पादकजी ने जैसे कुछ सोचकर कहा, हाँ, "यह तो ठीक है।"

"मैंने सोचा है कि हमारे देश में जो बड़े-बड़े भौतिक परिवर्तन हो रहे हैं उनके

साथ कुछ मानसिक और भावनात्मक परिवर्तन भी हो ही रहे होंगे। सरकार और उसके अमला भौतिक परिवर्तनों की योजना और परिकल्पना तो कर सकते हैं, पर हर बार ऐसा देखा गया है कि जन-मानस पर होनेवाले प्रभाव को पूरा-पूरा देख नहीं पाए हैं।''

सम्पादकजी थोड़ा-सा व्यग्र होने लगे। हो सकता था कि मेरी भूमिका लम्बी हुई जा रही थी, पर आजकल एक प्रवृत्ति यह भी है कि जो भी व्यक्ति आलोचनात्मक बातें करता पाया जाता है उसकी तरफ़ से एक ख़ास तरह की शान्ति के प्रेमी, विमुख होने में ही रक्षा समझते हैं। आप कह सकते हैं कि सम्पादकजी से अधिक परिचय पाए बिना ही मैंने उन्हें इस प्रकार के व्यक्तियों की श्रेणी में क्यों मान लिया? तो भी, मुझे लगा ऐसा ही।

''मैं चाहता हूँ कि मैं हिन्दी के और बाद में अन्य भाषाओं के भी समर्थ और प्रतिष्ठित साहित्यिकों के पास जाकर उनसे देश में होनेवाली सार्वदेशिक घटनाओं के बारे में कुछ प्रश्न पूछूँ। लेखक होने के नाते उन साहित्यिक गुरुजनों से यह अपेक्षा करूँगा कि वे अपने देश के जन को, जन-मानस को समझते होंगे और उसमें होनेवाले सभी कुछ के प्रति अपने-अपने ढंग से सजग होंगे। इसलिए उनके उत्तरों का एक विशेष अर्थ होगा। हो सकता है कि वे उत्तर रोचक भी हों, बल्कि मुझे विश्वास है कि होंगे ही। यदि ये उत्तर एक लेखमाला के रूप में प्रकाशित किए जाएँ तो मेरा ख़याल है कि आपके समस्त पाठक जो निश्चित ही देश के बुद्धिजीवी वर्ग का काफ़ी महत्त्वपूर्ण अंश होंगे, कई राष्ट्रीय समस्याओं के प्रति पहले से अधिक सजग होने लगेंगे। यह भी सम्भव है कि प्रकारान्तर से इन लेखकों के विचारों का आलोच्य समस्याओं के उपायों पर भी प्रभाव पड़े। पर वह यही अभिप्रेत नहीं है। यदि, वह पड़ता है तो अपने ढंग से अपनी शक्ति-भर पड़े, अच्छा ही है।'' इससे अधिक मुझे कुछ नहीं कहना था। मैं सम्पादकजी के मुँह की ओर देखने लगा कि वह क्या कहते हैं।

सम्पादकजी देखने से ही बहुत कष्ट झेले हुए, बहुत थपेड़े खाए हुए लगते थे। उनके चेहरे पर एक अद्‌भुत शान्ति थी। अद्‌भुत इसलिए कि उसमें शान्ति का तेज़ नहीं था, केवल निष्क्रियता थी। उनके चेहरे पर मैं कोई प्रतिक्रिया नहीं पढ़ सका। आँखों में केवल एक बुझा हुआ उत्साह एक बार को मानो चमक-सा गया और दूसरे ही क्षण फिर बुझा हुआ उत्साह बन गया। अन्त में केवल संशय की एक झलक स्पष्ट रह गई।

उसी से उन्होंने अपना उत्तर आरम्भ किया, बोले, ''हाँ, लेकिन ऐसे विषयों पर जानकार लोगों के ही लेख हम छापते हैं। एक तो आजकल ऐसे विषय भी कम मिलेंगे जिनमें जनसाधारण को रुचि हो। जनता तो कुछ हलकी-फुलकी चीज़ ही पसन्द करती है। आप कौन-सा विषय सोच रहे हैं?''

मैंने कहा, "कोई भी विषय ले लीजिए। मेरी राय में सभी विषयों में रुचि हो सकती है अगर उनमें रुचि पैदा की जाए तो। अब इसी दशमिक प्रणाली को ही ले लीजिए। ज़रा सोचिए कि सारे देश के सोचने और रहने-सहने के तरीक़े में कितना बड़ा परिवर्तन हमने परिकल्पित किया है। अगर वे लोग, जो कि इस परिवर्तन से जनसाधारण की ही भाँति प्रभावित होंगे पर जो जनसाधारण की अपेक्षा अधिक जागरूक हैं, अपने विचार प्रगट करें तो किसे उसमें रुचि न होगी?"

सम्पादकजी ने मेज़ पर पड़ी हुई सम्पादकत्व की आदि-चिह्न कैंची को उठाकर फिर उसी जगह रखते हुए कहा, "हाँ, लेकिन दशमिक प्रणाली के बारे में पत्र-सूचना-विभाग ने बहुत कुछ सामग्री हमें भेजी है और बड़े-बड़े अर्थशास्त्रियों के लेख भी तमाम जगह से आ रहे हैं। रेडियो पर कुछ न कुछ होता ही रहता है। जब एक चीज़ होने जा रही है तो उसको रोकना इस अवस्था में ठीक नहीं होगा।"

मैंने कहा, "रोकने का प्रस्ताव मैं नहीं कर रहा हूँ। पत्र-सूचना-विभाग तो सूचनात्मक लेख दे रहा है; जो लेखमाला मैं आपको दूँगा, वह विवेकशील जनमत बनाने से अधिक और कुछ नहीं करना चाहती। किसी प्रौद्योगिक या प्राविधिक सूचना का खंडन करने की उसमें शक्ति ही नहीं होगी।"

स्पष्ट था, या तो मैं अपने प्रस्ताव का तत्त्व भलीभाँति बता नहीं पाया था, या सम्पादकजी समझ नहीं पाए थे। इसमें से पहली सम्भावना ही अधिक होगी, यह मानकर मैंने इतना और जोड़ा कि यह लेख बिलकुल ग़ैर-जानकार लोगों के लेख होंगे या उन लोगों के जो सिर्फ़ मानव-मन के जानकार हैं। या होने का दावा करते हैं।

अब सम्पादकजी मेरी योजना को पूरी तरह समझ गए थे और उनके सामने सिर्फ़ दो रास्ते थे—या तो वह उसे स्वीकार कर लें, या अस्वीकार कर दें। पर मैंने देखा कि वह अनिश्चय के एक ऐसे मुँहबन्द देग में डूब-उतरा रहे हैं कि मुझे अपने ऊपर ग्लानि होने लगी। कहीं कोई ऐसी चीज़ है जिसने मेरे सामने बैठे हुए तीस हज़ार पाठक-संख्यावाले, रोटरी पर छपनेवाले देश-प्रसिद्ध हिन्दी दैनिक के सम्पादक को चारों तरफ़ से बन्द कर दिया है। उस खोल में किसी नए विचार की, नहीं, विचार तो बड़ी चीज़ है, नई सूझ की हलकी-सी किरण आ जाने से उसके अंबर का सारा वायुमंडल विचलित हो उठता है। मेरा अनुमान था कि जिस सम्पादक के सामने यह योजना रखूँगा वह उस पर थोड़ी देर सोचेगा और खटाक से 'हाँ' या 'न' कहकर अपना क़ीमती वक़्त बचाते हुए मुझे विदा कर देगा, पर वह यहाँ बिलकुल ग़लत निकला।

"तो आप किस लेखक के पास जाएँगे? आजकल दिल्ली में बनारसीदासजी हैं, दिनकरजी हैं, ये लोग बहुत व्यस्त रहते हैं और इनके लेख इत्यादि हम लोग सांस्कृतिक विषयों पर छापते ही रहते हैं और फिर सभी लोगों के पास जाने से तो

कोई लाभ नहीं है और फिर यह भी है कि हमारे पत्र में इतना स्थान भी नहीं है। हिन्दी का टाइप भी एक विशेष कठिनाई पैदा करता है, जगह ज़्यादा लेता है; फिर आप सब लोगों से मिल करके और अपने प्रश्नों के उत्तर उनसे लिखवा करके इतनी दौड़-धूप करेंगे—यह सबकुछ ऐसा ही होगा कि बहुत छोटी चीज़ के लिए बहुत अधिक प्रयत्न करना पड़ेगा।''

मैंने कहा, ''दौड़-धूप इसमें बहुत नहीं है, जो कुछ है वह तो मेरा सिरदर्द है। आप मुझे स्वीकृति देना चाहें तो देकर कृतार्थ करें। लेख छोटे-छोटे होंगे। एकाध कालम स्थान निकालना पड़ेगा, ज़्यादा नहीं बस।''

सम्पादकजी को अचानक अपने खुलते हुए खोल का ढक्कन मिल गया और उन्होंने झट से उस पतली-सी झिरी को बन्द कर दिया जो मैंने किसी तरह उनके अवगुंठन में डाल दी थी। बोले, ''बात यह है कि हमारे यहाँ कालम के हिसाब से पेमेंट तो होता नहीं, और पेमेंट तो आप जानते हैं कि हिन्दी पत्र से कितना होता है। फिर महीने में एक या दो लेख छपने से आपका क्या काम चलेगा?''

मैंने उन्हें उनकी सहानुभूति के लिए मन-ही-मन धन्यवाद देते हुए प्रकट में केवल हँसकर इस प्रश्न को टाल दिया। यदि सम्पादकजी समझते हैं कि हिन्दी पत्रकारिता एक-दो लेख लिख देनेवाले को ही रास आ सकती है तो मेरा उनसे मतभेद है। बहुत काम करने की और बहुत दिशाओं में काम करने की ज़रूरत है। प्रकांड विद्वानों का वह युग गया जब दो शोधपूर्ण लेख लिखकर हिन्दी पत्रिकाओं को कृतार्थ किया जा सकता था।

सम्पादकजी बोले, ''आजकल तो बड़ी बुरी दशा है। हर आदमी को कुछ न कुछ और काम करना ही पड़ता है तभी रोज़ी चलती है। लिखनेवालों को भी आजकल बिना कुछ ऐसा लिखे हुए कि जो प्रकाशक वग़ैरह जल्दी से छाप सकें, काम चलाना मुश्किल है।''

निस्सन्देह मुश्किल है, मैंने अपने मन में कहा, और मुश्किल क्या नहीं है, पर महावीरप्रसाद द्विवेदी के ज़माने में शायद आज से कम मुश्किल नहीं था। क्या अब वह ज़माना आ रहा है जब लेखक और सम्पादक उस युग-प्रवर्तक सम्पादक को सिड़ी और सनकी समझने लगेंगे। मेरे मन में लेखमाला की योजना का विषय परे हट गया और सम्पादकजी से केवल वार्तालाप करने का लोभ रह गया।

मैंने कहा, ''देखिए, आजकल अंग्रेज़ी से अनुवाद किया हुआ जो कुछ हिन्दी पत्रों में छपता है वह मान लीजिए हिन्दी में ही लिखा जाता तो क्या उतने लेखकों और पत्रकारों को काम न मिलता?''

''बात यह है कि अंग्रेज़ी में लिखी हुई वह सामग्री तुरन्त उपलब्ध हो जाती है, सरकारी विभागों से सब सही-सही सूचनाएँ अंग्रेज़ी में ही मिल जाती हैं; अंग्रेज़ी के अख़बारों से काफ़ी सामग्री हम लोगों को लेनी ही पड़ती है।''

"मेरा निवेदन है कि यही सारे प्रश्न की जड़ है। क्या सरकार के यहाँ ऐसे लोग नहीं हैं या नहीं रखे जा सकते हैं जो सामूहिक विकास-कार्यों का सर्वेक्षण करके हिन्दी में एक प्रतिवेदन लिख सकें? क्या हर छोटी से छोटी टिप्पणी और सार्वजनिक सूचना अंग्रेज़ी ही में लिखी जाने से सरकारी काम दुरुस्त रह सकता है? और क्षमा कीजिएगा, ज़िलों के जो समाचार आपकी प्रकाशन-संस्था से प्रकाशित होनेवाले अंग्रेज़ी पत्रों के संवाददाता भेजते हैं वे आपके हिन्दी पत्र के लिए अनिवार्य हैं? आपकी पाठक-श्रेणी और है, आपकी आवश्यकताएँ और हैं, आपका रवैया, तौर-तरीक़ा, ढंग—सभी कुछ अंग्रेज़ी से भिन्न एक पाठक-समाज, परन्तु एक ही एक सामाजिक जीवन, एक जीवन संस्कृति और एक ही उद्देश्य के अनुरूप होना चाहिए। क्या आपको छोटे-छोटे शहरों और ज़िलों में ऐसे संवाददाता रखने की सुविधा नहीं मिल सकती जो केवल हिन्दी जाननेवाले सामाजिक कार्यकर्ता न होकर अनुभवी पत्रकार भी हों और इस विचित्र उत्तरदायित्व को निभा सकें।"

"नहीं, ऐसा हो नहीं पाता। बात यह है...अब देखिए, हिन्दी पत्रों में ये सब सुविधाएँ कहाँ? न तो यहाँ कोई बड़ी मेज़ है, न बैठने का अच्छा स्थान है, मगर धीरे-धीरे होगा। होगा अवश्य। हिन्दी को तो उन्नति करनी ही है। अभी संविधान के अनुसार भी पन्द्रह वर्ष बाक़ी हैं। समय आने पर सब होगा।"

अच्छा, मैंने अपने मन में कहा, अब मैं आपसे दो-ही-चार प्रश्न और पूछूँगा, क्योंकि यह मुझे विश्वास हो चला है कि आप बिलकुल बन्द हैं और प्रकाश की कोई किरण अपने अन्दर आने देना नहीं चाहते। ज़बरदस्ती आपके अन्दर वह रोशनी भरने का प्रयत्न, जो आज के विचारशील, उन्नतिशील देशप्रेमियों में होनी चाहिए, व्यर्थ होगा। उसमें शक्ति नष्ट करने की अपेक्षा मैं यही चाहूँगा कि जो कुछ रोशनी मेरे पास है उसी से मैं स्वयं जो उजाला कर सकता हूँ, करूँ, चाहे दिवाली-सा, चाहे जुगनू-सा, पर उसका पूरा उपयोग करूँ। अब मुझे, आपके सामने कोई योजना नहीं रखनी है। योजनाओं से आप घबराते हैं। आपको घबराकर मुझे कोई सुख नहीं होगा।

मुझे मौन देखकर सम्पादकजी कुछ सोचने लगे, फिर बोले, "अब देखिए, लोग कर भी क्या सकते हैं। अंग्रेज़ी वाले जो नई चीज़ करना चाहते हैं उसकी उनके पास सुविधा आ जाती है। अभी नगर में कोई उत्सव हो, अंग्रेज़ी पत्र के सम्पादक के पास मोटर है, तुरन्त जाकर देख आएँगे, तुरन्त टिप्पणी लिख देंगे और दूसरे दिन अख़बार में सब छप जाएगा। मेरे पास तो मोटर नहीं है और जाना भी चाहें तो बस के लिए खड़ा रहूँ और उसमें दो-तीन घंटे लगाऊँ और फिर उत्सव भी आजकल क्या होता है! मुझे तो कहीं जाना-आना अच्छा ही नहीं लगता।"

मैंने शरारत से कहा कि मैं तो लगभग हर सांस्कृतिक उत्सव देखने जाता रहता हूँ, कहिए तो आपके लिए टिप्पणी लिख दिया करूँ। फिर गम्भीर होकर बोला,

"आप नहीं जा सकते तो ऐसे हिन्दी लेखकों की कमी नहीं है, जो सांस्कृतिक विषयों की समझ रखते हैं और उनसे बराबर उनका सम्पर्क रहता है, उनमें से कुछ आपके लिए अच्छे स्तम्भ-लेखक या टिप्पणीकार बन सकते हैं।"

"हाँ, ठीक है, परन्तु ऐसे लोग कहाँ हैं, सब राजनीति में व्यस्त रहते हैं। बनारसीदासजी, नवीनजी, दिनकरजी—इन लोगों को इतना समय कहाँ, और फिर देखिए, बाहर के किसी आदमी से लिखवा दें तो हमारे कार्यालय के लोग कहते हैं कि हम क्या नहीं लिख सकते थे? और हमारे कार्यालय में देखिए, शिवशंकरजी हैं, उनको पहले सिनेमावाले चार पास दिया करते थे। फिर उन्होंने दो-चार बार सिनेमा देखा भी, मुझसे भी कहा कि आप देख आइए। मुझे तो सिनेमा अच्छा लगता नहीं, परन्तु देखिए, सिनेमावाले चाहते हैं कि उन्होंने पास दिया है तो उनकी तारीफ़ छापी जाए नहीं तो विज्ञापन बन्द कर देंगे, तो यह सब और अच्छा नहीं मालूम होता। इसीलिए मैंने कहा कि पास ही मत लो...।"

मैंने सोचा, ठीक है, अंग्रेज़ी में अवश्य कोई ख़ास बात होगी कि उसके पत्र पास भी लेते हैं और आलोचना भी करते हैं और इन दोनों बातों में उन्हें कोई अन्तर्विरोध नहीं दिखाई देता।

"अब ये सब चीज़ें अच्छी नहीं मालूम होतीं। रेडियोवाले भी मुझे बुलाया करते हैं, मैं कभी जाता नहीं। मैंने देखा कि वहाँ जाने से लोगों से फिर कुछ न कुछ सम्बन्ध रखना पड़ता है, उनकी रचना आती है तो फिर लौटाना मुश्किल हो जाता है, और ये सब मुझे पसन्द नहीं।"

मैंने कहा, "रेडियो-समीक्षा का स्तम्भ आप चलाना चाहेंगे? प्रसारण भी एक कला-माध्यम है। रंगमंच और सिनेमा की तरह उसकी समीक्षा होने से उसके कलात्मक मानदंड धीरे-धीरे प्रकट होंगे और हिन्दी साहित्य की नई दिशा में प्रयोग करने का अवसर मिलेगा। आपका पत्र इस सम्बन्ध में बहुत-कुछ कर सकता है।"

"हाँ, नहीं, उसमें फिर यही बात हो जाती है कि हमारे यहाँ से जो आदमी लिखेगा वह रेडियोवालों के लिए अच्छा-बुरा जो कुछ लिखे उससे ज़रा ठीक नहीं रहता। कार्यालय के बाक़ी लोग कहेंगे कि इन्हीं को प्रोग्राम मिलते हैं रेडियो से। इसलिए रेडियो-समीक्षा भी हम लोग नहीं चाहते।"

"और पुस्तक-समीक्षा?" मैंने पूछा, "क्या उससे आलोचकों को प्रकाशकों या लेखकों से घूस मिलने की आशंका रहती है?"

सम्पादकजी ने कहा, "नहीं, पुस्तक-समीक्षा तो छपती है। हमारे पुस्तकालय विभाग के अध्यक्ष पुस्तक लेते हैं तो वही लिख देते हैं। यह उन्हीं पर छोड़ रखा है, विद्वान आदमी हैं, संस्कृतज्ञ हैं और हिन्दी के बड़े प्रेमी हैं।"

"तब तो बहुत सन्तोष की बात है," मैंने कहा, और उनसे बोला, "अच्छा, आपका बहुत समय नष्ट किया, अब आज्ञा दीजिए।" उन्हें प्रणाम करते हुए मैंने

मन-ही-मन ईर्ष्या की कि कितना सन्तुष्ट और कितना निरपराध, कितना अरसिक और कितना अविकार यह सम्पादक है जो राष्ट्रभाषा हिन्दी को सार्वदेशिक महाभाषा का रूप देने के लिए इतने बड़े पत्र का सम्पादन कर रहा है। वह कोई नई चीज़ करना नहीं चाहता। उसमें ख़तरा है और अंग्रेज़ी पत्रों से सामग्री लेने में, पत्र-सूचना-विभाग की विज्ञप्तियाँ ज्यों की त्यों छाप देने में, अपने कार्यालय के लोगों को विविध विषयों के लेखक न बनने देने में, बाहर के लेखकों को इसलिए उपयोग न करने में एक महीने में दो लेख लिखकर उनका काम कैसे चलेगा और साहित्य-रंगमंच-सिनेमा-रेडियो इन सबसे नियमपूर्वक परहेज रखने में ख़तरा नहीं है, और जिसमें ख़तरा नहीं है वही हिन्दी के लिए ठीक है, क्योंकि हिन्दी तो अब राष्ट्रभाषा है ही—इसमें क्या कोई सन्देह है? और जो भारत जैसे महान सांस्कृतिक परम्परावाले देश की राष्ट्रभाषा हो उसको ख़तरा उठाने की क्या ज़रूरत है? कत्ल, डकैती, अपहरण, बलात्कार, विचित्र शिशुजन्म, देवी चमत्कार—ये सब हिन्दी समाचारपत्रों के लिए आसानी से उपलब्ध हो सकते हैं। बाक़ी आर्थिक, सामाजिक, सांस्कृतिक, राजनीतिक जनजीवन में घटनेवाली घटनाएँ या प्रकट होनेवाले प्रभाव अंग्रेज़ी से अनुवाद कर लिए जा सकते हैं, क्योंकि हिन्दी में तो यह कालान्तर में लिखे ही जाएँगे, समय आने पर, और समय तो अभी संविधान के अनुसार भी बहुत है। चलने से पहले मैंने सम्पादकजी की ओर एक बार हार्दिक संवेदना से देखा। गन्दे और समय से जाने कितना पिछड़े हुए पोस्टरों के बीच एक मँझोले आकार की मेज़ पर सम्पादकत्व की आदि-चिह्न कैंची और गोंददानी के सामने वह बैठे हुए थे। एक अद्‌भुत शान्ति उनके चेहरे पर विराज रही थी जैसे उन्होंने बरसों से कोई नई चीज़ न करने के अभ्यास से अपने अन्तर का सारा कलुष धो दिया हो और अब शुद्ध फलाहार की भाँति पवित्र हो गए हों।

नमस्कार करके मैं चला आया और बाहर की हवा में एक लम्बी साँस मैंने ली—वहाँ कम-से-कम इतनी आज़ादी तो थी कि जीवन के वैविध्य को देख सकूँ चाहे तीस हज़ार ग्राहक-संख्यावाले हिन्दी के उस महादैनिक पत्र में उसका कोई अंश झलक पाए, चाहे न झलक पाए।

[1957, 'एक इंटरव्यू (गोंददानी से)' शीर्षक से *राष्ट्रवाणी,* फरवरी, 1958 में प्रकाशित। *सीढ़ियों पर धूप में* के अन्तर्गत 'हिन्दी के एक सम्पादक से भेंट' शीर्षक से संकलित]

मेरे और नंगी औरत के बीच

औरों की ही तरह मैं भी आमतौर से किसी असाधारण व्यक्ति को देखकर प्रभावित हो जाता हूँ पर कभी भी वह प्रभाव मुझे यह अनुमति नहीं देता कि उस व्यक्ति को एक चरित्र बनाकर प्रस्तुत कर सकूँ। ऐसा करना मेरे मन को उस व्यक्ति का सरासर अपमान करना जान पड़ता है। वह विचित्र है तो मुझे उसकी असाधारणता को किसी भावना से देखने का अधिकार नहीं है, न दया से, न स्नेह से, न क्रोध से, न विरक्ति से। उसके बाक़ी सबसे अलग होने के तथ्य को स्वीकार करना ही या तो बाक़ी सबकी हीनता को या अपनी निज की श्रेष्ठता को या दोनों को घोषित करना है और यह मेरी मानवीयता में शामिल नहीं।

हाँ, यह सम्भव है कि उसकी असाधारणता को मैं देखना ही न चाहूँ यानी उस वैचित्र्य को जिसे दुनिया देखेगी। जैसे कोई लूला है तो मैं यह न देखूँ कि उसके एक हाथ नहीं है बल्कि सिर्फ़ यह देखूँ कि वह एक आदमी है जिसके एक हाथ का न होना ही उसके शरीर का एक अंग है, और बाक़ी सब उस पर छोड़ दूँ। वह ख़ुद अपने को कैसे देखता है या मैं उसे कैसे देखना चाहूँगा—ये सब मेरे लिए अप्रासंगिक हो जाएँ; नहीं, निश्चित रूप से अपमानमूलक हो जाएँ।

यह तो हुई मेरे कलाकार की मान्यता, पर इससे अलग एक मेरी अपनी मान्यता भी है और वह यह है कि असाधारण व्यक्ति को साधारण करते समय जिस पद्धति से मैं गुज़रता हूँ उसे अपने लिए असाधारण रूप से महत्त्वपूर्ण मानता हूँ इसलिए कभी-कभी उसे याद रखने की भी कोशिश कर लेता हूँ। दुर्भाग्य कि बस वहीं से कहानी बननी आरम्भ हो जाती है।

इसी तरह उस रोज़ रात को भी हुआ। मैं हरगिज़ नहीं चाहता था कि कहानी लिखूँ, मैंने तो यह भी न चाहा था कि मैं यात्रा करूँ, और यह तो निश्चय ही है कि उसके मेरे सामने बैठे होने में मेरी इच्छा का हाथ बिलकुल न था।

हम दोनों आमने-सामने बैठे थे। मैं अकेला था, सिवाय उस विशेष प्रकार की गरमाई के जो जाड़ों के मौसम में बहुधा काफ़ी दूर तक आदमी का साथ दिया करती है—गरमियों में मैं कम अकेला अनुभव करता हूँ, नग्न अकेला होने के कारण अरक्षित

रहता हूँ—पर इस बार वह गरमाई भी एक तनी हुई गरमाई थी, टूटने-टूटने को नहीं, उस स्थिति में पहुँचने से काफ़ी पहले, ठंड से मिली हुई अरक्षा की एक हलकी सी भावना।

हम दोनों आमने-सामने बैठे थे। मैं अकेला था और देशी ढंग के गरम कपड़ों के ऊपर मैंने भारी ओवरकोट पहन रखा था (मुझे हमेशा इस तरह ओवरकोट पहनने में लगता है कि वह भी कोई देशी पोशाक है)। पिछले तीन-चार साल से कानों और पैरों में ज़्यादा ठंड लगने लगी थी, इसलिए मैंने एक मुलायम गुलूबन्द और हाथ का बुना मोजा भी पहन रखा था जिसका रंग दुर्भाग्य से हरा था (उस बेमेल मोज़े को क्षमा करने में मुझे काफ़ी शक्ति लगानी पड़ी, पर फिर अन्त में वह मुझसे घुलमिल गया)। मैं काफ़ी आराम से था, इतना काफ़ी जितना कि एक हलकी-सी अरक्षा की भावना के निरन्तर रहते ही कोई हो सकता है—उससे कम-से-कम एक अखंड प्रवाह तो रहता है।

अचानक मुझे अनुभव हुआ कि वह बिलकुल नंगी है। वह घुटनों में सिर देकर और इतना आगे को झुककर बैठी थी कि अगर नंगी न होती तो उस तरह बैठ ही न पाती। पहले तो लगा कि उसका सर-पैर ही नहीं है, पर फिर मैंने देखा कि उसके सर पर छोटे-छोटे कतरे हुए बाल थे और वह नंगी नहीं थी, सिर्फ़ लगती थी जो कि अपनी उस स्थिति में वही उसके लिए स्वाभाविक है।

वह बिलकुल स्थिर थी, काँप नहीं रही थी, न आसन बदल रही थी। मुझे लगा कि उसका वस्त्र और उसकी पीठ मिलकर एक हो गए हैं, गहरे तक वह एक हो गई है और उसका रूपाकार भी उसी की देह में घुलमिलकर उससे सम्पृक्त हो गया है।

पता नहीं क्यों, मूर्ख की भाँति मैं आँखों से उसके उरोज खोजने लगा (तब तक मैं यही समझता था कि स्त्री का शरीर बिना उनके पूरा नहीं होता)। न, बहुत कोशिश करने पर भी वह कल्पना मेरी आँखों के सामने साकार न हो सकी जो मैं एक वस्तु के सम्मुख रहते हुए भी उसमें कर रहा था। स्त्री के रूप से रूढ़ अनेक प्रचलित चित्र मेरे मन तक आए, पर दृश्य बन सकने की सामर्थ्य उनमें न थी। वही शरीर, वही ढेर, वही घुमाव और वही सन्तुलन मुझे अपने चारों ओर के आकाश में से फूटकर निकला हुआ-सा दिखाई देता रहा। मैंने देखा कि मैं उसमें जो खोज रहा था वह पूर्णरूप से निवार्य था, अनावश्यक था और स्पष्टतः व्यर्थ था।

(यहाँ मेरी कहानी ख़त्म हो जानी चाहिए। पर तभी मेरे इन विचारों को जड़ से ढहाता हुआ एक रेला आता है और मैं एकाएक स्वीकार करता हूँ कि यह रूपाकार एक जीवित शरीर है—बल्कि मैं इसे यों देख ही इसलिए सका हूँ कि यह एक जीवित शरीर है—कुछ देर के लिए स्थिर, नींद और अपने रक्त के ताप में जड़, पर हिलकर नए रूपों में ढल जाने में कभी भी समर्थ—शायद अभी इसी अगले क्षण। जो रूप मैं देख रहा हूँ वह कितना सशक्त हो उठा है, क्या इसीलिए नहीं कि वह मानव-शरीर का आकार है?)

अचानक उसे कोई गरम कपड़ा उढ़ा देने के लिए मैं छटपटा उठा।

ठीक, ठीक, ठीक, ठीक, मेरे तेज़ी से धड़कते हृदय के साथ-साथ मेरी बुद्धि ने कहा, तुम ठीक रास्ते पर ही हो। जो कुछ मैंने उस निश्चल रूपाकार में देखा है वह मिथ्या नहीं है और यह भी सही है कि यह स्त्री ठंड से ठिठुर रही है। मैं उसे अपना कम्बल उढ़ा दूँ ?

हम दोनों फिर आमने-सामने बैठे हुए थे। इस बार वह घोर जाड़े में बिना किसी दूसरे वस्त्र के ठिठुरी हुई एक स्त्री थी और मैं अपने कोट की गरमाई में लगभग सम्पृक्त एक पुरुष जिसके हृदय में केवल एक इच्छा थी या कि वह विचार था या भावना थी, नहीं जानता—पर जो कुछ थी वह एक थी—'उसे उढ़ा दूँ अपना' कम्बल; यह मैंने बाद में जाना जब देखा कि अपना कम्बल मैं नहीं ओढ़े हूँ। बाद में मैंने यह भी जाना कि जिस इच्छा से समस्त शरीर और सम्पूर्ण मन एकाकार हो गया है और जो मेरे जीवन के सम्पूर्ण अनुभवों में से सम्पूर्णतम है वह स्वयं अमर नहीं है—जिस क्षण उसे कार्यरूप मिलेगा वह क्षय हो जाएगी। पर मुझे वह अमर करेगी और मुक्त रखेगी और स्वयं मर जाएगी, मैंने सन्तोष से कहा।

तभी मेरी सम्पृक्ति को टुकड़े-टुकड़े कर डालनेवाली वह प्रक्रिया शुरू हो गई जिसे आप मेरी कहानी कह सकते हैं—कैसे उसने पहले मुझे चकनाचूर कर दिया और फिर अन्तिम बार में, जो कि मुझे बखेर दे सकता था उसने मुझे बिना एक भी जोड़ डाले फिर एक कर दिया।

अकृतज्ञ की तरह मैंने पूछना शुरू किया—मैं इसे कम्बल क्यों देना चाह रहा हूँ ? क्या मुझे इस पर दया आ रही है, क्योंकि इसके पास नहीं है और मेरे पास है ? सावधान, मैंने अपने को अपनी पिछली कहानियों की याद दिलाई—एक मानव को दूसरे पर दया करने का क्या अधिकार है ? प्यार मैं कर सकता हूँ पर क्या मैं सचमुच प्यार कर रहा हूँ दया बिलकुल नहीं ? क्या मैं विश्वास से कह सकता हूँ ? नहीं, मैं इसलिए दे रहा हूँ कि मेरे पास ख़ाली है और मैं दे सकता हूँ। पर वह कितना क्षुद्र कारण है और इस कारण से देने से अच्छा है, न देना। कम-से-कम जहाँ तक मेरी आत्मा का प्रश्न है ऐसे देने और न देने में कोई अन्तर नहीं।

पर ठहरो ! इसी का क्या प्रमाण है कि उसे सरदी लग रही है या इतनी सरदी लग रही है कि वह तुमसे कम्बल लेना स्वीकार कर सकती है ? क्या तुम्हारे और उसके कपड़ों में जो भीषण अन्तर है उसी से तुम समझ रहे हो कि उसे सरदी लग रही है ?

शायद...जहाँ तक सिर्फ़ समझने का सवाल है।

तब वह दो कपड़े पहने होती तो शायद तुम गरमाए बैठे रहते, चाहे उसे सचमुच ठंड लगती रहती।

न...नहीं...पता नहीं।

और क्या दूसरे व्यक्ति को पूर्ण स्वतंत्र मानते हुए भी तुम यह सम्भावना नहीं मान सकते कि बाहर सरदी होते हुए भी उसे नहीं लग सकती है?

हुँः, जो हो! मेरे लिए सिर्फ़ यह महत्त्वपूर्ण है कि जो कुछ मैं अपने सम्पूर्ण शरीर से अनुभव कर रहा हूँ उसे मुझे व्यक्त हो जाने देना चाहिए और मैं अनुभव कर रहा हूँ कि उसे उढ़ा देना है। मुझे इससे कोई सरोकार नहीं कि वह औरत कौन है, क्या उसे सरदी लग रही है और क्या वह मेरी सहायता अस्वीकार तो नहीं कर देगी!

सोच-समझकर कह रहे हो?

हाँ!

तो जाओ, उढ़ा दो।

...पर कैसे? इतने लोग हैं, सब देखेंगे कि मैं दे रहा हूँ और वह ले रही है और हमारा सम्बन्ध खुल गया है। यह मैं न होने दे पाऊँगा, न सह पाऊँगा!

सम्बन्ध! कैसा सम्बन्ध? तुमने इसे मुश्किल से बीस मिनट हुए तो देखा है।

वह तुम नहीं समझ सकते। तुम सिर्फ़ भाई-बहन, बुआ-चाची, भतीजा-दोस्त के सम्बन्ध को जानते हो। मैं जानता हूँ कि इस समय मेरा इसका एक सम्बन्ध है, क्योंकि हम दोनों एक ही अनुभव के दो हिस्से हैं!

अनुभव क्या! इसने तो तुमसे कुछ माँगा भी नहीं...

न मैंने ही पूछा है कि क्या तुम लोगी! यही तो हमारा सम्बन्ध है!

यह कहकर मैंने विश्वास के साथ कम्बल को दोनों हाथों से कसकर पकड़ लिया। कसकर क्यों? क्या मुझमें कोई अनिश्चय था? कोई दुर्बलता थी? मैंने वह तह किया हुआ भारी कपड़ा अपने पायताने से उठा लिया और उसे उस स्त्री पर डालने के लिए ऊँचा किया...

नहीं, मैं किसी को यह देखने नहीं दे सकता, मेरे अन्दर कोई चीत्कार कर उठा। मैं अपने सम्बन्ध को एक प्रचलित सम्बन्ध के स्तर पर उतारे जाते नहीं देख सकता।

पर तुम स्वयं भी ऐसा नहीं कर रहे हो?

हाँ, मैं नहीं कर रहा हूँ पर जिस क्षण मैं अपना काम करूँगा वह ग़लत समझ लिया जाएगा।

मैल और तेल से चिकनी सीटों पर लोग सो रहे हैं या आधे जाग रहे हैं। एक खाता-पीता आदमी, जिसके चेहरे पर चर्बी बढ़ जाने से अब उस पर कोई भाव नहीं आ सकता, ऊपर लेटा मेरी तरफ़ देख रहा है। गाड़ी के चलने से उसका सिर हिलता है—हाँ-हाँ, उढ़ा दो, पुण्य होगा।

एक बढ़ी दाढ़ीवाला नौजवान, पान से जिसके होंठ काले हैं, दोनों पैर सीट पर रखे ऊँघ रहा है। वह चौंककर देखता है और फिर सो जाता है। सोते में वह मुस्कुराता है—औरत को देखकर दिल पसीज गया बाबू का?

और बहुत लोग हैं इस डब्बे में—सब एक-दूसरे के साथ धुँधली रोशनी में ऊँघते हुए और किसी भी नए संवेदन पर तुरन्त चौंक पड़ने को तैयार...

वायदा करो कि तुम चौंकोगे नहीं, मैं इस स्त्री को यह कम्बल उढ़ा देना चाहता हूँ, मैं उसके तलुवों और कानों के नीचे कम्बल साँटकर उसे आराम से सुलाने की हद तक न जाऊँगा—सिर्फ़ उस पर डाल दूँगा जहाँ तक कि मैं उसका मान रखते हुए जा सकता हूँ।

मैंने दोनों हाथों से कम्बल को कसकर फिर उठाया। एकाएक मुझे ख़याल आया कि उस औरत के पास जो आदमी बैठा है वह मेरे काम आ सकता है।

अगर मैं अपनी इच्छा से अपने और उस औरत के बीच दुनिया को डाल दूँ तो हमारा सम्बन्ध भी पूरा हो सकता है और दुनिया हमारे सम्बन्ध को अपने ढंग से समझती भी रह सकती है (यह दुनिया का एक इस्तेमाल है जो मैं अक्सर करता हूँ।) अगर यहाँ मेरा कोई मित्र होता तो मैं उसका भी इस्तेमाल कर सकता था—वह मेरी तरफ़ से होता, इस समय यह आदमी इस औरत की तरफ़ से होगा।

यह लड़की तुम्हारे साथ है?

उसने मुँह बनाकर सिर हिला दिया, न।

कोई बात नहीं, मैंने हँसकर कहा, मैं यह खेल खेल ही डालूँगा। देखो, दुनिया मेरे-तुम्हारे बीच रहेगी ही। मैं ही उसकी भूमिका में भी उतर लेता हूँ, एक क्षण के लिए अपने को दो कर लेता हूँ ताकि हमेशा एक बना रह सकूँ।

चारों ओर देखकर मैंने पूछा, ''कहाँ जाओगी?''

यह प्रश्न उस स्त्री से किया गया था। जब मैंने अपनी आवाज़ सुनी तो मुझे लगा कि मैं उससे क्रुद्ध हूँ, उससे घृणा कर रहा हूँ और बहुत ऊँचे से चीख रहा हूँ—एक पूर्णतः अप्रासंगिक निरर्थक वाक्य...।

पर स्त्री ने घुटनों में से सिर उठाया। उसने मेरी ओर गरदन घुमाकर देखा, बस देखने-भर को उसने गरदन घुमाई। वह मुस्कुराई और फिर उसने घुटनों में सिर दे दिया और वैसे ही हो गई जैसे थी।

क्या वह पागल है? मुझे बिना मेरे चाहे हँसी आने लगी। यदि वह भी मेरी तरह दुनिया के रिश्ते नहीं मानती तब तो मैं यह तरकीब भी नहीं चला सकता। कोई बात नहीं, बिना तरकीब के सही, अब मैं इस पर कम्बल डाल ही दूँगा। तब फिर मुझे यह सोचकर हँसी रोके न रुकी कि वह कहीं शोर न मचाने लगे।

मैंने देखा कि मैं एक ऐसी स्थिति में आ गया हूँ जहाँ अपनी अपूर्णता की कहानी लिख डालना उसे कम्बल उढ़ा देने से अधिक आसान हो गया है। मैं सतर्क हो गया।

तब मैंने कुछ देर अपने को समेट लेने में लगाई। इतनी देर में मेरे पैरों पर पड़ा कम्बल गरमा उठा।

कितना मुश्किल है, बिलकुल अपने-आप कुछ करना! मैं अपनी एक अनुभूति को सहज भाव से व्यक्त करना चाह रहा हूँ और आलोचकों ने सहजानुभूति और सहजाभिव्यक्ति को इतना सहज बताया है, फिर भी नहीं कर पा रहा हूँ। मैं यह सोचता रुक नहीं जाता कि अगर मैं इसे आज सरदी न खाने दूँगा तो कल और कल के बाद आनेवाली हज़ार रातों को यह गरम रहेगी या नहीं—या कि मेरे देश के लाखों अधनंगे यह जाड़ा कैसे काटेंगे—जो कुछ मैं जानता हूँ वह यह है कि मैं इस पर तरस नहीं खा रहा हूँ, न कोई दान कर रहा हूँ, न इसने माँगा है, न मैंने देने की घोषणा की है, न इसे मैं जानता हूँ, न मैं ग़रीबों की आमतौर से मदद किया करता हूँ। कृपया, कृपया मुझ पर विश्वास कीजिए, मैं एक अजनबी हूँ और मैं जो कुछ कर रहा हूँ उसका इस स्त्री से सम्बन्ध नहीं है, मुझसे ही है, और उस स्त्री का भी मुझसे एक सम्बन्ध है, पर वह आप नहीं जान सकते। मैं आपको विश्वास दिलाता हूँ जिस क्षण मैं अपना काम कर लूँगा वह मर जाएगा और उसकी आत्मा मुझमें समा जाएगी। उसी क्षण आप उसे ग़लत भी समझ लेंगे और अभी भी आप यह नहीं सोच रहे हैं कि मैं कुंठा से ग्रस्त हूँ और आप नहीं हैं, इसका क्या प्रमाण है? मान लिया कि मैं बिना वजह एक सहज अनुभूति को व्यक्त नहीं होने दे रहा हूँ और अपने असामाजिक अहं के कारण जीवन का सहज आनन्द नहीं ले पा रहा हूँ पर खैर अब सही, अब मैं उसे उढ़ा दूँगा। मैं उसे उढ़ाऊँगा। जो मैं करना चाहता हूँ उसके लिए आपकी भाषा में यही शब्द हैं। असल में मैं यहाँ से उठूँगा और अपने शरीर की एक हरकत से वह फ़ासला तय कर लूँगा जो मेरे और इस औरत के बीच दुनिया ने घेर रखा है।

मैंने कम्बल को उठाया। वह फूल जैसा हलका था। एक बार आँख भरकर मैंने देखा, वह मानव रूपाकार अपनी समस्त सुन्दरता के साथ जड़ हुआ अपने आकार में अर्थमय, पर भाषा के लिए अर्थहीन मेरे सामने था; जैसे ही वह अपने चारों ओर के आकाश से फूटकर मेरी ओर उमँगा मैंने उस औरत पर कम्बल डाल दिया।

रेलगाड़ी की तालबद्ध आवाज़ बुद्धिहीन, सधी हुई लय में सुनाई पड़ने लगी।

सारा डब्बा गहरी नींद में सो गया था। उबले आलू जैसे चेहरेवाले आदमी का मुँह खुला था और उस पर घनी पीली रोशनी पड़ रही थी जैसे वह नाटक में मर गया हो और उसके होंठ के किनारे से राल चू रही थी।

औरत को कुछ न हुआ। दो क्षण बाद वह हिली और अपने को अच्छी तरह से उसने लपेट लिया। फिर हिलकर वह पहले-सी हो गई।

लेकिन नहीं, कम्बल ने अपनी तरह-तरह की सिलवटों से उसको ढँककर वह रूपाकार बिलकुल मिटा दिया जो थोड़ी देर पहले मैंने अन्तिम बार आँख भरकर देखा था।

पर इससे भी अद्‌भुत बात एक और हुई। मैंने यह कहानी भी लिख डाली और उसे कम्बल भी उढ़ा दिया।

जबकि तथ्य, शुद्ध तथ्य यह है कि इसके पहले कि मैं अपनी सम्पूर्ण अभिव्यक्ति के लिए अपने को मुक्त कर पाता, सड़क के किनारे का एक छोटा स्टेशन आ गया था और वह औरत उतरकर किसी कस्बे की अँधेरी रात में खो गई थी।

या यह सम्भावना आपको पसन्द न हो तो मान ले सकते हैं कि जिस आदमी ने उसे उढ़ाया था उसका स्टेशन आ गया और उसने सोती औरत से अपना कम्बल खींचकर उतार लिया और चला गया। ठीक यही मैंने किया था।

[*कल्पना,* दिसम्बर 1959, *सीढ़ियों पर धूप में*]

विजेता

सौर का कमरा उस गन्ध से भरा हुआ था जो सुलगती हुई अजवाइन और कड़वे तेल के दीये से मिलकर बनती है और वह साफ़ पुराने कपड़ों में लिपटी हुई लेटी थी। वह दरवाज़े पर आकर रुक गया, वह वहाँ होगी, उसे जो कुछ हुआ है उसके बाद कैसी और कितनी बदली हुई और वह भी वहाँ होगा जिसे अनेक बार उसने कामिनी के शरीर में अनुभव किया है अपने और उसके बीच और उन दोनों से स्वतंत्र। क्या वह जानता होगा कि मैंने उसके साथ क्या किया है? मैं उसे देखने को लालायित हूँ। जानते हुए कि मैंने उसे नहीं चाहा था और वह फिर भी है, अशोक ने कहा, उसने मुझे क्षमा कर दिया है क्योंकि मेरे मन में उसके लिए सिर्फ़ प्यार है अगर प्यार का शब्द ज़रा भी व्यक्त कर सकता है जो मेरे मन में है।

वे दोनों अभी कुछ वक़्त तक सन्तान नहीं चाहते थे। दोनों के कारण अवश्य अलग-अलग रहे हों पर उसका क्या महत्त्व है क्योंकि अपने शरीर के इस्तेमाल के बारे में दोनों के विचार निश्चित थे। उसने भी न चाहा था कि ऐसा हो पर असावधानी से जो कुछ हो गया था वह अन्ततः उसके ही कारण हुआ था और उसकी संगिनी गर्भवती थी। यह मैंने किया है और यह स्त्री मेरी स्त्री है, वह इसे नहीं चाहती है और मैं, जो कि उससे ज़्यादा ताक़तवर हूँ, इसका कारण हूँ।

"सब ठीक हो जाएगा," हँसकर उसने कहा। एक भयंकर-सी बोतल उसने निकाली—कत्थई-सी तीखी गन्धवाली चीज़ थी—सूँघा और आँखें आधी बन्द कर बोला, "तबीयत ख़ुश हो जाएगी और छुट्टी मिल जाएगी।"

दो दिन तक कामिनी का सारा शरीर जलता रहा जैसे गहरे अन्दर किसी अँगीठी में आग जला दी गई हो। वह चुपचाप प्रतीक्षा करती रही। कभी-कभी आँख खोलकर देखने की कोशिश करती, मगर चारों ओर केवल लाल-लाल दिखाई देता। क्या शुरू हो गया? वह सोचती, पर फिर अन्दर सब ठस हो जाता जैसे कोई तनकर खड़ा हो जाता है और वह झपक जाती। दो दिन बाद वह चोर की तरह उठी, बोली नहीं और काम में लग गई और कुछ दिन ऐसे ही बीत गए।

कुछ फ़ायदा नहीं हुआ? अशोक ने पूछा, "मुझसे तो कहा गया था कि यह काफ़ी होगी मगर शायद तुम्हें इससे ज़्यादा तेज़ कुछ चाहिए।"

"मैं सब ठीक कर दूँगा, तुम डरो नहीं।"

"तुम कर ही क्या सकते हो?" वह बोली।

"क्यों, जब मैं एक काम कर सकता हूँ तो दूसरा भी कर सकता हूँ।"

कितना गन्दा इसका मुँह है, कामिनी ने सोचा और उसका जी मिचलाने लगा।

"तुम घबराती क्यों हो? सिर्फ़ तुम्हें थोड़ी-सी तकलीफ़ होगी।"

इस बार कुछ निरीह सफ़ेद टिकियाँ थीं और फिर चार दिन तक कामिनी ज़बरदस्त बुखार में तड़पती रही। चिड़िया की तरह मुँह खोलकर वह हाँफती और उसका जी चाहता कि वह उड़ जाए। और कुछ देर के लिए उसे लगा कि वह शून्य में चली गई है, कई बार वह वहाँ से गिरी और उसकी चेतना लौटी मगर वह उस चीज़ को लिये हुए पड़ी रही जो उसके भीतर खौलती हुई धातु की तरह सब तरफ़ को दौड़ रही थी और बाहर नहीं आ रही थी।

"ईश्वर ने मुझे बचा लिया," उसने कहा।

"बेवकूफ़ी की बात," अशोक बोला, "यह तकलीफ़ तुम्हारा शरीर झेल ले गया क्योंकि वह मज़बूत था।"

सचमुच क्या यह सब कष्ट उसी ने उठाया था? कामिनी सोचने लगी, अकेले वह निश्चय ही नहीं उठा सकती थी।

"मैं मरूँगी नहीं," उसने कहा, "क्योंकि अब मैं मरना नहीं चाहती।"

"तुम मरोगी नहीं, सिर्फ़ डाक्टर के यहाँ एक बार चलना होगा।"

"नहीं, नहीं," उसने कहा, "मैं नहीं जाऊँगी।"

"सिर्फ़ एक बार थोड़ा कष्ट होगा और सब ठीक हो जाएगा।"

"नहीं, नहीं," कामिनी ने कहा, "अपने लिए मैं कह सकती हूँ कि कष्ट हो पर किसी दूसरे के लिए कैसे यह तय कर सकती हूँ? मैं अब तुम्हें कुछ न करने दूँगी," वह बोली।

"बेवकूफ़, अभी तो उसमें जान भी नहीं पड़ी।"

"पर वह है," कामिनी ने कहा, "एक चीज़ थी जिसे तुम नष्ट कर देना चाहते थे और वह नष्ट नहीं हुई, यह प्रमाणित करते हुए कि वह है। मैं जानती हूँ कि वह है और दो बार तुम उस पर आक्रमण कर चुके हो और यह उन्हें बचा गया है।" कितना विरोध किया होगा उसने, कामिनी ने सोचा और तरस खाकर अपने पति की ओर देखा। "मैं जानती हूँ कि तुम उससे ज़्यादा ताक़तवर हो, पर तुम हार गए हो। अब तुम उसे रहने दो," उसने कहा, "क्योंकि उसका होना आरम्भ हो गया है," और मन में जोड़ा, वह होगा और तुम्हें क्षमा कर देगा।

अशोक ने एक पैर रखकर अन्दर झाँका। सामने केवल सरसों के तेल का प्रकाश था और एक विशेष प्रकार की स्वच्छता थी, दोनों एक-दूसरे से सम्पृक्त और जीवित। कहाँ हैं वे, उसने अपने से पूछा। अभी कल तक वह उसे अपने साथ-साथ उस क्षण तक लाई थी जिसे केवल वह ही अनुभव कर सकती थी; घंटों वे अपने बचपन के किस्से एक-दूसरे को सुनाया करते थे और वह भारी और थकी, निर्मल और शान्त बैठी रहती थी, ''तुम मेरे पास ही कहीं रहना,'' उसने कहा था; ''ज़रूर,'' अशोक ने कहा था, बिना रत्ती भर भी जाने हुए कि क्यों; पर उसके लिए और कोई दूसरी जगह हो ही नहीं सकती थी, उसने सोचा। और अन्ततः वह वहाँ था, पास ही और उस अनुभव से अपने में गुज़रता हुआ जिसमें से उसकी पत्नी अपने सम्पूर्ण शरीर के साथ गुज़र रही थी।

उसने दो क़दम बढ़ाए। वह, वे वहाँ हैं। अपने बड़े-से शरीर को कई जगह से मोड़ते हुए तिपाई पर बैठ गया। कामिनी इस तरफ़ पीठ किए लेटी थी। वह है मेरी स्त्री, कितनी सुन्दर और नई, पर वही, मेरी पत्नी। उसका दिल चाहा कि यह अन्तर जो हम दोनों के बीच है हमेशा-हमेशा के लिए बना रह जाए।

अचानक उसे अपने बच्चे की याद आई। ''देखूँ-देखूँ!'' उसने कहा।

कामिनी ने सिर घुमाकर देखा। पहले तो वह लजाई और बच्चे की तरफ़ मुँह कर लिया जैसे छिप रही हो पर फिर चिढ़ाती हुई-सी उसके पिता को देखने लगी।

''क्या, मुझमें क्या ख़ास बात है?'' अशोक बोला।

कुछ नहीं सिर्फ़ देख रही हूँ कि आदमी कैसा दिखता है, कामिनी ने मन में कहा और बच्चे के मुँह पर से आँचल हटा दिया।

अशोक का दिल बुरी तरह धड़कने लगा। वह कैसा होगा? प्रसन्न? या याद रखे हुए कि मैंने क्या किया है? क्या उसने मुझे क्षमा कर दिया है? मुझे क्षमा कर दो, उसने कहा और उसका चेहरा खिल उठा।

लाल मुट्ठियाँ बन्द किए हुए और उसकी स्त्री का स्तन मुँह में लिये वह अनायास अपना अधिकार भोग रहा था। न, उस पर कहीं कोई निशान न था, न कोई खरोंच या दाग, कुछ नहीं। यह जीता हुआ आदमी है, अशोक ने कहा और हँसी रोकने से उसका चेहरा दीप्त हो उठा।

लड़के ने अपने बाप की ओर देखा ही नहीं, न कुछ समझा कि यह कौन है और क्या चाहता है। उसे ज़रूरत भी न थी। आँखें बन्द किए वह निस्पृह भाव से अपना काम करता रहा और कद्दू जैसा पड़ा रहा। उसने एक लड़ाई जीत ली थी और वह वहाँ था, अक्षत और सम्पूर्ण जैसा कि वह दूसरों के बावजूद बना था और कुल इतने से ही उसे फ़िलहाल मतलब था।

[1959, *'रास्ता इधर से है'* में संकलित]

कीर्तन

जब उसे इस शहर में रहते हुए बारह साल हो गए तो एकाएक उसने देखा कि अब वह इतने अधिक लोगों से परिचित हो चुका है कि दो व्यक्तियों के मिलने से अगर कभी किसी ख़ास तरह का रिश्ता उनसे बन सकता है तो वह अब उसके बस की बात नहीं रही। पर फिर उसने सोचा, क्या मैं ख़ुद समझ भी रहा हूँ कि मैंने क्या खोया है ? वह रिश्ता जिसको वह थोड़ी देर—उतनी ही देर जितनी देर तक उसमें और उसके साथी में एक चमक कायम रहे—बनाना चाहता, अब कौन समझता है ! लोग या तो हाथ ज़रा-सा उठाकर सलाम कर डालते हैं जैसे सामने से आते हुए स्पर्श को अपने पर से झाड़े दे रहे हों, या फिर एक निहायत निजी स्वार्थ में दूसरे को शामिल करके उससे गुँथ जाना चाहते हैं : अपने-अपने गोंद की खोज में एक-दूसरे के अन्दर खखोलते हुए दो आदमी। आख़िर में दोनों मोटे होकर निढाल हो जाएँगे और तृप्त जोंक की तरह गिर पड़ेंगे।

कुछ ऐसा संयोग हुआ जैसा उसके साथ हमेशा होता था कि जब यह बात उसकी समझ में आई, वह बड़ी देर से पैदल चल रहा था।

थकान हमेशा मुझे अकेला कर देती है और अकेलापन, थका हुआ, इस तरह के शहर में, जिसमें मैं रहता हूँ कितनी ज़रूरी चीज़ है। लम्बी-लम्बी दूरियाँ, उजड़े-उजड़े लोग और देर-देर में समझनेवाले सरकारी नौकर। अच्छा हुआ मैं तेज़ सवारी पर नहीं हूँ और वक़्त को अपनी मेहनत से पूरा कर रहा हूँ, उसने सोचा।

पसीने से उसका शरीर थोड़ा-सा नम हो गया था। इस हद तक देह का पसीजना कितना भला मालूम होता है। उसे जान पड़ा कि उसका शरीर एक सामान्य पशु है और अन्दर से जो कुछ कर रहा है वह मांस की प्रक्रिया है। अपने पसीने की गन्ध उसे अभी नहीं आई थी। इतना श्लथ वह नहीं हुआ था पर अन्दर ही अन्दर उसने उस गन्ध को पहचान लिया। तब उसे अपना तीखे नाक-नक्शवाला चेहरा दिखाई देने लगा।

जहाँ वह जा रहा था वहाँ एक सनकी डाक्टर रहता था। सारे शहर में एक वही आदमी था जिसे वह न ज़्यादा जानता था, न कम। ठीक उतना जितना दो वयस्क

आदमियों को जिनकी अपनी अलग-अलग दुनिया हो, एक-दूसरे को जानना चाहिए। वह तरह-तरह के लक्षण याद करके घर से चलता और एक-एक का ऐसा वर्णन करता जैसे मानवदेह के व्यवहार के किसी गहरे रहस्य को खोल रहा हो। डाक्टर हालाँकि सठिया गया था और कभी-कभी बाएँ नथुने से साँस न आने की कैफ़ियत देर तक सुनने के बाद यही समझता कि तकलीफ़ दाएँ नथुने में है तो भी वह उसे दुबारा समझाने में चिढ़ता नहीं। ग़लत लक्षण के आधार पर दवा चुन लेने से मनुष्य के प्रति जो भयंकर अपराध हो सकता है मानो उसको बचाने के लिए वह सारा हाल फिर कह सुनाता—इस बार भाषा को फ़ालतू शब्दों में और अधिक बचाकर—और डाक्टर को दया से देखने का ओछापन कभी न करता। डाक्टर सुन्दर और बुड्ढा था। उसके अभी तक के जीवन की छोटी-छोटी बेईमानियाँ मिट चुकी थीं और उसका चेहरा एक नई उत्सुकता से भरा हुआ हर समय तैयार रहता था।

जब डाक्टर का घर नज़दीक आने लगा तो उसकी थकान इतनी बढ़ चुकी थी कि वह अपने बच्चे से क़रीब-क़रीब बिलकुल जुदा हो गया और जिस हालत में उसे घर पर छोड़ आया था वह एक समझ में आ सकनेवाली घटना जैसी जान पड़ने लगी। दरअसल बच्चा बहुत बीमार था। वह था भी एक कमज़ोर बच्चा। पर कमज़ोरों में भी वह उस प्रकार का था जो बहुत बीमार होने पर अन्दर ही अन्दर घुल जाते हैं और बाहर अन्त तक सुलझे हुए और ज़हीन दिखाई देते रहते हैं। इस वक़्त मंटू किस तकलीफ़ में होगा—मैं ठीक-ठीक नहीं कह सकता। थोड़ी देर पहले की अपेक्षा अब मैं और भी कम जानता हूँ। सहसा वह बच्चा उसकी नज़र में एक भरा-पूरा इनसान, अपनी जान की ज़िम्मेदारी ख़ुद उठानेवाला जीव बन गया। उसने मानो बड़े टाइप में छपे अक्षर पढ़ने की तरह डाक्टर के घर में पैर रखा।

वहाँ सुगन्ध भरी हुई थी। ज़ोर से साँस खींचने की ज़रूरत न थी, वह वहाँ बस ठहरी हुई थी। तब उसने हरकत महसूस की, कुछ आवाज़ें थीं। वे लय में थीं। वहाँ कीर्तन हो रहा था। बरामदे में सफ़ेद चाँदनी बिछी हुई थी। पैर नंगे कर वह उस पर बैठ गया। उसके एक ओर गेहुँए बदन की एक औरत बैठी थी जिसकी बग़ल के बाल छाँटकर छोटे किए हुए थे और कलाइयाँ लाल चूड़ियों से भरी थीं। औरत के बाद और भी कई लोग थे, पहले भी। और वह जो जितना दिखा उसको उतना देखता गया और जब पूरा दृश्य उसने देख लिया तो उसे मालूम हुआ कि चित्र बिलकुल सही है।

सिर्फ़ एक आदमी, जो नीली धारी की कमीज़ पहने था, उसे ग़लत मालूम हुआ। पर इतनी जल्दी वह आदमी उठकर घर के अन्दर चला गया कि कोई हर्ज नहीं होने पाया।

एक ख़ास तरह की गूँज उसे सुन पड़ रही थी, जैसे कीर्तन अभी थमा-सा हो, या कि शुरू हो रहा हो। दोनों में से कुछ था। उसने घुटनों के बल बैठकर अपने

चेहरे को कल्पना में देखने की कोशिश की। वही उसका मनचाहा चेहरा दिखा। फिर उसने एक-एक करके सबके चेहरे देखे जितने वे दिखाई पड़ रहे थे और जब वह देख चुका तो मृदंग पर थाप पड़ी।

मृदंग पर थाप पड़ रही थी। ऐसा लगा जैसे कि हर बार जो थाप पड़ती है किसी मतलब से पड़ती है। कोई चीज़ जो शायद मृदंग की ही आवाज़ थी, अपने को जानबूझकर खोलने लगी। सुगन्ध लोबान की है, उसने समझा।

अभी वह चाहे तो थोड़ा-सा उठकर देख ले सकता है कि जहाँ से स्वर आ रहा है वहाँ क्या है। पर उससे कोई फ़ायदा नहीं, उसने सोचा। यही वह समूह है जिसमें मैं हूँ और वह छन्द भी इसी में है जिसने अभी अपनी शक्ल स्पष्ट की है। एक क्षण में स्पष्ट हो गया कि वह इसमें शामिल हो गया है। या तो न हुआ होता।

भीड़ में आगे थोड़ी-सी हलचल हुई। एक बहुत लम्बा आदमी उठा और चुन्नटदार धोती समेटकर ठंडी चाँदनी पर लोगों के बीच सावधानी से पैर रखता अन्दर चला गया। उसके एक पाँव में छह अँगुलियाँ थीं।

न। संगीत ने उसका साथ नहीं दिया। इस संगीत में उस हरकत के साथ चलनेवाली कोई कथा न थी। उससे केवल छन्द छन्द छन्द बनता चला जा रहा था।

कुछ शब्द भी उसके कान में पड़े। राम, कृष्ण। पर राम के नाम से उसकी कुछ समझ में न आया। कृष्ण कुछ अधिक समझ पड़ा। जिस तरह से वह मुखरित हो रहा था, संयुक्ताक्षर पर यति देकर, वही वह समझ पा रहा था।

फिर शब्द द्रुत हो गए—फिर एक में मिल गए और जाने कब बन्द हो गए—केवल ताल, देह से मुक्त हुई आत्मा-सी अपने को गुंजाती और ठहराती, घुमाती और उठाती रही। अकेली। वह और तेज़ हुई। शब्द एक बार फिर आ गए। इस बार कृष्ण और भी स्पष्ट था। उसे लगा कि सब शब्दों में केवल वही उसे सुन पड़ रहा है। या कि वह मृदंग की थाप है, भाषा का शब्द नहीं। सुगन्ध अब नहीं थी। जब हवा चली तो उसका एक झोंका आया। उसने सुगन्ध सुलगानेवाले को इस बार देख लिया। वह अपने काम में रस ले रहा था। इस आदमी से मुझे नफ़रत है, उसने फ़ौरन तय कर लिया।

छन्द अब इस तरह बजने लगा था जैसे लट्टू सो गया हो। उसके पास बैठी गोरी औरत ने घुटनों पर कोहनियाँ रखकर बाँहें सीधी कर ली थीं और एक हाथ से दूसरी कलाई थाम ली थी। जहाँ वह कलाई थामे थी वह उसके बैठे हुए आकार का केन्द्र था और वहीं से उसकी पहलदार जाँघों में तनाव आया हुआ था। उसके हाथ की अँगुलियाँ बूची-बूची थीं और एक पर बड़ा-सा भूरा-सा मस्सा था। पर अपने सम्पूर्ण प्यार-भरे शरीर को लेकर वह इतनी शान्त बैठी थी कि उसका मुँह देखना बिलकुल ग़ैर-ज़रूरी था। उसकी गोरी पीठ पर हलके-हलके रोएँ थे जैसे इस समय सारा अनुभव वह उन्हीं से कर रही हो। कटे बालोंवाली बग़ल जहाँ पर

की खाल कुछ गहरे रंग की हो गई थी, मानो उसके बदन में अन्दर देखने की खिड़की की तरह खुली हुई थी।

भीड़ में से एक आदमी उठकर नाचने लगा। वह अपनी देह से कुछ अभिव्यक्त नहीं करना चाह रहा था। सिर्फ़ उसे पकड़े रहना मुश्किल जानकर उसे छोड़े हुए था। मृदंग की थाप उसके चारों ओर से होकर जाने लगी। लोबान सुलगानेवाले के पास बैठी औरत ने चीख मारी। किसी ने नहीं सुना। यह एक मोटी काली औरत थी और लम्बी बाँहों का चारख़ानेदार सलूका पहने थी। फिर ऐसा लगा कि वह भी उठकर नाचने लगी। पर ऐसा था नहीं। जो अपने बदन में उठते ज्वार को ख़र्च किए दे रहा था वही आदमी कमर से ऊपर के शरीर को भारी-भारी और मोटे-मोटे बल दे रहा था। लोबान—इसकी सुगन्ध ताज़ी लाश की याद दिलाती है, उसने सोचा, जिसके पास रखवाले बैठे हों।

अचानक उसने डाक्टर को अन्दर से आते देखा। वह छन्द में शामिल नहीं था। घिरे आकाश के नीचे चौड़ी नदी के पार से जैसे डाक्टर ने उसे बुलाया। वह गया नहीं। वह तरह-तरह के आदमियों के समूह से बेतरह घिरा हुआ था।

इससे भी मुझे नफ़रत है। उसने एक मरगिल्ले नौजवान को देखकर कहा, यह चोर है। मुझे इनमें से एक-एक से नफ़रत है। यहाँ आने के बाद से नहीं, हमेशा से थी—किसी से अकारण, किसी से नहीं। पर हो भी तो कारण मैं बताने को बाध्य नहीं हूँ। नहीं चाहता, नहीं चाहता, नहीं चाहता, मैं इन्हें नहीं चाहता, वह कह रहा था, पर कीर्तन का चौगुन छन्द लय धीमी करने लगा। इसके विरुद्ध चलूँगा, ज़रा देर को उसने प्रण रखा। हार मानकर देखूँ? नहीं, लय का धीमा करना मेरी आवश्यकता नहीं है। इन सबकी मिलकर भी नहीं। सिर्फ़ उसकी है जो मुख्य स्वर में गा रहा है और उससे भी मुझे नफ़रत है।

उसका संघर्ष फिर सतेज हो गया। मैं एक-एक से नफ़रत करता हूँ यानी कर सकता हूँ पर इस झुंड से नहीं, एकाएक उसने जाना। इस समय इन्हें मुझसे कोई मतलब नहीं। पर कोई चीज़ है जिसके कारण न मैं इनको त्याग रहा हूँ न ये मुझे अस्वीकार कर रहे हैं : भक्ति नहीं है वह, उसने झटके से यह विचार स्थापित कर दिया। छन्द, शायद; पर बहुत करके वह भी नहीं। भीड़, हाँ; पर नितान्त वही नहीं।

मेरी देह शायद। औरत की देह भी। पसीने से नम, थकी, डूबी, खिंची मेरी और उसकी और इसकी, उनकी भी देह। शायद। स्वतंत्र एक-एक देह। मथी जाती हुई-जैसी जिसकी मांस-मज्जा अन्दर से है वैसी धड़कती हुई, बन्द, सुरक्षित, पवित्र गोश्त की सत्ता, जो अपना मैल बालोंभरी त्वचा पर फेंकती रहती है।

इस वक़्त कुछ भी हो सकता है, उसने कहा। और बिलकुल अपने आप। अपने ही घटित होने के लिए कोई भी घटना इस समय घट सकती है। मेरा बच्चा मर

जा सकता है। या मैं मर जा सकता हूँ। मरना ही एक ऐसी घटना है जो इस समय देह सबसे अच्छी तरह कर सकती है—अपनी सबसे श्रेष्ठ हरकत—अपने अद्वितीय ढंग से।

डाक्टर फिर दिखा। इस बार उसने ऐसे सिर हिलाया जैसे वह सहमत हो।

लोग उठ खड़े हुए। अपने-अपने वजन के हिसाब से हरकत करते हुए। कमर से नीचे के उनके कपड़ों पर अपनी-अपनी सलवटें दिखाई दीं—हर एक की एक अलग लिखावट। एक ने जमुहाई ली और मृदंग शान्त हो गया। अब उसने देखा कि एक चमकता हुआ पीतल का मंजीरा भी वहीं रखा था और यही नहीं, अभी तक मृदंग के साथ बजता भी जा रहा था।

वह उठ खड़ा हुआ। उसने नंगी ज़मीन पर पैर रखने से पहले चप्पल पहनी और एक पाँव पर बोझ डालकर एक क्षण खड़ा हुआ। इसका कोई महत्त्व न था। यह उसकी आदत थी। पर इस मौक़े पर जैसे उसने इस तरह अपने को तोड़कर अलग कर लिया।

जिस वक़्त वह घर पहुँचा यह सब बात पुरानी हो चुकी थी। उसकी बीवी ने दरवाज़ा खोला। वह सिर ढाँके सीधा पल्ला किए और भी दोहरी लग रही थी। उसका मुँह वह देख नहीं पा रहा था। स्त्री ने कमरे में इशारा किया। उसका बच्चा बिलकुल सीधा शान्त लेटा हुआ था। किसी ने उसे सिर से पैर तक सफ़ेद कपड़े से ढँक दिया था, पर जाने कैसे उसके तलुवे खुले रह गए थे।

[*नई कहानियाँ*, जुलाई 1963, में प्रकाशित। *रास्ता इधर से है*]

मुठभेड़

किसी ने बड़े सवेरे मुझे टेलीफ़ोन से जगाया। वह जगानेवाली टेलीफ़ोन आपरेटर नहीं थी। शिवराम की माँ मर गई थी। उस दिन बड़ी ठंड थी। वे लोग साढ़े दस-ग्यारह बजे चलेंगे।

छलाँग मारकर मैं बिस्तर से कूदा। पर उसके बाद क्या करूँ, एकदम से तय न कर पाया और खड़ा रह गया। साढ़े दस-ग्यारह में जो अनिश्चय था उसके हिसाब से जान पड़ा कि घर चलने के लिए बहुत समय है। तब मैं फिर बिस्तर में घुस गया। लेकिन फिर निकलकर रसोईघर की ओर दौड़ा। दौड़ने को वहाँ बहुत न था, दूसरे-तीसरे-दसवें क्षण मैं स्टोव जला रहा था और वह मज़े में जल भी रहा था। पतीले में नहाने का पानी चढ़ाकर मैं फिर दौड़ा और इस बार सीधे छज्जे तक गया जो कि इस घर में हद थी और जहाँ अभी-अभी अख़बारों का बंडल धड़ाम से आकर गिरा था।

सारे शहर के अख़बार उसमें थे, सबको तख़्त पर बिछाया। कितनी दयनीय स्थिति थी। सारी दुनिया में कुछ आदमियों ने अपनी बुद्धि के अनुसार चौबीस घंटे के अन्दर हमारी नियति को जहाँ-तहाँ से मोड़ने की कोशिश की थी। रात की पाली पर बोदे उपसम्पादक को उसमें से चुनाव की कितनी सीमित आज़ादी थी। (क्या इसी को अख़बार की स्वतंत्रता कहते हैं?) जो हो, उन्होंने भरसक अपनी मूर्खता से काम किया था और पाँचों अख़बारों के पहले बड़े समाचार एक ही न थे। मैंने गर्व की साँस ली, पर दूसरे ही क्षण बाक़ी ख़बरें भी पहले पृष्ठ पर कहीं न कहीं दिख जाने से सब बंटाधार हो गया।

उस वक़्त तक शिवराम की माँ के मरने की ख़बर ही ताज़ी ख़बर थी। इसे एक काग़ज़ पर चींटी जैसे अक्षरों में लिखूँ और उसे अख़बार में चिपका दूँ। पर सबमें नहीं। और फिर उस एक की हर एक प्रति में? एकाएक यह ख़याल फेंककर मैंने कुछ उठाकर ओढ़ लिया। फिर तख़्तवाले कमरे से बिस्तरवाले कमरे में चला, मगर देखा कि बीच के दरवाज़े से नहीं जा सकते क्योंकि रात को वहाँ पता नहीं क्यों तिपाई इस तरह रख दी थी कि रास्ता छेंक गया था। तब बरामदे से होकर उस कमरे

में जाना शुरू किया, मगर रसोईघर में चला गया और पतीले से पानी निकालने लगा, मगर वह गरम न था। तो भी निकाला और दाढ़ी बनाने के मग में डाला जिसको नीचे रखा ही था कि पतीला बहुत बड़ा मालूम हुआ और उसकी जगह भगौना चढ़ा दिया क्योंकि चाय पहले चाहिए। यह एक बहुत ही निजी, यहाँ तक कि छिपाने योग्य बात है, गुलामी की बात, पर यहाँ कौन देखता है और सारे घर में मैं अकेला था। चाहता तो नंगा हो जाता, पर बड़ी ठंड थी। अब मेरा हर काम निश्चित कार्यक्रम के अनुसार हो रहा है। चाय, पहला प्याला गरम, दूसरा कम गरम, तीसरा कड़वा, आधा, बदज़ायका, ख़त्म। दौड़ा, चैन मिला। ख़ूब अच्छा रहा। स्वस्थ, सुगठित और स्वच्छ।

अब मैं पहले से ज़्यादा साफ़ समझने लगा था कि मुझे वक़्त से शिवराम के यहाँ पहुँच जाना चाहिए। उबलते हुए पानी से नहाने से मेरा मकान रोशन हो गया था। घबराकर मैंने टेलीफ़ोन उठाया। उसे रख दिया। बनियान पहनी और तौलिया खोलकर फेंक दी। यह रहा मेरा सुन्दर शरीर, अपने बालों सहित, दोनों पैर एक-एक करके जाँघिए में डाले, कसा, आराम मिला। फिर दौड़ा। दूसरे कमरे में दरवाज़ा नहीं, रास्ता बन्द बरामदे से होकर, समय से पहुँचा, पतलून के लिए समय से। फिर घड़ी पहनी, फिर मोज़ा, फिर कुछ और। आख़िरकार मुझे पहनना बन्द करना पड़ा।

मैं अच्छी-ख़ासी चुस्त तैयारी के साथ घर से निकला था और इत्तिफाक से वक़्त ऐसा था कि जो देखता यही समझता कि दफ़्तर जा रहा हूँ। यह सबसे बड़ी विडम्बना की बात थी, क्योंकि मैं ही जानता था कि मैं किस घपले में पड़ा हुआ था। मुझे जाकर अपने को सिर के बल अड़ा देना था। वह दफ़्तर जाने में नहीं किया जाता। कितने दिन बाद मैंने जाना था कि मैं सीधे कहीं जाना चाहता हूँ। शिवराम का मकान पास था। सवारी से मैं वहाँ दन से पहुँचता, पर वह ज़्यादा दन से हो जाता। मैं अपने पैरों चलने लगा। मैंने जाड़े से बचाव कर रखा था और मुझे सड़क पर अकेले बहुत अच्छा लग रहा था।

घर के सामने बाग़ में तमाम लोग आधा दायरा बनाकर खड़े हुए थे। माफ़ कीजिएगा, थोड़ी देर हो गई, मैं मुस्कुराकर बहुत ज़ोर से या बहुत ज़ोर से मुस्कुराकर कहना चाहता था, पर यह न करना ही ठीक समझा, इसलिए कि स्वर कितना ऊँचा रहे यह ठीक-ठीक, ठीक नहीं कर सका। सबसे पहले मुझे मिस्टर धर्मा ने देखा जो मुझ पर हमेशा के लिए यह छाप डाल देने में सफल हो चुके हैं कि मैं हर जगह देर से पहुँचता हूँ। वे मुस्कुराए जिससे मुझे लगा कि वे एक और भद्दे, ठस, गधे हैं, सिर्फ़ उतने ख़ूबसूरत नहीं।

तब मैंने उसे देख लिया। मैदान के बीचोंबीच बांस की टिकटी पड़ी हुई थी और उसके पास पालथी मारे नंग-धड़ंग शिवराम बैठा हुआ था।

मैं दायरे के एक छोर पर खड़ा हो गया। वहाँ से सब दिखाई पड़ता। दिन बड़ी

सफ़ाई से निकला था और उस तरह का मौसम था जिसमें ज़मीन दोपहर तक मुलायम रहती है।

लाश को लाओ, मैंने अपने मन में कहा और यह जोड़ दिया कि मैं आ गया हूँ। शिवराम का मंत्रोच्चारण शुद्ध है। वह बिलकुल नंगा नहीं है।

बाक़ी लोगों ने मुझे एक-एक कर देखा। मैं उनमें से बहुतों को जानता था और कई ऐसे थे जिनके बारे में सिर्फ़ इतना मालूम था कि मुझे उनसे नफ़रत है। कुछ लोग मुझे अच्छे लगते थे। एक बार, कम-से-कम एक बार मैं न तो किसी को नफ़रत से देखूँगा, न पसन्दगी से। यहाँ नहीं। किसी को देखूँगा ही नहीं। मैंने तय किया। यहाँ नहीं। उम्दा धूप में लोग अपने अन्दर से एक तरह की चीज़ निकालकर बाहर फेंकने लगते हैं। वह लोग करते हैं ठीक, पर क्यों? अभी, इसी समय क्यों?

मेरे बिलकुल पास बढ़ी दाढ़ीवाला एक आदमी खड़ा था। वह मेरी जात का और उसका कद बिलकुल उस ख़ास तरह से मँझोला था जैसा मेरी जातवालों का होता है। वह बार-बार नज़रें उठाता। सिर नीचे किए हुए ही वह मुस्कुराना शुरू करता और सिर उठाते-उठाते जब मुझे मुख़ातिब न पाता तो मुस्कुराहट समेट अपना सिर नीचे कर लेता। एक ज़रा-सी लापरवाही और वह मुझे नमस्ते कर लेगा। मुझे याद है कि वह इस तरह नमस्ते करता है जैसे जाने कौन-से समझौते, जो मेरी जात के लोग अपनी ख़ास बेईमानियों के साझीदारों से करते हैं, मैं इससे भी किए बैठा हूँ।

इतनी देर तक वह मुझसे नज़रें मिलाने की कोशिश करता रहा कि मेरे मन में सन्देह उठने लगा कि कहीं मैं इससे ख़्वामख़्वाह नफ़रत तो नहीं कर रहा हूँ। फिर धीरे से मैंने यह जान लिया। हाँ, मैं बिलकुल बिना वजह उससे नफ़रत कर रहा था। और यह कितनी अच्छी बात थी। सिवाय एक छोटी-सी घटना के और मुझे कुछ याद आया नहीं जिससे मेरी नफ़रत के कोई व्यक्तिगत माने होते। और वह भी कोई घटना न थी। एक बार मैं उसके दफ़्तर गया था तो चाय तो मेज़ पर रखे था, मगर मेज़ की दराज़ से कुछ निकाल-निकालकर खाता जा रहा था। बराबर वह दोनों हाथ इस तरह नीचे कर लेता था जैसे इसने कुछ खाया ही न हो और मुँह ऐसे चलाता था जैसे खा थोड़े ही रहा है।

हाँडी में आग जलाई गई थी। अब मैंने देखा कि सभी लोग क्यारियों में अँखुओं के ऊपर खड़े थे। शिवराम की देह सुन्दर थी। मेरे घर में जब इतने लोग आएँगे तो कहाँ खड़े होंगे?

क्या उसे यहाँ नहीं लाएँगे? मैं अन्दर चलूँ? ठंडे सादे कमरे, धुला हुआ फ़र्श, अधेड़ औरतें, छोटी-सी लाश, छोटी-सी सिकुड़ी हुई बूढ़ी देह। शरीर को झकझोर देनेवाले हज़ार अनुभवों से कुटी-पिटी कुचली मींजी हुई देह। निपट गई वह देह, जो घर के अन्दर सँभालकर रखी हुई है।

शिवराम हाथ में कुश लेकर कुछ बोला; उसका उच्चारण पुरोहित से अच्छा

था। पुरोहित ने जैसे झख मारकर उसके हाथ में एक और कुश दे दिया।

बिलकुल नई काट का कोट पहने हुए एक आदमी इन दोनों के ठीक सामने खड़ा हो गया। वह घास पर जूता पहने चलता गया था। उसने कमर पर हाथ रख लिया और पैरों पर इस तरह बोझ डाला जैसे शिवराम के सीने पर सवार हो। शिवराम अपना काम करता रहा। सब लोग शिवराम को जानते थे। जब वह हाथ में पात्र लेकर घर के अन्दर गया तब कोटवाले आदमी ने घूमकर इधर मुँह किया। वह कहना चाहता था इंटरवल। पर उसको कोई पहचाना ही नहीं। मिस्टर धर्मा हिले—मेरी तरफ़। उन्होंने जेब में दोनों हाथ डाल लिए जैसे चोर हों। जेब में दोनों हाथ डाले और गरदन सिकोड़े दो आदमी वहाँ और थे। इनमें एक की गरदन थी ही वैसी। उन्हें सब लोग ओछी नज़रों से देख रहे थे। वे जेब में हाथ डाले दाएँ-बाएँ हिलने लगे।

शिवराम और पीछे-पीछे दूसरा आदमी घर से आ गया। वे लाश के पास से आए हैं। हाँडी से ज़ोर का धुआँ निकला। जो कुछ हो रहा था पूरा हो गया। और शिवराम ने किसी को नहीं पहचाना। वह धूप में जाकर खड़ा हो गया और इन्तज़ार करने लगा।

मैंने सोचा, इस वक़्त एक दौर ख़ूब तेज़ शराब का हो जाए। इस वक़्त न सही, शाम को हम लोग फिर आएँ। जेब में हाथवाले न आएँ और चाहें तो शिवराम के रिश्तेदार भी न आएँ। मेरी जात का आदमी भी न आए।

लाश की गाड़ी। नहीं, यह कोई और गाड़ी थी।

दो आदमी धीरे-धीरे बहुत उदास चेहरा लिये मैदान में दाखिल हुए। वे दबे पाँव सीधे शिवराम की तरफ़ गए। हाँडी को लाँघ न जाएँ, मैं डरा। बहरहाल अब सबकुछ हो चुका था। इतने धीरे चलने की ज़रूरत न थी। एक मोटा था। दुबले ने सफ़ेद कमीज़ पर इतनी कसके टाई बाँधी थी कि उसकी आँखें निकली पड़ रही थीं। मोटा बेअन्दाज़, ज़रूरत से ज़्यादा उदास हो गया था और उसका चेहरा प्यार में डूबी औरत जैसा भरभरा आया था।

पहले मोटा शिवराम से कुछ बोला। उसने हाथ जोड़े और इस तरह गरदन झुकाई जैसे अपने किए पर पछता रहा हो। दुबले ने मुस्कुराकर सिर हिलाया जैसे यही वह भी कहना चाह रहा हो। दोनों दबे पाँव वापस चले गए।

लाश की गाड़ी को ग्यारह बजे आना था। वह अभी तक नहीं आई थी। शिवराम धूप में अकेला खड़ा था। अगर वह किसी से बात करना शुरू कर देता तो बाक़ी लोग जा सकते थे। उनका काम ख़त्म हो गया था।

लाश को लाओ, मैंने कहा, यही वक़्त है, अब मैं अकेला हूँ।

मुख्यमंत्री के सम्पर्काधिकारी मिस्टर धर्मा को बता रहे थे कि मुख्यमंत्री जब तीस बरस के थे तब उन्होंने अपना लम्बा कोट और ऊँचा साफ़ा ईजाद किया था

और तब से हर वक़्त वही पहने रहते हैं। उनका मतलब था, वही पहनकर घर से बाहर आते हैं।

सिकुड़ी गरदनवाले आदमी ने अपना झोला लपेट लिया और साइकिल खींचकर सड़क पर ले जाने लगा।

"कुछ लोगों को दफ़्तर जाना है—तुम्हारी लाश की गाड़ी अभी तक नहीं आई?" एक ने किसी से पूछा।

नगर-निगम की लापरवाही पर थोड़ी-सी बहस हुई। किसी ने कहा, "अच्छा हम लोग चलेंगे, जाना है।" 'हम लोग' पर ज़ोर था, पर वह अकेला गया। एक और आदमी बोला, "हम लोग भी जाएँ।" फिर बाक़ी बात बिना कहे ऐसे सिर हिलाने लगा जैसे गिड़गिड़ाने में हिलाया जाता है।

जिस वक़्त लाश की गाड़ी आई वे सब लोग जा चुके थे जिन्हें मैं जानता था। तब जो बचे थे वे सब शिवराम के घर के अन्दर चले गए। मैं बाहर खड़ा रहा। अब यह घटना ख़त्म हो रही है; मैंने सोचा। आख़िरकार यह घटना जहाँ तक मेरा सवाल है, ठीक-ठाक ख़त्म हो जाएगी।

लाश की गाड़ी बहुत छोटी थी। ऐसा लगता था जैसे सिर्फ़ लाश की जगह उसमें रखी गई थी—जैसे कि यह मरनेवाले की ज़िम्मेदारी है कि वह उसमें चला जाए।

ड्राइवर ने उतरकर ज़ोर से दरवाज़ा बन्द किया। आवाज़ से मालूम हुआ कि गाड़ी मज़बूत है। मुझे ख़ुशी हुई।

शिवराम और तीन आदमी लाश को बाहर लाए। तीन दूसरे आदमी गाड़ी में सरक गए। लाश गाड़ी के आकार के लिहाज़ से ठीक बड़ी थी। उन्होंने उसे अन्दर फ़र्श पर रख दिया।

फिर उन्होंने उसे बाहर निकाला क्योंकि शिवराम को अन्दर बैठना था। पर शिवराम ख़ुद टिकटी में हाथ लगाए था।

मैं देखने लगा कि कैसे करते हैं। उन्होंने मुझे नहीं बुलाया। शिवराम की तरफ़ का हत्था दूसरे ने अपने दूसरे हाथ से थाम लिया। शिवराम ख़ाली हो गया। वह अन्दर आ गया। अभी भी वह नंगे बदन था।

लाश दोनों लम्बी सीटों के बीच फ़र्श पर लिटा दी गई। पीछे का दरवाज़ा बन्द हो गया।

इसके बाद मैं निश्चिंत था। लेकिन गाड़ी नहीं चली। ड्राइवर झाड़ियों की आड़ में गया हुआ था। जल्दी से चलकर मैं सड़क पर आ गया। बहुत कम वक़्त था। ड्राइवर को आख़िर कितनी देर लगती, भले ही जाड़े के दिन हों। उसके फ़ारिग होने से पहले ही मुझे ओझल हो जाना था।

[*धर्मयुग*, 20 सितम्बर 1964, *रास्ता इधर से है*]

प्रेमिका

यह बिलकुल सच है कि एक समय मैं उससे प्रेम करता था। वाक्य के बचकानेपन पर मत जाइए, क्योंकि आज के आलोचक जैसे चाहें वैसे भी मैं कह दूँ तो बात यही रहेगी। मैं उससे प्रेम ही करता था। अधिक स्पष्ट करने के लिए यह भी बता सकता हूँ कि इस सिलसिले में एक स्कूली लड़के से प्रतिद्वंद्विता तक मैंने स्वीकार की थी और यह तो आप जानते ही होंगे कि जब मैं प्रेम करता था तो मैं कोई स्कूली लड़का नहीं था, अच्छा-ख़ासा प्रतिष्ठित आदमी था।

क्या दिन थे वह भी, या वह भी क्या दिन थे। हम दोनों भागे हुए थे। ग़नीमत यह थी कि किसी लक्ष्य को लेकर नहीं भागे थे और दोनों के दो घर थे जहाँ रात या दिन के किसी समय हम लौट जा सकते थे। वह रोज़ घर से भागती और रोज़ घर के लोगों के पास स्वीकृत हो जाती, यहाँ तक कि अपनी बड़ी बहन के पास भी जो उसके और मेरे प्रेम में सबसे बड़ी बाधा थी। स्कूल के रास्ते से मैं उसे रोज़ उड़ा ले जाता। सारे दिन उसके साथ निरुद्देश्य खेलकर उसे वहीं छोड़ आता, जहाँ से शुरू किया था। नहीं, उसके साथ प्रेम करने में ऐसा कुछ नहीं था जो कहीं ले जाए हालाँकि प्रेम की जो कविताएँ मैंने लिखीं, ऐसी थीं कि जैसे हम लोग किसी गाड़ी में सवार हों।

जिस दिन की यह बात है, उस दिन ठंड और धूप का मिला-जुला मौसम अपने निखार पर था। बिलकुल चुपके से मुझे पता चल गया था कि आज दोपहर बहुत ही सुन्दर और प्यारी होगी। उम्र बढ़ने के साथ-साथ आदमी अपने को अकेले कर देनेवाले क्षणों में कितना भकुआ महसूस करने लगता है, इसका अनुभव मुझे पहली बार हुआ। मैंने टेलीफ़ोन को कसकर पकड़ लिया और उठकर चले जाने की एक सच्ची कोशिश की।

आप विश्वास नहीं करेंगे (और करते तो मैं यह कहानी क्यों लिखता) कि तभी टेलीफ़ोन बोला। मैंने उठाया तो मुझे अपनी प्रेमिका की वह आवाज़ सुनाई दी जिससे वह सत्रह बरस की उम्र में मुझे बुलाया करती थी। वह न जाने कहाँ से और क्यों दिल्ली आ पड़ी थी।

एक क्षण के लिए मुझे लगा जैसे कमरे में मौजूद हर किसी ने वह आवाज़ सुन ली है। पर उस दिन मेरे दफ़्तर के बहुत-से लोग फुटबाल मैच देखने गए थे और वास्तव में कमरे में कोई था ही नहीं। यह भी एक तरह से क़िस्मत का खेल था, नहीं तो कौन जानता है कि उपस्थित लोगों के मनोरंजन के ख़याल से हम दोनों की बातचीत का अन्दाज़ ऐसा हो जाता कि यह कहानी मैं न लिखता, कृश्नचन्दर लिखते।

''तुम कहाँ हो,'' मैंने पूछा और वह बोली, ''तुम अभी मुझसे मिलो।'' एक क्षण में मेरे अन्दर बीस बरस के फटे मोज़े, टूटे डब्बे और चिथड़े तौलिए जमा हो गए और उसी क्षण के आख़िरी हिस्से में मैंने उन्हें निकालकर मेज़ पर रख दिया। उनकी तरफ़ मैंने ध्यान से देखा और तब कमरे में मुझे एक भौचक चपरासी दिखाई पड़ा जो मुझे एकटक ताक रहा था। मैंने खड़े होकर बाँहें फैला दीं और दौड़ा—उसी तरह हवा ने मेरे बाल बिखरा दिए जैसे शहर के बाहर उसके साथ दौड़ते हुए बिखरा देती थी।

निस्सन्देह मैं दौड़ नहीं रहा था। सीढ़ियों से बड़ी शान से उतर रहा था। उस विराट भवन में आते-जाते सब लोग मुझे मोम की पुतलियों की तरह लग रहे थे जो न हँस सकती हैं न रो सकती हैं—सिर्फ़ उतना खिसिया या घिघिया सकती हैं जितना पैसा कमाने के लिए ज़रूरी है।

मैं मन में एक ज़ोरदार कहकहा लगा रहा था जिसकी आवाज़ किसी अनदेखी छत से टकराकर गूँज रही थी और गूँज और असल के मिलने से ऐसा लग रहा था जैसे कोई फूट-फूटकर रो रहा हो। मेरे चेहरे पर ख़ून दौड़ आया था और मैं बहुत ख़ूबसूरत दिख रहा था। मेरे पास वक़्त नहीं था कि मैं सारे दिन के लिए अपने को आज़ाद कर लेता। मुझे जल्द ही लौटकर आना ज़रूरी था। मैंने घड़ी देखी—अन्दाज़न एक घंटे के अन्दर इस आश्चर्यजनक, सुन्दर और ऊटपटाँग घटना से मुझे निकल आना पड़ेगा।

वह वहीं थी। वहीं थी जहाँ उसने कहा था। जहाँ हम लोग सत्रह बरस पहले मिला करते थे। रोज़। यह कोई खंडहर या पिछवाड़ा न था। भरे बाज़ार के बीच धूप में खिला हुआ एक बरामदा था, न बड़े-बड़े ठंडे शीशोंवाली दुकानें थीं, न उलझन पैदा करते हुए फेरीवाले थे। यहाँ जल्दी से चुम्बन भी लिया जा सकता था। मैंने लिया था—हज़ार बार लिया था। यहीं मैंने उसको उसी तरह से आधे हँसते हुए आते देखा जैसे पहले देखा करता था।

मेरा जी चाहा कि बढ़कर उसे सीने से लगा लूँ। सत्रह बरस में कम-से-कम मेरी इस सामर्थ्य में तो अन्तर नहीं आया था। अब भी मैं उसे इतनी ज़ोर से दबाता कि वह 'आह' कर पड़ती। मगर मुझे अचानक लगा कि अब इतने ज़ोर से दबाऊँगा तो वह मेरे सीने पर चुरमुराकर रह जाएगी।

हम दोनों खड़े एक-दूसरे को आँखों में भरते रहे। वह तो थोड़ी देर में मेरी आँखों में समा गई लेकिन वह बाज़ार और बरामदा बहुत बदल गया था और उसने बड़ी देर तक मुझे परेशान किया। यहाँ तक कि जब हम दोनों चल पड़े तो वह भी लिपटता हुआ साथ-साथ चलने लगा।

मैंने कहा, "कहाँ चलें," वह बोली, "जहाँ तुम चाहो। पर मेरे पास समय नहीं है।" उसका मतलब था, बहुत ज़्यादा समय नहीं है।

बहुत ज़्यादा समय किसके पास था? ज़रूरत से ज़रा भी ज़्यादा समय होता तो सब गुड़ गोबर हो जाता। जल्दी ही हम लोग चौड़ी सड़क के एक किनारे धूप में चलते हुए बाज़ार के बाहर निकलने लगे। मगर बाज़ार ख़त्म नहीं हो रहा था। हर क़दम पर वह ताज़े सन्तरों और गैस भरे गुब्बारों की तरह ख़ूबसूरत दिखती और हर अगले क़दम पर फुटपाथ पर की किताबों की दुकानों की तरह भेदभरी हो जाती। नहीं, मैं उसके साथ इस अनुभव में कोई धोखा नहीं खा रहा था, पर बार-बार मुझसे कोई कह उठता कि हम दोनों को यहाँ से निकल चलना चाहिए।

मैंने एक टैक्सी बुलाई और हम लोग उसमें बैठ गए। उस बाग़ का नाम मैं नहीं बताऊँगा, जहाँ मैंने उसे चलने को कहा। टैक्सी चली और एक क्षण के लिए उसने वैसे ही चकित और प्रसन्न होकर मेरी तरफ़ देखा जैसे वह प्रेम के उन दिनों में देखती थी।

टैक्सी की शक्ल-सूरत एक पुरानी कामकाजी गाड़ी की तरह थी। इसी तरह की सवारी आज के लिए उपयुक्त भी थी, क्योंकि मैं जानता हूँ कि एकदम नई चमचमाती टैक्सी कुछ ज़बरदस्ती के साथ हमें ज़रा-सा अलग कर देती। हर चमचमाती चीज़ मेरे साथ यही करती है, ख़ासकर जब मुझे किसी वक़्त खो जाने की ज़रूरत मालूम हो रही है। ज़रा देर में मैं खो गया। कितनी सुन्दर थी वह ज़रा-सी देर : वह औरत भी सुन्दर थी। उसका ढीला, उमड़ा चेहरा, उसके हलके-से उदास कन्धे, मेरी जानी-पहचानी उसकी कलाइयाँ जिन पर अब कुछ अधिक गोलाई आ गई थी—कितने सुन्दर थे मेरे पागल प्रेम के पानेवाले उस शरीर के ये अंग। मैंने अपनी आँखें उन पर गड़ा दीं और एक-एक करके उन रास्तों से गुज़र गया जो एक भरी-पूरी औरत की ज़िन्दगी में चले आए थे। सब यात्राएँ आकर उसके चेहरे पर ख़त्म होती थीं। मैं भी वहीं रुक गया। वहाँ कितना तनाव था। उसके चेहरे पर नहीं, मेरे और उसके चेहरे के बीच।

मैं इसे बना रहने दूँगा। और इसे वहाँ चूमूँगा जहाँ से यह लौटकर जा न सकेगी। मैं इसे इतनी बार चूमूँगा कि यह थककर सो जाएगी। और तब मैं इसे उठाकर ले जाऊँगा और एक ऐसी गुफ़ा में बन्द कर दूँगा जिसमें शेर के डर से यह मुझसे लिपट जाएगी। कितना सच्चा होगा उसका वह लिपटना और कितना अनन्त।

टैक्सी से उतरने के पहले मैंने उसका हाथ अपने हाथ में ले लिया। ऐसे ही हम

उतरे और घास पर दौड़ने लगे। उसने कहा, ''यह क्या कर रहे हो,'' और हँसकर मुझे जो कर रहा था करने दिया। वहाँ कोई न था। वह बोली, ''यही बैठेंगे।'' मगर मैंने कहा, ''नहीं, उन झाड़ियों के पीछे।''

हम लोग दूसरी तरफ़ चल दिए। यह एक बहुत ही बड़ा बाग़ था। बहुत ही बड़ा। कभी भी इसको मैंने एक बार में पूरा नहीं देखा और प्रेम में तो यह और भी मुश्किल होता। हम चल रहे थे। जहाँ घास ज़्यादा हरी दिखाई देती हम उधर जाते, मगर पास आने पर वह इस लायक न मालूम पड़ती कि लेटा जा सके। मैंने कहा, ''याद है जब पहली बार तुम मेरे साथ आई थीं तो कोट की पीठ पर तिनके लगे हुए घर पहुँची थीं और पकड़ी गई थीं।'' उसने मेरी ओर सिर्फ़ देखकर छोड़ दिया।

आख़िरकार हमें एक जगह मिल गई। वह फ़ौरन बैठ गई और उसने कहा, ''तुम लेट जाओ।'' मैंने कहा, ''तुम भी।'' तो वह बोली, ''नहीं, मैं ऐसे ही तुम्हें देखूँगी।'' मैं कोहनी के बल करवट लेकर पसर गया। यहाँ से दूर तक मुझे आसमान दिखाई देता था जैसे वह इसी बाग़ से निकलकर फैल गया हो। उसमें एक मीठी-सी चौंध भरी हुई थी।

तब मैंने कहा, वक़्त आ गया है, और उसका हाथ थामकर उसे खींच लिया। वह अपनी धारीदार साड़ी पहने हुए मेरे पास आकर गिरी और उसका मुँह बच्चों की तरह खुल गया। बाल उसने स्कूलवाले दिनों की तरह कसकर काढ़े थे मगर उसके गले में टेंटुवा निकल आया था जो मैंने पहले कभी नहीं देखा था। मैं समझा कि मैंने उसे अंक में भर लिया है और वह सिसक रही है। फिर मैंने उसके पाँव देखे। उनमें मोज़े आ गए थे और जूते भी। उसके छोटे छरहरे डील पर वे खिलते थे। उसने पाँवों को घास में अड़ाकर उठने की कोशिश की। पर अब तक मैं उसे पकड़ चुका था।

उसकी गरदन पर अब वह भोलापन नहीं रह गया था। वह एक सुडौल गदराई हुई औरत की गरदन थी। उसके तपे हुए रंग ने उसके सीने में उतरते-उतरते कचाई ले ली थी जैसे कि भोलापन वहाँ होगा। पर इतना सब तो बाद में मैंने जाना। अभी तो मैं उसके चेहरे के लिए व्याकुल था। मेरे जीवन के बिलकुल सच्चे ईमानदार एक दुख-भरे वर्ष की सबसे स्थायी निशानी, उसका वह चेहरा मैं किसी तरह पा लेना चाहता था—चाहे चूमकर, चाहे सीने से लगाकर, चाहे सूँघकर।

मुझे लगा कि मेरे अन्दर एक बड़ा भारी पुल चरमरा रहा है और मैं उस पर ठिठक गया हूँ। वह छटपटा रही थी। उसने अपनी छोटी-छोटी हथेलियों से मेरा मुँह ढकेलकर दूर कर दिया। ऐसा करने में उसके सीने का भोलापन और गहरा होकर झलका, लेकिन मैंने यह भी अनुभव किया कि अब उसके हाथों में ताक़त ज़्यादा है।

वह मुझसे उलझती हुई उठकर बैठ गई। सफ़ेद मोज़ों से ढँके अपने पैरों को उसने समेट लिया और चेहरा ऐसे बना लिया जैसे कुछ हुआ ही न हो। फिर उसने

कहा, "क्या सोचने लगे? मेरे पास समय नहीं है; ज़्यादा देर मैं तुम्हारे साथ नहीं रह सकती।" फिर उसने मेरा हाथ पकड़कर बड़े प्यार से दुलराया और बोली, "मैं कितनी मुश्किल से तुमसे मिलने आई हूँ।"

मैं लपककर उठा और उसकी बाँहों के नीचे दोनों हाथ डाल दिए। इस तरह मैंने सोचा था कि वह छूट न सकेगी। थोड़ी देर तक तो वह नहीं छूट सकी और हद से हद यही कर सकी कि उसने मुझे अपना मुँह चूमने नहीं दिया। फिर ऐसा लगा कि वह हार मान लेगी, मगर वह सारी देह कड़ी करके मुझसे अपना मुँह दूर ले जाकर मुझे ऐसे देखने लगी जैसे रो पड़ेगी।

नहीं, झुँझलाहट उसके चेहरे पर नहीं थी। वह कह रही थी, "मुझे बहुत-सी बातें करनी थीं।" मैंने कहा, "करो।" फिर वह उदास होने लगी और बड़ा अच्छा-सा रुआँसा चेहरा बना लिया।

बड़ी देर तक वह ऐसे ही चेहरा बनाए रही, फिर बोली, "तुम ख़ुद बात क्यों नहीं करते? मैं ज़रा देर में चली जाऊँगी। फिर हम न जाने कब मिलेंगे!" शायद वह कोई ऐसी बात कह रही थी जिसको हम लोग साथ-साथ याद कर सकें।

ऐसी बहुत-सी बातें थीं, पर मैंने कोई जवाब नहीं दिया। उसकी तरफ़ से मैंने आँखें हटा लीं और ऊपर देखने लगा जहाँ मीठी चौंध से भरा आसमान मेरे ऊपर ठहरा हुआ धुप-धुप कर रहा था। शायद वह समझी कि अब मैं बातें करूँगा। उसने फिर मेरा हाथ अपने एक हाथ में लिया और दूसरे से उसे सहलाने लगी।

मैंने एक बार सोचा कि घड़ी देखें, अब कितना समय है पर घड़ी उसी हाथ में बँधी थी जिसे वह सहला रही थी और वह हाथ खींच लेना छोटापन होता, जिसकी मेरे मन में इच्छा नहीं थी। अब मैं बाक़ी वक़्त के हाथ में हूँ जितना भी वह हो—मैंने सोचा—और अपने को इस मुलाक़ात के उस अन्त के लिए तैयार कर लिया। उस पर मेरा बस नहीं था—मैंने स्वीकार किया। दरअसल वह आ गया था—थोड़ी देर पहले ही वह आ चुका था। वह धारीदार कपड़े में अपने कन्धों के सुनहरे रंग छिपाए हुए एक रंगीन जिल्दवाली किताब-सी बैठी हुई थी। वह ढीला उमड़ा चेहरा अब वहाँ नहीं था। मेरे हाथ को सहलाता हुआ उसका हाथ रुक गया और फिर एकाएक अलग हो गया। जैसे उसका काम ख़त्म हो गया हो। उसने समझा कि मैं उठना चाह रहा हूँ। मैं नहीं उठा। वह धोखा खा गई और पहले उठ पड़ी। मैं जानता था कि उसे चोट लगी है। पर वह खड़ी हुई तो फिर उतनी ही सुन्दर थी।

बाग़ बहुत जल्दी पीछे छूट गया। एक क्षण मैंने रुककर उसे एक क़दम आगे जाने दिया और उसकी पीठ पर नज़र डाली। वह सत्रह बरस पहले से कहीं ज़्यादा सुन्दर थी, पर उस पर कोई तिनके न थे।

[1965, *रास्ता इधर से है*]

तीन मिनट

शहर लम्बा-चौड़ा था और लोग ख़ुशहाल थे। सड़कें पक्की थीं, गलियाँ सूनी और चौराहों को सवारियाँ हरदम तराशती रहती थीं। पेड़ भी थे—बड़े और मोटे, मगर ऊँचे कम और फैले ज़्यादा। आदमी भी मोटे और फैले और छोटे थे—मानो हम शहर को हवाई जहाज से देख रहे हों।

ज़्यादा नज़दीक से हम उनके चेहरों पर तेल भी देख सकते थे। बहुत-से चेहरे थे जिन पर तेल नहीं था, सिर्फ़ छोटी-छोटी आँखें और मक्खी-मार्का मूँछें थीं। ये जब हँसते तो दया की भीख माँगते हुए और ग़ुस्सा होते तो हँसते हुए नज़र आते थे। कुछ ऐसे भी थे जिनका बचपन बहुत ग़रीबी और उससे भी ज़्यादा कमज़ोरी में गुज़रा था और ये कुछ भी करें उनके गाल और जबड़े बन चुके थे। उनका मुँह बन्द रहता तो वे चोर, और खुलता तो वकील मालूम होते। फिर इस चेहरे के सैकड़ों-हज़ारों मिले-जुले नमूने थे। उनको देखते-देखते एक दिन मैंने तय किया कि अपने काम से मैं एक हफ़्ते की छुट्टी ले लूँगा।

छुट्टी लेकर मैं अपने मकान में रहने लगा। मेरा मकान बिलकुल अकेला था। सिर्फ़ मैं ही उसमें रह रहा था। वह अधलिखी चिट्ठियों और नई-नई पत्रिकाओं से भरा पड़ा था और मेरा बिस्तर दिन-ब-दिन उस घर की सबसे अधिक अर्थमय चीज़ बनता जा रहा था। एक चोट खाया हुआ तकिया उस पर इस तरह मौजूद रहता जैसे मेरे उठ जाने के बाद वह मेरी जगह सो गया हो। एक पुराना कम्बल भी था, पर वह ऐसे पड़ा रहता जैसे उसमें इतनी जान न हो कि उठकर तकिये को ओढ़ ले।

हर रात को आकर मैं यह हास्यास्पद स्थिति मिटा देता। तब कमरे में बिखरे हुए खिलौने और शीशे के सामने पड़े हुए कई तरह के ब्रश एक बार मुझे घूरते और सो जाते।

उस दिन मैं बड़ी देर तक सोता रहा। रात की दावत में अपने पास खींचते हुए लोगों में से कोई भी मुझे जगाने नहीं आया। वे सब अपने-अपने घरों में थे। अगर उनमें से कोई आता तो शायद वह आती, जो इस तरह बात करती थी जैसे मेरा हाथ उसने अपने हाथ में ले रखा हो। पर वह रात को एक घंटे के लिए आई थी और

मेरे सोते ही चली गई थी। जब बाहर सूरज निकल आया तो उसका सीना मुझे एक बार दिखाई दिया। वह इतना बड़ा और ढीला था कि उससे मेरा तमाम कमरा ढँक गया। तब मैंने कल्पना की कि वह उस वक़्त गुसलख़ाने में होगी और मैं फिर आज़ाद हो गया।

बाहर ज़ोरों का सूरज निकला हुआ था। यह मैं कमरे के अन्दर से ही जानता था। हम दोनों के बीच कितना अच्छा एकान्त था। एक टूटी हुई ज़िन्दगी की पचीसों तकलीफ़ें—पच्चीस की पच्चीस—उस एकान्त में अपने ही सहारे बैठी हुई थीं, मुझ पर टेक लगाने को वे मजबूर न थीं। घर में कोई न था जो उन्हें नए सिरे से सजाता। मैं उन्हें वैसी ही रखी रहने देना चाहता था जैसे मेरे बच्चे खेल-खालकर उन्हें छोड़ गए थे।

एक बहुत बड़ा पीतल का ताला मेरे पास न जाने कब से था—उन चीज़ों में से एक जो परिवार से विरासत में मिलती है। मैंने उसे सफ़ेद दरवाज़े में लगाया और चल दिया। बाज़ार में बड़ी-बड़ी दुकानें थीं। पत्ते झरकर फुटपाथ पर गिर रहे थे। बहुत जगह थी। छोटी दुकानों की लाइन में नुक्कड़ पर वह दुकान मिली जो कुछ दिन हुए जल गई थी। अब यह फिर से बन चुकी थी और इसके अन्दर आधे आदमक़द शीशों के सामने इसके बाहर के पटरे पर कोने में वह आदमी था जो कुछ मोज़ों और टाइयों पर ज़बरदस्त रियायत की पर्ची लगाकर वहाँ खड़ा रहता था। मुझे मालूम था कि उसके सामान में से एक दिन भी कुछ न बिका था—मैंने रोज़ एक-एक मोज़ा और एक-एक टाई गिनी थी, सब ज्यों की त्यों थीं। बहुत कम आदमी इस शहर में भाँप सकते थे कि ज़बरदस्त रियायत का बिल्ला इस मनियारी पर नहीं, उस आदमी पर लगा हुआ है।

एकाएक—मेरे साथ एकाएक ही कुछ होता है, और वही कुछ होता है जो एकाएक होता है—मैंने देखा कि मेरा दिल प्यार से भरा हुआ है। बड़ी आसानी से मैं प्रेम कर सकता हूँ। यहाँ तक कि किसी ऐसी लड़की से भी जो या तो पहले रोए या बाद में। वह शायद महीनों तक मुझसे यहाँ-वहाँ मिले और एक झूठमूठ की दुनिया में भटकती रहे और किसी ऐसी घटना का इन्तज़ार करती रहे जो हम दोनों को अलग-अलग कर दे। इससे अच्छा है, मैंने सोचा कि किसी और औरत से प्रेम करूँ, बशर्ते वह जिस्म की तगड़ी और दिल की साफ़ हो। इस तरह की एक औरत को मैं जानता था। वह क़रीब चालीस बरस की थी। तीस से ऊपर की, या शायद पैंतीस से। मैंने उसे कभी झाड़ू लगाते, दाँत माँजते या खँखारते नहीं देखा था। इसका मतलब है कि वह कमनीय थी। इसका मतलब यह नहीं है कि वह अपना घर, मुँह या फेफड़ा साफ़ नहीं करती थी। पर वह यहाँ थी ही नहीं। उसके पास जाना एक झंझट का काम होता और वहाँ पहुँचकर, मुझे बिलकुल नहीं मालूम था कि मैं कहाँ से शुरू करता—जहाँ पहली बार छोड़ा था या एक बिलकुल अनजान जगह से। व्यक्ति नाम की चीज़ और रामायण में यही अन्तर है। व्यक्ति को मैं छोड़ता हूँ तो

वह उतरकर किसी गली में चला जाता है और अगली बार जब मिलता है तो कहीं और उतरने की इच्छा प्रकट करता है जैसे मेरा काम सिर्फ़ फिर कभी कहीं और मिलने का है। मैंने तगड़ी औरत की सीधी गरदन और मज़बूत पैरों की याद की—यह कितनी बड़ी बात थी! एक सुन्दर औरत जो गिरी न पड़ रही हो, वह कभी सरदर्द नहीं बन सकती। हम एक पिछड़े हुए युग में रह रहे हैं, जहाँ हम इस तरह की औरत चुनकर नहीं ला सकते—औरतों के बाज़ार से।

बाज़ार का वह हिस्सा ख़त्म हो गया था जहाँ छोटी दुकानों की क़तार थी। वह क़तार 'देखा-मैंने-पहले-ही-कहा-था' के अन्दाज़ से एक सन्तरे के रसवाले के यहाँ ख़त्म होती थी। ठीक वहाँ नहीं। बनयाइन की दुकान पर। दोनों चीज़ें समृद्धि की निशानियाँ हैं। बल्कि दुकान पर नहीं, उसके अन्दर जहाँ एक नौजवान लड़की खौरही-सी कमीज़ पहने और एक मोटी चोटी किए बिक्री सम्हालती थी। वह ग़रीब घर में पली लगती थी और यही नहीं, पली भी थी।

इसके बाद एक तरफ़ ऊबड़-खाबड़ गली घूमती थी। सीधे जाओ तो सन्नाटा था जैसे कहता हो कि सीधे जाओ ही क्यों। मुझे अपना घर याद आने लगा। वह कभी तीसरे पहर याद नहीं आया। इस वक़्त एकाएक मुझे मालूम हुआ कि मेरा घर एक ताक़तवर चीज़ है। एक ज़ोरदार ज़बरदस्त मामला है मेरा ख़ाली मकान। ख़ाली और मकान। हज़ार सम्भावनाओं से भरा हुआ। एक दर्जन ही बहुत हैं। तकलीफ़ों से ज़्यादा सम्भावनाएँ। तकलीफ़ें मैंने कभी गिनी नहीं। गिनने से वे सब मिलकर एक हो जाती हैं जैसे कान का दर्द ही लो। वह सब तकलीफ़ों की जड़ नहीं है मगर जब चाहो या जब हो तब बन सकता है। यह दर्द की ख़ासतौर से एक अच्छी बात है जिसका मैंने आविष्कार किया है—आविष्कार यानी वह नतीजा जिस पर आने से आदमी अपने को बेगुनाह और महान समझने लगता है।

एक क्षण के लिए अक़्लमन्द-सा मैं खड़ा रहा। फिर गली में घूम गया। वह सीधे नाटकघर तक जाती थी। उस इमारत में एक नई मंडली ने काम करना शुरू किया था। उसके एक लड़के को मैं जानता था। यह ठीक नहीं मालूम था कि वह वहाँ क्या काम करता है, पर वह वहाँ होगा, मैंने सोचा, क्योंकि कुछ लोग नाटक के आसपास रहने के लिए वहाँ रहते हैं। मैं उसे तब से जानता था जब वह हमारे शहर में नौकरी खोजने आया था। नौकरी तो दूर, वह नाटक तक में नहीं घुस सका था। वह बिलकुल फ़िज़ूल का आदमी था जिससे मिलने में किसी बनावट की ज़रूरत नहीं पड़ती। उसके साथ मैं चाहता तो तफ़रीहन कोई योजना बना डालता जिससे मुझे अपनी ज़िन्दगी के सब अधूरे काम पूरे कर डालने का दावा करने को मिलता, जिन्हें मैं जानता हूँ, कि अब कभी पूरा न कर सकूँगा।

इमारत के सामने पहुँचते ही संगीत सुनाई देने लगा। किस क़दर उम्दा टुकड़ा

था वह। ज़रूर नाटक जानदार होगा, या शायद सिर्फ़ संगीत-निर्देशक ही। धूप में क्यारियों के पास कुछ लड़के-लड़कियाँ लेटे-बैठे हुए थे और इमारत के अन्दर गहरी ठंडी छाँह थी। लड़के ने मुझे दूर से देखते ही कहा, 'आइए' और मैं लड़कियाँ पसन्द करने लगा। मतलब 'देखने लगा' से है। कैसे ये लड़कियाँ नाटक में काम करेंगी जब इनकी सूरतें एक-सी हैं? वह 'आइए' कहकर उठा और उसके पीछे एक लड़की उठ आई। वह लम्बी और गोरी थी। कम उम्र की थी, साड़ी पहने थी। कलाइयाँ चपटी थीं। चेहरा भी चपटा था। वह हँसी। मुझे लगा कि थोड़ी-सी बौखल है। मुझे ऐसे देखने लगी जैसे पहचानती हो। मैंने कहा न कि मेरा हृदय प्यार से भरा हुआ था। वह तो बहुत अच्छी थी। उसके कन्धे कुछ चौड़े-से दिखते थे और सीने पर गोश्त भी कम था। मैं समझ गया कि जिस वक़्त यह दिल से प्यार करेगी उसका बदन मुलायम पड़ जाएगा।

दोनों मेरे पास आने लगे। उसके पैरों में एक मामूली-सी चप्पल थी जिसमें पाँव बड़ा दिखता था। वह कोई महासुन्दर पाँव न था। एक अच्छी गोरी औरत का पाँव था और पाँव की मुझे इतनी परवाह न थी जितनी पिंडलियों की होती। हर बार जब वह क़दम उठाती, मैं उन्हें देखना चाहता। आख़िर हारकर मैंने कहा, "हम लोग क्या कर रहे हैं?" दोनों ने एक-दूसरे की तरफ़ देखा और दोनों एकसाथ बोले, पर दोनों ने अलग-अलग कुछ कहा जिसका मतलब था, कुछ नहीं। दोनों मेरे बहाने वहाँ से टलना चाहते थे। वे बाक़ी दिन के बारे में कुछ जानते ही न थे। फिर मुझे समझाने के लिए लड़के ने कहा, "हम लोग बिलकुल ख़ाली हैं।" इस पर लड़की ने मेरी ओर देखा। मुझे याद आया कि मुझे एक हफ़्ते तक काम पर नहीं जाना है। "घूमें चलकर," मैंने कहा। दोनों फ़ौरन राज़ी हो गए। लड़की के पतले बदन में बड़ी ताक़त रही होगी। उसके कूल्हे चपटे, मगर तगड़े थे। वह आगे चली। पीछे एक क्षण के लिए हम दोनों साथ हो गए और उस क्षण लड़के ने मुझे इस तरह देखा जैसे जानना चाहता हो कि मैं क्या चाहता हूँ।

मैं उस लड़की को चाहता था। एकाएक मैं उसे चाहने लगा था। वह अपना मकान, अपना ख़ाली मकान लिए-दिए मैं उसे चाहने लगा था। वह लड़का इस मामले में मेरे रास्ते में नहीं आता था, क्योंकि वह जान ही नहीं सकता था कि मैं क्या चाह रहा हूँ। कई बरस लगाकर मैंने अभ्यास कर लिया था कि कोई औरत भाँपने न पाए कि मैं उसे चाह रहा हूँ और मर्द ताड़ने न पाए कि मैं किसी औरत को चाह रहा हूँ। किसी को भी नहीं। जितना ज़्यादा मैं साबित कर सकता कि मैं किसी और को नहीं चाहता, उतनी ही दफ़्तर में मेरी इज़्ज़त बढ़ती। यह मेरा आज़माया हुआ था।

हम लोग शराब की दुकान के सामने से गुज़र रहे थे। मेरा जी चाहा कि मैं उसमें घुस जाऊँ। शराब ख़रीदते वक़्त बहुत उदास होकर पैसा देना उतना ही ख़राब

है जितना बड़ी शान से पैसा देना। इन दोनों के बीच का चेहरा मैं बना सकता हूँ। मुझे लगा कि मेरा चेहरा इस वक़्त वैसा ही है। शराब की दुकान में शीशा भी था। उसमें दर्शन किए जाएँ। आओ, कुछ पिया जाए, मैंने कहा। लड़का ख़ुश हुआ। लड़की ने उसको देखा, फिर ख़ुश हुई। मैं हँसा। कैसा तुक मिलाया। लड़की भी बौखल की तरह हँसी। यह तुक-बुक नहीं जानती-वानती थी। मैंने लड़के को रुपया दिया और वह दुकान में इस तरह घुस गया जैसे वह अथाह समुद्र हो। अब वह लौटकर नहीं आएगा। मैं लड़की को प्यार करूँगा या लड़की से प्यार करूँगा? भीड़ से बचाने के लिए मैंने उसकी पीठ पर हथेली रखी। वह गरम थी, पीठ। मैंने कहा, तुम्हें अच्छा लगता है, शराब पीना? वह बोली, हाँ, कभी-कभी। चलो, चलो, अभी-अभी, मैंने कहा, मेरा घर ख़ाली है। ख़ाली-ख़ाली नहीं, ख़ाली।

टैक्सी में बैठकर हम लोग चले। बोतल लड़के के हाथ में थी और लड़की की जाँघ मेरे हाथ में नहीं, जाँघ से सटी हुई, भरी हुई और चिकनी थी। लपककर मैं अपने मकान में पहुँच गया। अभी वे दोनों वहाँ नहीं पहुँचे थे। मैंने अपने दयनीय बिस्तर पर से तकिया उठा फेंका।

हटाओ, ख़त्म करो, शराब की बोतल। कुछ ऐसा होनेवाला है जो हम तीनों चाहते हैं, मगर वह अब से लेकर शराब पीने तक नहीं हो सकता। बाद में हो सकता है। सबकुछ स्वप्न की तरह यथार्थ हो सकता है जो बिलकुल स्वप्न लगता हो। मैंने ऐसे सपने अपनी आँखों से देखे हैं। अजब लड़कियाँ, अजनबी लड़कियाँ, जान-पहचान की औरतें और ख़्वामख़्वाह के आदमी सब मिलकर सच बन जाते हैं। ख़ाली मकान होना चाहिए। टूटे हुए मन का बिलखता हुआ प्रेम, शराब के बाद जिसमें दर्द नहीं रह जाता, एक सुन्दर देह के साथ घटित हो जाता है। फिर मैं उसकी सुन्दरता देखकर परेशान न होऊँगा और न फिर कल वह मुझे पहचान पाएगी। यह तगड़े बदनवाली औरत के यहाँ जाने से कितना तगड़ा है!

लड़के ने बड़े अदब से मुझसे कहा, इसे रात होते-होते लौट जाना है। ''ठीक है। वह पहुँच जाएगी।'' यह कहकर मैं मन में हँसा। अभी हम कहीं पहुँचे ही नहीं हैं और अभी तो हम दो पुरुष और एक स्त्री हैं। अभी हम पिएँगे और उस वक़्त तक पीते रहेंगे जब तक तीन अलग-अलग व्यक्ति न हो जाएँ। तब कहीं पहुँचेंगे बेटा, और तुमको देख लेंगे।

मैंने पीतल का ताला खोला। इतनी बड़ी चीज़ लटकती देखकर वह हँसी। वह किसी दूसरी दुनिया से आई थी जहाँ लोग बेतकल्लुफ़ हँसते हैं। मैंने तीन गिलास निकाले और लड़के ने बोतल खोली। वह तकिये के सहारे पसर गई और जाँघ पर जाँघ रखकर अपने को देखने लगी। यह तकिया बिस्तर पर नहीं था। यह वह तकिया ही नहीं था। यह कुरसी पर का तकिया था। वह कुरसी पर बैठी थी, लड़का फ़र्श पर, मैं खड़ा था। चल काली कलकत्तेवाली, पहले ही घूँट ने असर किया।

लड़के ने उसे थोड़ी दी थी, मुझे और अपने को बराबर–बराबर। शराब अच्छी थी। लड़की ने जाँघ से जाँघ उतारकर रख ली और कमरे में चारों ओर देखा।

हूँ, लड़का बोला।

इसका नाम क्या है, मैंने पूछना चाहा। परन्तु नाम में मेरी कोई दिलचस्पी न थी। नाम बल्कि ऐसा भी निकल सकता था जो मज़ा किरकिरा कर दे। नाम ही क्यों, आवाज़ कभी–कभी बहुत–से सपने तोड़ देती है। अनेक सुन्दर व्यक्तियों ने मेरे साथ ऐसा किया है। यह बिलकुल ग़ैर–ज़रूरी है कि वह बोले। बस, उसे समझना चाहिए कि मैं क्या चाहता हूँ और मुझे जानना चाहिए कि वह कब चाहती है। मुझे दर्दभरी ज़िन्दगी उसकी बोली में नहीं चाहिए, वह मुझे सही–सही बता भी नहीं सकती। वह उसे जानती ही नहीं। वह अपने को देने का इतना लम्बा तरीक़ा नहीं जानती। जानती तो यहाँ न आती। वह शराब का दूसरा गिलास पिएगी। वहाँ तक जाएगी जहाँ उसे अपना अहंकार डगमगाने में मज़ा आने लगेगा। फिर मैं उसे दबोच लूँगा। इसमें कोई अन्याय नहीं। मैं जो करूँगा अपनी पीड़ा के सबसे गहरे क्षण में करूँगा। तब मैं बोलूँगा। नहीं, वह बोले नहीं, कम–से–कम बहुत न बोले। बस, हो जाए।

लड़के ने एकाएक उससे कोई गुज़ारिश शुरू कर दी। वह उसकी कुरसी के सामने आ गया और उसे बताने लगा कि जब पिछली बार वे दोनों प्रेम करने गए थे तो क्या हुआ था। यह मूर्ख आख़िर पुरुष था न। वह समझता था कि लड़की को वह सब याद न होगा। ऊपर से वह मेरा काम बिगाड़ रहा था। ज़रूर वह डर गया था कि मैं उससे भारी पड़ूँगा। वह चाहता था कि लड़की मतवाली होकर उसके सीने पर आ गिरे। कितना बचकाना ख़याल था। इस लड़के को रास्ते से हटाना होगा। एक बार यह रास्ते से हट जाए फिर चाहे आज ही, यहीं, इस कमरे के सबसे नंगे क्षणों में मौजूद रहे। शराब असर कर रही है। लड़की नज़र दौड़ाकर कमरे को समझने की कोशिश कर रही है। वह बैठने की सब चीज़ें समझ गई। दीवारें ज़रा मुश्किल थीं। उन पर जो चीज़ें टँगी हुई थीं वे एक ग़ैरमामूली दुनिया की थीं जिसमें औरतों का अहंकार नहीं होता। इसलिए राज़ी होती हुई औरतों को चाहिए कि उन्हें न देखें, नहीं तो तुरन्त वे मानने लगेंगी कि वे इस तसवीर को समझती हैं और उस मूर्ति को जानती हैं। दीवार सादी करो, धीरे–धीरे सादी, फिर सफ़ेद, फिर धुँधली, फिर भूल जाओ इस लड़के को, मैं लड़की के माथे पर नज़र गड़ाकर उसके मन से कहने लगा। माथा है इसका, छोटा नहीं। मुझे नहीं पसन्द छोटे माथेवाली औरत। वह भूत की तरह पीछे पड़ जाती है। मुझे तुम बोर न करो, वह लड़के से बोली। हाय मेरी जान, अब तुम रंग में आईं, ज़रा फिर कहो, लड़के ने कहा। यह उनका जाती मज़ाक रहा होगा, मैं मज़ाक नहीं कर सकता, शराब के समय नहीं। करता हूँ तो पीनेवाले साथी उस पर विचार करने लगते हैं, जो अन्यथा वे सात जनम में नहीं कर सकते। खोल दो अपने ओठ, मेरा जी चाहा, थोड़े–थोड़े और, लड़की से कहूँ, पूरे खोल दो, पर

बोलो नहीं और बोलो तो इस लड़के से ही बोलो। मुझसे बेकार होगा। मैं नहीं बता सकता हूँ कि बीस वर्ष पहले एक स्त्री के साथ मेरा दिन पहाड़ की तलहटी में कैसे गुज़रा था। वह हँसती नहीं थी। वह रेडियो-नाटक नहीं था। वह मेरे साथ दुकान में खड़ी होती थी। चुपके से जाने कब इस तरह सट जाती थी जैसे कुछ कर ही न रही हो। उसकी कोहनियाँ नुकीली थीं। वहीं से वह टूटती थी। मगर अब वह नहीं है—मेरे पास। कितनी हलकी थी वह और कितनी साफ़ थी वह। क्या तुम्हारा पेट साफ़ रहता है ? लड़की से अगर यह सवाल लड़का पूछे तो कैसा रहे—पेट नहीं, सवाल। लड़की का पेट मैंने देखा था। उस पर सुनहले रोएँ थे। वह चपटा था, गोरा भी। एक क्षण के लिए लड़की ने पेट पर हाथ रखा और वह एक पूरा शरीर, एक पूरा व्यक्ति बन गई जो इत्तफ़ाक़ से औरत है, जिसके अन्दर से उसका ख़ास कुछ हर वक़्त चमकता रहता है। मुझे कोई परवाह नहीं उसकी, मतलब कि मुझे वह नागवार नहीं गुज़रेगा। तुम बहुत अच्छी लग रही हो, नशे में आने के बाद, मैंने उससे कहा। वह बड़ी देर से कमरे में चल रही थी और लड़का उसके पीछे-पीछे चल रहा था। वह एक क़दम चलती और कमर पर दोनों हाथ रखती और घूमकर लड़के को देखती या शायद लड़का उसकी कमर पर हाथ रखता हो। वे दोनों समझ रहे थे कि वे दौड़ रहे हैं। कमरा काफ़ी बड़ा था। हो गया था। एकाएक वह कन्नी काट के आई और बिस्तर पर गिर पड़ी। फिर उसने उठने की कोशिश नहीं की। मैंने सुना, वह मुझसे कुछ कह रही थी। आप क्यों नहीं पी रहे हैं या शायद आपका गिलास कहाँ है ? मैंने ऊपर-नीचे सिर हिलाया। उसने उठाकर अपना गिलास मुझे दिखाया और दूसरे हाथ से मेरा गिलास पकड़कर खींचा। वह सिर्फ़ गिलास खींच रही थी पर मैंने गिलास छोड़ा नहीं, ख़ुद खिंच आया। उसकी आँखों में मैंने कुरेदा : क्या अब तैयार हो ? पर वह सो गई थी। चेहरा ललछौर हो रहा था। पैर से उसने लड़के को एक धक्का दिया और वह बोला, चक्कू मारो, जानी देखो, कहीं पाँव में चोट तो नहीं आ गई। वह मेज़ तक गया और बोतल उठा लाया। हम-तुम साथ-साथ पिएँगे, उसने मुझसे कहा। वह तुम पर आ गया था। लड़की गुनगुनाने लगी। न वह जानती थी कि क्या गा रही है, न हम समझ पा रहे थे, पर वह गुनगुनाते-गुनगुनाते मुस्कुराती थी और तब उसका चपटा बदन और हड़ैला चेहरा अन्दर से एक पीली रोशनी फेंकता था। एक बेसहारा अधेड़ की तरह वह सर एक ओर लटकाकर मुस्कुराए जाती और गुनगुनाए जाती। तब मैंने देखा कि वह नाक से गुनगुना रही है और उसकी चौड़ी नाक और भी चौड़ी हो गई है। उसकी जवारी चौड़ी थी और ठुड्डी नुकीली, ओठ एक गाल से दूसरे तक खिंचे हुए, गुलाबी ओठ। लड़का इस बीच रसोईघर से कुछ खाने को उठा लाया। कुछ तला हुआ था। वह लड़की के अधखुले ओठों में एक टुकड़ा देने लगा। ओठ चाबकर उसने ले लिया। मुँह में घुलाने लगी। लड़के ने उसके हाथ से अधख़ाली गिलास लेकर पलंग की पाटी पर रख दिया। वह उसे जल्दी-जल्दी नहीं पीने देना

चाहता था। वह उसे भरना भी नहीं चाहता था। वह कमरे के बीच में जाकर नाचने लगा। ज़ाहिर था कि वह कोई ऐसी हरकत कर रहा है जिससे बदन का गुबार निकल जाए। लड़की झट से उठ बैठी। गिलास गिर गया। उसने चीख मारी। कुछ टूटा न था। कालीन तर हो गया था। उसने गिलास सीधा खड़ा किया, पेंदे में जो बची थी वह पी गई और दन से कमरे के बीच में पहुँच गई जहाँ लड़का नाच रहा था।

मगर वह शामिल नहीं हुई। एक क्षण मेरी ओर देखा। वह चाहती थी, अभी, और जानती थी कि मैं भी चाहता हूँ। पर वह शायद मुझे नाच में घसीटना चाहती थी। पाँव उछालकर चप्पल उसने उतार फेंकी। चारों ओर देखने लगी जैसे कुछ सोच रही हो। मैंने कहा, यहाँ कोई संगीत नहीं है। रेडियो है पर वह रिरियाएगा। रोशनी ज़्यादा तेज़ है। मैंने उसे बुझा दिया, हलकी रोशनी जला दी। अब लड़की अँधेरे में थी। लड़का पहले से ज़्यादा गोल दिख रहा था। कमरे में कोई आवाज़ न थी। यह बिलकुल सही वक़्त था। मैं सिर्फ़ लड़की को देखने लगा। वह धुँधली और गोरी और थकी जैसी थी। उसने जो चप्पल फेंकी थी वह लैंप के पास रोशनी में जा गिरी थी और उस पर चिटखी हुई पालिश ऐसे दिख रही थी जैसे कि बरसों पुरानी कोई सांकृतिक धरोहर हो। लड़की ज़रा देर डगमगाती खड़ी रही, फिर लौटकर बिस्तर पर गिर पड़ी। वहाँ और भी अँधेरा था। लड़का ठहर गया। वह कुरसी पर जा बैठा। उसने एक सिगरेट सुलगाई। मुझे याद नहीं कि उसने कुछ कहा था या नहीं। मैं उठा। एक बार मुझे लगा कि मैं झूम रहा हूँ। लड़के को यह नहीं दिखना चाहिए। अभी कुछ एकाएक होगा और ख़ाली मकान में वह होगा। मैं बैठा हूँ एक बहुत बड़ा तिलिस्म तोड़ने के लिए। बाज़ार में चहकती, सुबकती, गुरगुराती, अधनंगी औरतों का बनाया एक तिलिस्म, जिसमें वे अपने को बचाए रखने का नाटक तब तक खेलती हैं जब तक कि परदा गिर न जाए। परदे के पीछे वे अपने क़ब्ज़ और सरदर्द समेत इनसान बन जाती हैं। गुमसुम, बेडौल, थुलथुल इनसानी हस्तियाँ। हस्तिनियाँ नहीं, हस्तियाँ। यह मेरा कमरा है, मेरा। अभी मैं इसमें एक ज़ोर का धमाका करूँगा। कितना महान होगा वह क्षण जब अपने ही मकान में मैं इस तरह खड़ा होऊँगा जैसे मैदान में होऊँ। और कितने सुन्दर होंगे उस वक़्त मेरे ख़ाली मकान के टूटे हुए टुकड़े। हर एक पर एक न एक कुचले हुए प्रेम की तसवीर होगी और तब सन्नाटे में वह लड़की अपने निराले अकेले कड़े बदन से एक रोशनी करेगी जिसमें मुझे अपने हाथ धुँधले-धुँधले दिखेंगे और मुझे या उसे नहीं मालूम होगा कि हम कौन हैं। मैं उसे कुचल दूँगा। इस तरह कि वह क्षण वहीं का वहीं रह जाएगा। और फिर सब टुकड़े धीरे-धीरे सिंककर गुलाबी हो जाएँगे।

मैं उठकर कमरे के बीच में गया। यहाँ से बिस्तर कुछ दूर था मगर मेरे क़ब्ज़े में था। अब मैं सिर्फ़ एक वाक्य बोलूँगा—पहले सब अकेले हो जाओ और फिर मत जानो कि क्या होता है।

अचानक मुझे अपना नाम सुनाई दिया। लड़का था। उसने आहिस्ता से मुझे पुकारा था। न जाने क्यों, मैं उसके पास चला गया। मुझे अजब-सी आशा जान पड़ी। शायद वह पस्त हो गया था। वह गिड़गिड़ा रहा था। आप थोड़ी देर के लिए बाहर चले जाइए, उसने कहा।

मैंने उसकी आँखों में आँखें गड़ा दीं। वह अपना बेलौस चेहरा लटकाए हुए छोटी-छोटी आँखों से मेरा सामना करता रहा। वह डरा नहीं, वह डर सकता ही न था। वह कुछ समझा ही नहीं। उसने कहा, सिर्फ़ ज़रा देर के लिए आप किसी बहाने से बाहर चले जाइए। बड़ी मेहरबानी होगी। थोड़ी और लीजिए। आपका गिलास कहाँ है ? उसने उसे पहले शराब और फिर ठंडे पानी से भर दिया। लबालब। अब मैं उसे उठाता भी तो बहुत आहिस्ते से ही उठा सकता था। अँधेरे में वह एक जानदार ख़तरनाक चीज़ की तरह रखा रहा।

अभी तक मैंने कोई जवाब नहीं दिया था। वह कुछ देर मेरा मुँह ताकता रहा, फिर बोला, हम लोग किसी दिन फिर आएँगे, उस दिन मैं चला जाऊँगा। वायदा करता हूँ।

मैंने गिलास को हाथ साधकर पकड़ा। एक बूँद नहीं छलकी। उसी तरह हाथ साधे हुए उसे मुँह तक लाया, पिया। वह पिछले सब गिलासों से ठंडा था।

आप जल्द ही लौट आइएगा। मुझे बस पाँच मिनट लगेंगे। पाँच मिनट भी नहीं, तीन।

तब मैं बड़े ज़ोर से हँसा। लड़की या तो धुत थी, या सो गई थी। नहीं इधर देखती। सिर्फ़ तीन मिनट ? मैंने कहा, मुझे तो तीन घंटे चाहिए। उस पर तंज़ का कोई असर न था। वह ज़ोर का कश लेकर समझाने लगा, हम लोगों को इससे ज़्यादा देर नहीं लगती। वह मेरे लिए बिलकुल तैयार है और अगर ज़्यादा देर करूँगा तो एक ही मिनट लेगी। एक बार फिर वह गिड़गिड़ाने की तैयारी करने लगा।

हँसने के लिए मैं एक कुरसी पर बैठ गया था। उठ पड़ा। दरवाज़ा खोला। गिलास पर चाँद की रोशनी पड़ी। वह तीखा शरबती रंग हलका हो आया। मैं बाहर आ गया। दरवाज़ा आहिस्ते से बन्द कर दिया। सड़क अँधेरी थी और नाई की दुकान के लिए तसवीर बनानेवालों का बनाया चाँद बकायन के पेड़ पर झर रहा था। मैंने फाटक पर टिककर एक छोटा घूँट पिया। अब मैं इसे कम-से-कम आध घंटे में ख़त्म करूँगा। सड़क पर एक लम्बी छरहरी मोटर निकली और ज़ोर की रोशनी धकेलती हुई निकल गई। आख़िर में उसने अपनी पिछली टाँगें उठा दीं और चार लाल बत्तियाँ हवा में तैरने लगीं। ज़रा देर तक यह जलवा रहा, फिर ग़ायब हो गया। नशा बहुत तेज़ था। ख़ाली नशा। न दुख, न दर्द, न उबकाई, न कसक, न जोश, न होश। ठंडी हवा आई। उफ़, उस वक़्त मैंने नशे का कितना ज़बरदस्त मज़ा लूटा।

[1967, *रास्ता इधर से है*]

कोठरी

अमीनाबाद पार्क और अमीनुद्दौला पार्क के बीच जहाँ नख़्ख़ास जानेवाले इक्के खड़े होते थे, वहीं गूँगे नवाब का फाटक था। उस पर कभी दो मछलियाँ उकेरी हुई रही होंगी पर अब उन्हें कोई देखता भी न था। आते-जाते जो दिखता वह था मदरसे की तख़्ती की तरह काले पर सफ़ेद से लिखा—अहमद हुसैन दिलदार हुसैन ताजिर तम्बाकू ख़ुर्दनी—और मकड़ी के जालों और पतंग की डोरी से गुँथा बिजली के तार का एक बिराकिट। इस फाटक के भीतर पेशाब की गन्ध से भरा एक ठंडा कच्चा गलियारा पार कर खुले में आते ही जवाकुसुम और कनेर की बाड़ से घिरी एक इमारत मिलती जिसमें रामकृष्ण मिशन का पुस्तकालय था। जाड़े की हर शाम को मैं लपकता हुआ वहाँ पहुँचता था कि पुस्तकालय बन्द होने के पहले ही नई किताब जारी करा लूँ। मैंने सारा प्रेमचन्द और डिकेंस यही से उधार लेकर पढ़ा। लौटता भी मैं बहुत तेज़ी से क्योंकि अपनी कोठरी में अकेले एक मोटी किताब में डूब जाने का सुख खाने के पहले तक ही उठा सकता था। देर तक जागने की आज़ादी न थी। खिड़की से बाहर हलका-सा धुआँ मिला भयविहीन अँधेरा और अच्छी सहने लायक़ ठंड रहती। उस बीच मैं अपने हाथ के बनाए टेबुललैंप के सामने अपने कोने में कितने ही तरह के मनुष्यों के आपसी सम्बन्धों की दुनिया में घूम-फिर जाता।

अमीनाबाद से घर के थोड़ी दूर रह जाने पर गली एक जगह दो फाँक होती थी। अक्सर मैं कुछ दूर पहले से ही तय कर लेता था कि कौन-सा रास्ता लूँगा। कभी-कभी नहीं करता। वह भी एक मज़ेदार खेल होता : ऐन वक़्त पर तय करना और बिना वजह।

अब मैं समझता हूँ कि वह इतना बेवजह नहीं होता था। दो रास्तों में से एक मुझे ज़्यादा पसन्द था। उसके नुक्कड़ पर एक छोटी-सी दुकान थी। वह धुएँ की कालिख से भरी हुई मालूम होती। कच्ची मिट्टी से लिपी हुई होगी वह। उस पर जो आदमी बैठा रहता, उसके हाथ में चिलम रहती। दुकान की भूरी कलौंच, आदमी की गेरुई फतुही, गले की जामुनी कंठी, चेहरे का पक्का काला रंग, मटमैला

जटाजूट, सब एक-दूसरे के साथ मेल खाते थे। वह दूध-दही-बालाई और बहुत हुआ तो पेड़े-बरफी के सिवाय कुछ न रखता। पीतल की मँजी हुई थाली से ढँका बालाई का थाल मैंने कभी-कभी पास से देखा था। वह कितना पवित्र मालूम होता था। पास खड़े होने से उसकी हथेली से तम्बाकू की जलाँइध आती। वह न जाने क्यों मेरे मन में दुधेंड़ी के पके दूध की ख़ुशबू से जुड़ गई थी।

रघुबर भगत मुझसे बहुत मुलायमियत से बोलता था। मैं नहीं जानता कि वह सबसे ऐसे ही बोलता था या सिर्फ़ मुझसे या यह सिर्फ़ मेरा ख़याल ही था क्योंकि मुझे वह भला लगता था। मैं उसके बारे में कुछ नहीं जानता था। उसको लेकर अगर कभी कुछ जानने का जी चाहा तो यह कि इस दुकान में, जो कि वास्तव में एक कोठरी का चबूतरा थी, वह अपनी जवान पतोहू के साथ कैसे रहता होगा।

उसके लड़के को मैंने ज़्यादा नहीं एक-दो बार देखा होगा। कसी हुई छरहरी पहलवानी देह थी। ठोड़ी पर दाढ़ी आ रही थी : बाप के मुक़ाबले तो कुछ भी नहीं थी पर उससे मालूम हो जाता था कि दोनों के चेहरे की बनावट समान है। वह फतुही नहीं, कमीज़ और ऊपर से पूरी बाँह का पुलोवर पहनता था जो लाल इमली ने सेना के लिए बनाए थे और लड़ाई ख़त्म हो चली थी इसलिए बाज़ार में बिक रहे थे। हम सब उन्हें उनके मुड्ढों पर बने दो-दो काजों से पहचानते जो सिपाही के बिल्ले बाहर निकालकर रखने के लिए डाले गए थे : ताकि मालूम रहे कि पुलोवर के नीचे कौन है।

जहाँ तक मुझे याद आता है मैंने लड़के को कभी हँसते नहीं देखा। पर मैंने उसे देखा ही एक-दो बार था। वह उन चेहरों में से था जो दिमाग़ पर छप जाते हैं और जिन्हें काफ़ी न जानने पर भी उनके साथ शान्ति से रहने की ख़ातिर उनके बारे में राय बनानी ही पड़ती है...

उसकी औरत को भी मैंने देखा था। रंग गेहुँआ था। ठोड़ी पर तिल था। नाक में लौंग थी। वह तगड़ी सुडौल देहातिन लड़की थी और एक धोती पहनती थी। हाथ और पाँव में गिलट के कड़े थे। गले में हँसुली नहीं थी। उसको हँसते तो क्या बोलते भी मैंने कभी नहीं सुना। परन्तु मान लिया था कि उसकी बोली मीठी होगी। उसके ओठ पतले और चितवन उदास थी।

कल बहुत देर तक नींद नहीं आई। आँख लगते ही सपना आया होगा क्योंकि जब उठकर बैठा तो भी उतनी ही रात थी। क्यों मुझे अचानक अपने आप सत्ताईस बरस बाद वे लोग दिखाई दिए? कुछ देर के लिए दिमाग़ हिल गया। फिर धीरे-धीरे मन स्थिर हुआ। जैसे कोई रहस्य खुल जाने से बुद्धि शान्त हो रही हो, अपने से यह कहकर कि इस सपने को मैं याद रखूँगा, मैं सो गया।

मैंने देखा था : भगत के लड़के ने मेरी ओर मुँह किया और सिर ऊपर उठाया।

उसकी ठोड़ी पर, जहाँ दाढ़ी आ रही थी, अंग्रेज़ी में एक पंक्ति लिखी थी : पुत्र बिजलीघर कर्मचारियों के प्रदर्शन में पुलिस की लाठी से मारा गया। इसके नीचे समानान्तर पंक्ति थी : उसके दो बच्चे थे, वे हिन्दू-मुसलमान दंगे में लापता हो गए।

रघुबर का लड़का (नाम नहीं मालूम) जब अपने बाप के साथ गाँव से लखनऊ आया तो कमर में फ़क़त करधनी पहनता था। उसकी माँ मर चुकी थी। खंडहर होती एक कोठी के पिछवाड़े के चबूतरे पर रघुबर ने दुकान रखी। इसी पर उसने धीरे-धीरे कोठरी उठा ली थी। कोठी की अपनी मरम्मत नहीं हो रही थी और वह इसी तरह की तामीर से अपनी शक़्ल बदल रही थी। उसी लाइन में और भी कोठरियाँ थीं। उनमें से एक तो निरी खपच्चियों की बनी थी। गाँव में काम न होने से शहर में आए लोगों की ये दुकानें बरसों से वहीं थीं। खंडहर होता मकान इतने धीरे-धीरे खंडहर हो रहा था कि उससे एक अनन्त सुरक्षा का बोध होने लगा था जैसा निरन्तर ग़रीबी में होने लगता है। हवेली के भीतर सवेरे-शाम जाने के लिए रघुबर की दुकान की बग़ल से एक गलियारा गया था जिसकी लोना लगी दीवार में जगह-जगह ईंटें ऐसे खै गई थीं कि गड्ढे बन गए थे। उनसे मालूम होता था कि कोठी की दीवारें कितनी मोटी हैं।

बहुत दिन तक लड़का बाप के साथ दुकान पर बैठता रहा। जब कुछ बड़ा हुआ तो बूढ़े और अकेले दादा-दादी के पास गाँव भेज दिया गया। जब वे नहीं रहे तब वह जवान हो चुका था। दूसरा महायुद्ध शुरू हुआ। उसे कानपुर की आर्डनेंस फैक्टरी में भरती मिल गई। उन दिनों वही सब बेकारों की नियति थी।

तभी भगत ने लड़के को ब्याह दिया। या शायद ब्याह चुका था। गौना दिलवा दिया होगा। बहू इसी कोठरी में ससुराल आई। पति हफ़्ता-दस दिन पर कानपुर से एक दिन एक रात के वास्ते आता। दिन भर वह दुकान के चबूतरे पर धूप में बैठा रहता। रात को तीनों जने कोठरी और चबूतरे के भीतर कहीं सोते।

कोठरी के अन्दर मैं कभी गया नहीं, यह कहना ज़रूरी नहीं है। दुकान के सामने खड़े होकर देखने से कोठरी की पिछली दीवार पर दिन के किसी वक़्त धूप का एक टुकड़ा दिखाई दिया करता था। वह एक चटख़ा और पपड़िआया हुआ पैबन्द था जैसे धूप ने ही पपड़ी को दीवार से चाँप रखा हो, वरना वह गिर पड़ती। बाक़ी सब जगह दीवार कत्थई दिखाई देती जिसमें एक जगह लाल-पीले-सुनहरे रंगों का एक धब्बा था। वह रामदरबार के चित्र वाला एक कलेंडर रहा होगा। मालूम नहीं कोठरी में गृहस्थी क्या थी ? बाहर सिर्फ़ उन लोगों की रोज़ी के औज़ार दिखते—कड़ाहियाँ, कूँड़े और करछुलें और मँज-मँजकर पैने हुए कगरोंवाले नपने।

रात काफ़ी होने पर दुकान बढ़ाकर इन बरतनों को धोया-माँजा जाता। फिर इनके साथ धुएँ की गन्ध में बन्द होकर वे सो जाते। लड़की अपने कड़े तो पहने

ही रहती थी और वे जब तक बदन पर थे सुरक्षित थे भी—परन्तु उसकी एक बकरिया भी थी जिसकी वजह से उसे कोठरी का पल्ला भेड़कर रखना पड़ता था। कोठरी औरत के लिए घर थी—संसार में एकमात्र सुरक्षित जगह; भगत के लिए वह जीविका भी थी, चिलम के अमल का अड्डा भी, हालाँकि ईमानदारी की बात यह है कि बस एक बार एक साधु को मैंने उसके सत्संग में देखा था। पर भगत के लड़के के लिए वह सिर्फ़ एक कोठरी थी। इसने लड़के के जीवन को ग्रसा ही न था।

मुझे सपने में यह क्यों बताया गया कि वह पुलिस की लाठी से मारा गया? यह सच है कि उस दुकान को बचपन के इन दिनों के बाद, जब वह एक सुन्दर रहस्य लगा करती थी, मैंने परदेश से घर आने-जाने पर कई बार और भी देखा था। हमेशा वह औरत और भगत वहाँ दिखाई देते। भगत चिलम पीता रहता और स्त्री के काम इतने तरह के थे कि मैं याद नहीं कर सकता—वह बरतन माँजती या नहाती—दोनों काम चबूतरे के एक सिरे पर किए जाते; दूध औटाती या भगत से कुछ दूर चुपचाप बैठी रहती। उसे खाते मैंने नहीं देखा—वह कभी ऐसी दिखती ही नहीं जैसे वह कुछ खाती भी होगी—इतनी साफ़-सुथरी और शान्त वह थी। मैंने दोनों को देखा, दोनों अपनी उम्र के अन्तर को बनाए रखकर बूढ़े हो रहे थे। पर औरत को इतनी बूढ़ी कभी नहीं देखा कि वह पोपली या झुकी हुई दिखे। अधिक से अधिक देखा कि वह पीली, सूखी और थोड़ी और सुन्दर हो गई है जैसे किसी अदृश्य हाथ ने उसे भरी-पूरी औरत बनाने की कोशिश की हो मगर यह काम बीच में ही छोड़ दिया हो।

लड़का शायद वाकई मर गया था। वह रात को जिस अहाते में मजदूरों की टोली के साथ लौटकर रोटी पकाता था शायद वहीं निमोनिया से मरा। या शायद मारा ही गया हो। जो हो, अशिक्षित मजूर का मशीन के पट्टे में खिंचकर मर जाना और मजूरी के लिए चीखते हुए लाठी से मारा जाना एक ही बात है। किन्तु उसके बच्चे? वे जो हिन्दू-मुसलमान दंगे में उड़ा दिए गए थे?

कोई बच्चे नहीं थे, यह मैं दावे से कह सकता हूँ। कभी नहीं थे। भगत से भी नहीं। शायद लड़का मुझे सफ़ाई देना चाहता था कि औरत भगत के साथ निरन्तर इसलिए रहे जा रही थी कि उसके प्यार के एकमात्र सहारे बच्चे भी जाते रहे थे। मगर यह सही नहीं है। वह तो एक लम्बी और जायज लड़ाई लड़ रही थी—कोठरी और कड़ाहियों और कूँड़ों की सम्पत्ति में अपने क़ानूनी हक़ की लड़ाई—जो वह इसी कोठरी में क़ैद होकर लड़ सकती थी और जीतने की उम्मीद भी तभी तक रख सकती थी जब तक वह कोठरी में सोती और बरतनों को माँजती रहे। मैं उसके साथ मिलकर ऐलान करना चाहता हूँ कि भगत के साथ उसका जो भी सम्बन्ध था वह अनुचित सम्बन्ध न था।

[1971, *रास्ता इधर से है*]

सरकस

अगर आपने सरकस देखकर निकलते हुए आदमी को कभी देखा हो तो यह भी ग़ौर किया होगा कि वह एक अजब तरीक़े से शान्त होता है। वह नाटक के दर्शक की तरह अपने साथ कुछ लेकर नहीं जाता। वह बार-बार मुग्ध होकर ख़ाली हाथ बाहर आता है। अपने को वह हर एक करतब में फँसा और फिर उससे कौशल के द्वारा मुक्त होता देख चुका होता है और यह इतना सुखद इसलिए होता है कि वह ऐसे ही करतबों में अपने को फँसते तो जीवन में देखता है और मुक्त होते सरकस में।

सोचिए तो ज़रा, वह अधेड़ आदमी जो साइकिल चलाकर काम पर जाता है क्योंकि वह किसी सवारी का किराया नहीं चुका सकता, दो पहियों को बराबर चलाते रहने को मजबूर है, नहीं तो गिर पड़े। क्या आप समझते हैं कि वह दोनों हाथ छोड़कर चलाना सीख ले तो उसे इस क़ैद से निजात मिल जाएगी?

मेरे बचपन के सरकस में ख़तरनाक शेर से लेकर मासूम तोते तक करतब दिखाते थे—आदमियों के साथ। पर याद मुझे सिर्फ़ जानवरों की रह गई है। वे आदमियों के इशारे पर चलते हुए कितने असहाय जान पड़ते थे और साथ ही कितने होशियार! एक तरफ़ अहसास होता था कि जानवर आदमी से ज़्यादा होशियार है कि कभी कोई ग़लती नहीं करता और दूसरी तरफ़ अफसोस होता था कि आदमी जानवर को वही सिखा पाया है जो आदमी कर लेता है—जानवर की अपनी प्रतिभा वह निखार नहीं पाया।

वह एक सरकस था। इसमें जानवर नहीं के बराबर थे। यही सरकारी नीति थी; जानवरों को सिखाना और नचाना एक झंझट ही तो था। शहर के सबसे उम्दा नट इसमें काम करते थे। सरकार ने नट-विद्या के पुराने जानकारों को सम्मान और रोज़गार ही नहीं दिया था, बल्कि नई उम्र के होनहारों को वह माता-पिता से लेकर अपने संरक्षण में प्रशिक्षित करती थी और इससे ज़ाहिर था कि सरकस कुछ ही दिनों में जनता के लिए एक आवश्यक मनोरंजन बन जाएगा। बाजा बजा, वह एक ताज़ी फ़िल्मी धुन थी जिसकी सार्वजनिक आवृत्ति के अधिकार सरकार ने ख़ुद ख़रीद

लिए थे। दर्शकों को ख़ुश रखना ही इसका उद्‌देश्य था, और कुछ नहीं।

अनेक प्रकार के हास-परिहास और करतबों के बीच एक करतब ऐसा आया जिसमें कई नौजवान शामिल थे। एक को कूदकर एक ढेंकी के उठे सिर पर आ गिरना था—इतने नपे-तुले ज़ोर से कि ढेंकी के उठे सिरे पर बैठा दूसरा उछलकर दूसरी ढेंकी के उठे सिरे पर जा गिरे और उस ढेंकी के झुके सिरे पर बैठा तीसरा आदमी तीसरी ढेंकी के उठे सिरे पर...इसी क्रम को चार ढेंकियों तक जारी रखकर पाँचवीं ढेंकी से एक बारह साल के लड़के को उछलकर एक खड़े खम्भे के सिरे पर बैठाए अड्डे पर आसीन हो जाना था। उसकी कमर में एहतियातन एक पट्‌टा बाँध दिया गया था जिससे जुड़ी रस्सी सरकस के पंडाल की छत में लगी एक गरारी से होकर निर्देशक के हाथ में गई थी—ताकि कहीं निशाना चूक जाए तो लड़का तीस फीट ऊँचे से ज़मीन पर न आ गिरे—रस्सी खींचकर ऊपर ही रोक लिया जाए। सरकार इतनी कम उम्र में एक ऐसे व्यक्ति का नष्ट हो जाना बरदाश्त नहीं करती जिससे अभी न जाने कितने बरस सरकस कराया जा सकता हो।

बाजा बजने लगा। लाल मखमल के चुस्त लिबास में पहला नौजवान ठीक अपनी जगह पर कूदा और फिर सिलसिला जारी हो गया। कुछ क्षण की बात थी कि छोटे लड़के की बारी आ गई और वह ढोल पर चोट पड़ने के साथ-साथ हवा में उछल गया।

नहीं, वह अड्डे तक नहीं पहुँचा। उसका निशाना ख़ाली गया था। कमर में बँधी रस्सी के सहारे उसे निर्देशक ने खींच लिया था और वह क्षण भर हवा में लटके रहने के बाद अब ज़मीन पर स्वस्थ और सकुशल खड़ा था। उसके उत्साह को कम न होने देने के लिए दर्शक तालियाँ बजा रहे थे। निर्देशक के चेहरे पर कोई भाव न था।

तालियों की गूँज ख़त्म हो चली। बाजा फिर बजना शुरू हुआ। यह करतब फिर से होगा। मैंने ग़ौर से लड़के के चेहरे को देखा। उस पर साफ़ लिखा था कि वह अपमानित हुआ है। पर सिर्फ़ इतना ही नहीं। यह भी कि वह हारेगा नहीं—वह शरम और गुस्से और संकल्प से एकसाथ लाल हो रहा था। इसी दशा में उसने अपनी कमर से पट्‌टा खोलना शुरू कर दिया।

निर्देशक—एक तगड़ा अधेड़ आदमी—दौड़ा हुआ आया। क्या करते हो मेरे बच्चे, उसने कहा होगा। मैं दूर से सुन तो नहीं सकता था—समझ ही सका। लड़के ने कहा, नहीं मुझे यह नहीं चाहिए। इसी ने मुझे धोखा दिया।

उस क्षण वह लड़का कितना सुन्दर लगा और उस पर कितना प्यार मुझे आया। कितना अच्छा था यह देखना कि उसने अपनी विफलता का गुस्सा अपने साथियों पर नहीं, अपने निर्देशक पर नहीं, बाजेवालों पर नहीं, उस चीज़ पर उतारा जो उसकी सुरक्षा के लिए लगाई गई थी।

उसने कमरबन्द खोल डाला। निर्देशक ने पल भर लड़के को निहारा। मुझे लगा, कहीं वह अपने लड़के को ही तो नहीं निहार रहा है। आदमी ने लड़के का माथा चूमा, पीठ थपथपाई और दौड़कर अखाड़े से बाहर हो गया।

बाजा इस बीच धीमी लय से बज रहा था, मानो बाप-बेटे की बातचीत ख़त्म होने का इन्तज़ार कर रहा हो। वह यकायक समुद्र की उफनती लहर-सा गरज़ उठा। करतब दोहराया जा रहा था। पहली ढेंकी, दूसरी, तीसरी, चौथी और—लड़का उछला। इस बार वह अपने अड्डे पर ठीक जगह तना बैठा था। और उसने दोनों हाथों की मुट्ठियाँ बन्द करके अँगूठे खड़े कर लिए थे। कुरसी में बैठे-बैठे उसने चारों ओर घूमकर विजय का चिह्न खड़ा अँगूठा दिखाया। और पंडाल की छत तालियों की गूँज से मानो नीचे आ रही। इस बार भी उसका चेहरा लाल था और वह बड़ी मुश्किल से अपनी हँसी रोक पा रहा था, जो जीत जाने पर छोटे बच्चे हँसा करते हैं।

यह कहानी सुनकर वह मेरी ओर ताकती रह गई। उसकी खो में स्नेह था जो सहानुभूति जैसा लगता है, अक्सर होता नहीं। उसने कहा, मैं तुम्हारा दिल नहीं तोड़ना चाहती मगर सरकसवाले अक्सर यह करते हैं कि जानबूझकर निशाना चूक जाते हैं। इससे दर्शक के हमदर्दी पैदा होती है। जब काफ़ी हमदर्दी पैदा हो जाती है तो करतब कर दिखाते हैं और दुगुनी वाहवाही लूटते हैं।

यह सुनकर मैं चुप रह गया। सपने में जैसे अपने को देखा हो कि मैं खो गया हूँ, मैं फड़फड़ाने और मँडराने लगा। अन्त में जब सब थिर हुआ तो मैंने अपने आपको पा लिया था। मैंने कहा, "मैं सब समझता हूँ। अगर मेरे लड़के की हार बनावटी थी तो इससे क्या? क्या तुम इनकार कर सकती हो कि उसकी जीत से मुझे ख़ुशी हुई?"

हुई, वह बोली।

और क्या तुम यह भी मानती हो कि अन्त में सफल होने के लिए लड़के ने जोख़िम उठाया और हर हालत में उठाया, चाहे वह दो बार असफल रहता या न रहता?

उठाता, वह बोली।

तब यहीं बात ख़त्म हो जाती है, मैंने कहा, उसने मुझे सचमुच अपने अड्डे पर पहुँचकर सच्ची ख़ुशी दी और यही मेरे पास रह गई है। बाक़ी जो भी रहा हो लड़के का है और वह उसका जो चाहे करे।

और जब वह जाने लगी तो मैंने पुकारा एक बात तो रह ही गई। मान लो कि अन्तिम कोशिश में वह नाकामयाब रहता तो भी मैं उसको उतना ही प्यार करता जबकि तुम

उसको शायद बेकार का आदमी मानकर छोड़ देतीं जैसा असफल चालबाज़ों को माना जाता है।

वह बहुत दूर निकल गई थी। एक बार फिर मैंने उसे आवाज़ दी। मगर सुनो, मुझे सिर्फ़ उस लड़के से प्यार है। सरकस से तो मुझे नफ़रत है—वह सब-का-सब सरकार का चलाया हुआ एक धोखा है। और इस बात को वह लड़का नहीं जानता।

[1972, *रास्ता इधर से है*]

रास्ता इधर से है

वह एक वाहियात दिन था। सबकुछ शान्त था—यहाँ, इस कमरे में जहाँ किसी के चलने की भी आवाज़ नहीं सुनाई पड़ सकती थी : इतने मोटे गलीचे बिछे थे : दीवारें जहाँ चिकनी, संगमरमर की-सी शान्तिमय, तापमान जहाँ स्थिर, शरीर के अनुकूल था और सबसे बड़ी बात, धूल जहाँ नहीं थी : आप चाहें तो मेज़ पर आस्तीन रख सकते थे। वहाँ नीचे के कमरों की मेज़ों की तरह नहीं कि उन पर लोग खाने की जूठन पोंछकर रजिस्टर खोल लेते हैं, पर उस कमरे के बावजूद वह दिन एक वाहियात दिन था।

एक-एक करके चालीस आदमी उस कमरे में आए। चालीस : अलीबाबा : खुल सिम-सिम। हाँ, एक दरवाज़ा भी उस कमरे में था आने के लिए और वही जाने के लिए भी। एक और दरवाज़ा था, उसको खोलने से कोई कहीं जा नहीं सकता था—जो जाता उसे छोटी या बड़ी हाजत रफ़ा करके वापस आना पड़ता। पर उस पर कहीं लिखा न था कि यह कहीं का दरवाज़ा है। हर बार जब कोई आदमी वापस जाने लगता तो ग़लती से यही दरवाज़ा खोलने लगता और हम पाँच आदमी जो उस कमरे में बैठे थे, असली दरवाज़े की ओर उँगली उठाकर एकसाथ चिल्लाते, "रास्ता इधर से है।"

दोनों दरवाज़े बिलकुल एक-से थे। अगर हम पाँच आदमी दिन भर भी उस कमरे में बैठे रहते और सचमुच एक न एक हाजत रफ़ा करने उठते रहते तो भी दिन भर में मिलाकर चालीस बार वह दरवाज़ा न खोलते। मगर उस दिन वह चालीस बार खुला। और एक भी आदमी उसके भीतर नहीं गया। उसका आधा खुलना होता कि हम पाँचों वे ही शब्द चिल्ला पड़ते जो ऊपर कहे गए हैं। चमचमाता हुआ कमोड ज़रा देर को दिखाई देता, फिर चूँ करके दरवाज़ा बन्द हो जाता और उसको खोलनेवाला सिर झुकाए असली दरवाज़े की ओर बढ़ जाता।

कोई बात थी कि जब हम पाँचों आदमी अपने-अपने सवाल पूछ चुके होते तो जवाब देनेवाला कमरे से छूटकर जाने की इतनी जल्दी में होता कि वह सबसे पहले

सामने पड़नेवाले दरवाज़े से निकलना चाहता। पर वह तो वही दरवाज़ा था जिसमें कमोड दिखाई देता था।

जब कई बार ऐसा ही हो चुका तो हम पाँचों हँसने लगे। एक ने कहा, "क्या कम्पनी ने यह दरवाज़ा इम्तहान लेने के लिए ही लगवाया है?" वह शायद सोचता था कि यह भी व्यक्तित्व की परीक्षा का एक अच्छा उपाय है। आदमी अगर नौकरी चाहता है तो कहीं इतना बदहवास तो नहीं है कि कमरे में आने के बाद भूल जाए कि किस दरवाज़े से आया था। दूसरे ने कहा, हा–हा–हा। तीसरे ने कहा, नहीं, लगवाया तो इसलिए नहीं गया था। परन्तु मैं आपका मतलब समझ गया। आगे से हम इस पर भी पाँच नम्बर रख सकते हैं। चौथे ने कहा, मगर नम्बर किसे मिलेंगे? उसी को न जो सही दरवाज़े से जाएगा? इस पर मैंने कहा, नहीं, उसे जो पेशाबघर का दरवाज़ा खोलेगा और जब हम लोग कहेंगे, नहीं, नहीं, रास्ता इधर से है तो वह कहेगा, मुझे मालूम है। मैं पेशाब करने जा रहा हूँ।

यह बात किसी को पसन्द नहीं आई। उस कमरे में सिर्फ़ प्रधान प्रबन्धक पेशाब कर सकते थे। यह भी विवादास्पद था कि अगर प्रधान प्रबन्धक, सहायक प्रधान प्रबन्धक और प्रमुख उपसहायक प्रधान प्रबन्धक विचार–विमर्श करने बैठे होते और प्रमुख उपसहायक प्रधान प्रबन्धक को पेशाब लगती तो वह उठकर बाहर जाते या उसी पेशाबख़ाने में जाते जो प्रधान प्रबन्धक के लिए निश्चित था। सहायक प्रधान प्रबन्धक शायद इजाज़त लेकर चले भी जाते, लेकिन प्रमुख उपसहायक प्रधान प्रबन्धक शायद नहीं जाते। वह बाहर जाते—उतनी दूर जाना उनके नाम जितना ही लम्बा रास्ता तय करने के बराबर होता, पर वह जाते अपने कमरे में, उससे जुड़े हुए अपने पेशाबघर में।

मेरी बात किसी को पसन्द नहीं आई थी। मैं मन–ही–मन निराश हुआ। कोई यह विचार पसन्द करता तो आगे मैं यह शर्त रखता कि पूरे नम्बर उसे नहीं मिलेंगे जो सिर्फ़ कहेगा कि मैं पेशाब करने जा रहा हूँ बल्कि उसे मिलेंगे जो वहाँ जाकर वाक़ई पेशाब करेगा।

मैं ऐसा कह पाता तो बाक़ी चारों इसमें संशोधन कर सकते थे। मसलन एक नम्बर इस बात को बताते कि उसकी पेशाब की आवाज़ सुनाई पड़ी या नहीं और एक इसका कि उसने बटन भीतर ही बन्द किए या बाहर आकर और पैजामा चढ़ाकर पेशाब करने पर सब नम्बर काट लेना तय हो सकता था।

इसके बजाय वे बहस इस बात पर करने लगे कि यदि अभी तक हमने यह चीज़ इम्तहान में नहीं रखी तो बाक़ी लोगों को इसके नम्बर देकर हम अन्याय करेंगे। इसके पहले सभी को अंग्रेज़ी बोलने पर नम्बर दिए गए थे। अंग्रेज़ी बोलने और पेशाबघर का दरवाज़ा पहचानने में कोई समतुल्यता नहीं है, इतना न्याय तो हम पंच जानते ही थे!

उस इमारत में हम पाँच बड़े अफ़सर थे। हम सबके कमरे अलग-अलग थे। सबके लिए दोपहर में अलग खाना परसा जाता था। वह कैंटीन के खाने से कहीं ज़्यादा उम्दा होता था। मगर इससे यह निष्कर्ष न जाने किस तरह निकल आया था कि हम सबके लिए पेशाब और पाख़ाने के कमरे भी अलहदा होने चाहिए जबकि वहाँ हम जो कुछ करते वह उम्दा खाने के बावजूद वही होता जो कैंटीन में मोटा खानेवाले करते। मुझे सूझा कि अगर कभी कोई आन्दोलन इस इमारत में समता के लिए हो तो वह सबको एक-सा खाना देने की माँग पूरी हो जाने पर भी सफल न होगा। ऐसे सभी आन्दोलन क्यों बेकार हो जाते हैं? इस पर सोचते-सोचते मैं इस नतीज़े पर आया कि इसलिए कि वे सबके लिए एक पेशाबघर की माँग नहीं करते।

हम लोग अपनी फ़ाउंटेनपेन बनाने की कम्पनी में सेलमैनों की नियुक्ति के लिए आदमी छाँट रहे थे। उस वक़्त हमारे सामने एक लड़का बैठा हुआ था जिससे पूछा जा रहा था वह यह नौकरी क्यों करना चाहता है। बाक़ी सवाल जो सबसे पूछे जाते, वे पूछे जा चुके थे, जैसे—तुम्हारे शौक़ क्या हैं? हर सवाल पर उम्मीदवार इस तरह अपना व्यक्तित्व निचोड़कर रख देता जैसे इसी के ठीक उत्तर पर उसे नौकरी मिल जाएगी। ऐसा कुछ था नहीं। नौकरी मिलना जिस बात पर निर्भर था उसे कोई नहीं जानता था। लिखित इम्तहान में पचास से कम नम्बर जो लोग लाए थे उनके लिए तो एक यही सवाल काफ़ी था—तुम यह नौकरी क्यों करना चाहते हो? इसके जवाब में जिसने कोई ऊँचा कारण बताया वह गया। मसलन, मैं कलम बेचकर ज्ञान का प्रसार करना चाहता हूँ। जिसने यह कहा कि इसलिए कि मुझे नौकरी की ज़रूरत है, उससे अगला सवाल यह होता था कि तो फिर यही क्यों? और उसके पास कोई साधारण जवाब होता ही नहीं था, वह हमेशा कोई बड़ा कारण बताना चाहता था। और हम जानते थे कि इसी से वह मारा जाएगा। हम यह भी जानते थे कि किसी की हिम्मत यह कहने की न पड़ेगी कि वह यह नौकरी इसलिए चाहता है वह ख़ाली है—वह भी और नौकरी भी—जबकि असलियत एकदम यही थी और इससे बढ़िया कोई कारण किसी के पास नौकरी के लिए साक्षात्कार देने का हो ही नहीं सकता था।

लड़के ने जवाब में कहा कि वह असल में तो वकालत करना चाहता था पर वकालत उससे चलेगी नहीं। यह कहकर उसने अपने को फँसा लिया। उससे फ़ौरन पूछा गया कि जब वह मुवक्किल की पैरवी नहीं कर सकता तो कलम की कैसे करेगा? इस पर वह घबराहट के मारे काँपने लगा और उसने कहा—किसी तरह कर लूँगा। मैंने एक क्षण को कल्पना की कि लड़का मजमे में खड़ा कह रहा है—भारत कम्पनी का फ़ाउंटेनपेन खरीदिए...यह हमेशा सत्य लिखता है...।

इसके बाद एक और लड़का आया। इसके ख़ानदान में दुकानदारी थी। इसने

कुरसी पर बैठकर ऐसे देखा जैसे सेलमैन हो ले तो कल वह इस कम्पनी को ही ख़रीद लेगा। प्रबन्धन प्रबन्धक अपने लिए इतना बड़ा ख़तरा देखकर भी उसी लड़के से सबसे ज़्यादा ख़ुश हुए। उन्होंने उससे उसके पिता का हाल-चाल पूछा और उसे चाय पिलाई। मुझे तो शक हुआ कि शायद वह उसे अपने पेशाबघर के इस्तेमाल का भी न्योता देनेवाले हैं। पर नहीं दिया।

एक-एक करके कई लोग और आए। सभी विश्वविद्यालय में साहित्य, विज्ञान, राजनीति, अर्थशास्त्र, इतिहास या क़ानून—इनमें से कुछ न कुछ पढ़ चुके थे। नौकरी की शर्त ही यही थी। कुछ शायद अपने सबसे बढ़िया कपड़े पहनकर आए थे। पर कपड़े नहीं जनाब, मैं बाक़ी चारों निर्णायकों से कहना चाहता था, जूते देखिए, जूते। उन्हीं से आदमी के असली चरित्र का पता चलता है। एक के जूते बताते थे कि वह बहुत ग़रीब घर का है, हालाँकि उन पर पालिश थी। एक के जूते बताते थे कि उसके पास कई जोड़ी जूते और भी हैं—और कपड़े वह बिलकुल मामूली पहने था—देखिए न, जितने खानदानी पैसेवाले होते हैं अक्सर मामूली कपड़े पहनना चाहते हैं...मगर उनके जूते...।

दो-एक ने नौकरी क्यों करना चाहते हैं, इसका कारण बताया कि उन्हें अपने बूढ़े बाप का हाथ बँटाना है। तीनों लड़कों ने कहा कि सीधी बात यह है कि हमें भी तो कोई रोज़ी चाहिए, नहीं तो भाई के मत्थे कब तक खाते रहेंगे। ये सब कारण काफ़ी नहीं थे। इनसे यह सिद्ध नहीं होता था कि ये लोग कमाल दिखाएँगे।

एक ने तो कोई कारण नहीं बताया। वह उठकर खड़ा हो गया और कहने लगा, सर, मुझे नौकरी दे दीजिए, आपकी बड़ी मेहरबानी होगी सर!

सबसे विशेष बात जो हमारे प्रधान प्रबन्धक ने बाद में बताई, यह थी कि कोई भी उम्मीदवार यह नहीं बता सका कि पश्चिम जर्मनी में जो टेलीविज़न टावर है वह कितना ऊँचा है। प्रधान प्रबन्धक इसी वर्ष उस पर चढ़कर चारों तरफ़ देख आए थे और उसके ऊपर बने रेस्तराँ की विचित्रताएँ हम लोगों को बताया करते थे।

हम लोग शौक, जूते, कपड़े, अंग्रेज़ी इन सभी की जाँच करते रहे। और एक स्वर में 'रास्ता इधर से है' बताते रहे। शाम होने को आई। पास उम्मीदवारों की सूची बनाने का वक़्त आ गया। प्रधान प्रबन्धक के सचिव ने सबके नम्बर सामने लाकर रख दिए।

सूची में नम्बर जोड़ने पर मालूम हुआ कि हम लोग किसी को नहीं ले सकते। सत्तर से ऊपर नम्बर लानेवाले को ही लेना तय हुआ था। इतने किसी के नहीं थे। इसलिए हम लोगों ने फिर से विज्ञापन देने का फ़ैसला किया। आज के अनुभव से सीख लेकर इस बार हम लोगों ने विज्ञापन में एक शर्त रख दी कि जो लोग कहीं नौकरी न कर रहे हों वे अर्जी न दें। इसके कई फ़ायदे हुए। एक तो यही कि हम

लोगों को 'रास्ता इधर से है' नहीं कहना पड़ा। उम्मीदवार आते और आते ही अपने शऊर और सलीके से जता देते कि उन्हें यह बात मालूम है कि प्रधान प्रबन्धक के कमरे से जुड़ा हुआ एक पेशाबघर है। हाँ, इससे सारा कार्यक्रम नीरस ज़रूर हो गया था। अन्त में हम लोगों ने उस आदमी को चुना जिसने साक्षात्कार के बीच में एकाएक पूछा था—सर, मैं ज़रा बाहर पेशाब कर आऊँ, सर!

[1972, *रास्ता इधर से है*]

ग्यारहवीं कहानी

सभ्यता के इतिहास का वह चरम क्षण था। रूस और अमेरिका पृथ्वी के तल पर और उसके गर्भ में, सागर के अतल में और आकाश के अनन्त में उपलब्ध सम्पत्ति का उपभोग करते हुए एक दिन एक-दूसरे के बराबर सम्पन्न हो गए थे। उन्होंने प्रतिद्वंद्विता के नियमों को छोड़कर बराबरी के नियमों के अनुसार निश्चित किया कि वे परस्पर मित्र हैं, शत्रु नहीं—जैसा कि सारी दुनिया उन्हें मानती है।

इससे एक संकट उत्पन्न हो गया। कोई समझ नहीं पा रहा था कि इसके बाद क्या होगा? ख़ासतौर से वे तो बिलकुल ही नहीं जानते थे जो कि अभी तक इन दोनों राष्ट्रों में से किसी एक के मित्र और दूसरे के शत्रु थे। ये तमाम अधनंगे और अधपेट आदमी अपने कष्टों का दोष इनमें से किसी एक पर डालते रहने के इतने आदी हो गए थे कि अब उनके लिए एकाएक यह कह पाना सम्भव नहीं हो पा रहा था कि दोनों ही एक समान दोषी हैं। इसके बजाय, जैसा कि बाद के इतिहासकारों ने लक्ष्य किया है, इन अधनंगों और अधपेट लोगों की बुद्धि में इस परिवर्तन का एक लम्बा क्रम चला कि पहले के एक की जगह अब दो महाशक्तिशाली राष्ट्र उनके मित्र हैं।

यह क्रम लम्बा था तो कुछ इसलिए कि यह प्रतीति भयावह थी कि हमारे शत्रु से हमारा मित्र जा मिला है, कुछ इसलिए कि काफ़ी समय दोनों नए मित्रों ने दुनिया के सारे अधनंगे और अधपेट लोगों का आपस में बँटवारा करने में लगा दिया। उतनी देर तक ख़ासी गपड़चौथ मची रही, क्योंकि सभी अ.अ. समझ रहे थे कि दोनों नए मित्रों में खटपट हो रही है, जबकि यह खटपट नहीं, खुसफुस थी।

भ्रान्ति के इसी दौर में भारत में अकाल पड़ा। भारत ने हस्बमामूल अमेरिका से अनाज माँगा मगर अमेरिका अपना अनाज रूस को दे चुका था। रूस में कई साल से अकाल था, ख़ाली वह अभी तक अमेरिका से माँगता न था। इस बार उसने माँग लिया था और बराबरी के नाते मिल गया था।

पर जब भारतीय लोगों के भूखे मरने की ख़बर रूस पहुँची तो उसने भारत को

अमेरिकी अनाज का एक हिस्सा दे दिया। अब भारत में वह अनाज खाया जाने लगा जो अमेरिका में उपजा और रूस में बोरीबन्द हुआ था। बोरी भारत की ही थी।

इस स्थिति की बदौलत भ्रान्ति सचमुच बहुत भयंकर नहीं होने पाई। अधिसंख्य जन यह सोचकर सुस्थिर हो रहे कि अब भारत की विदेश-नीति दृढ़तर है और हम किसी एक देश के मोहताज नहीं हैं और सचमुच स्वतंत्र हैं।

परन्तु अकाल निरन्तर बना रहने पर ज़रूरी नहीं था कि स्वतत्रंता की यह सुखद भावना फैलाता रहे। अकाल निरन्तर बना भी रहता तो अनाज तो निरन्तर रूस से नहीं आता रहता। आख़िर रूसियों को अपने देश में बनी चीज़ें भी तो निर्यात करनी थीं। सच तो यह है कि अकाल भारत में बना निरन्तर ही रहता था, परन्तु उसकी जानकारी लोगों को तभी हो पाती थी जब अनाज आयात किया जाए। सिर्फ़ मौतों की संख्या से सिद्ध नहीं हो सकता था कि अकाल है क्योंकि लोगों का स्वभाव धीरे-धीरे कम खाकर मरने का था, यह नहीं कि भूख हड़ताल करके मरें। और फिर मौतों के मामले में और भी कई गड़बड़ थीं। अनेक कारणों से अनेक और कभी-कभी अनेक कारणों से एक मौत हुआ करती थी। उस समय हज़ार से ऊपर अदालती जाँचें कितनी ही मौतों के ऊपर बैठी हुई थीं। एक-एक करके वे अपने नतीजे प्रकाशित करतीं। उनसे हर बार यही ज़ाहिर होता कि सिवाय इसके कि मरा हुआ आदमी मर गया और कुछ सिद्ध करना असम्भव था।

सरकार इस दुरवस्था को ध्यान से देखती और सतर्क रहती। वह विश्व-शान्ति की समर्थक थी। उसके दोनों समर्थक, रूस और अमेरिका भी विश्व-शान्ति के समर्थक थे। वास्तव में वे शान्ति के इतने समर्थक थे कि एक के किसी आदमी ने आज तक दूसरे के किसी आदमी को नहीं मारा था। मर तो लोग दूसरे देशों में रहे थे।

धैर्य से काम लेने का एक अच्छा परिणाम हुआ। रूस और अमेरिका के दृष्टांत का प्रभाव भारत में पड़ने का अवसर मिल सका और धीरे-धीरे सभी राजनीतिक दल जो कभी न कभी सरकार में शामिल होने के हक़दार होते, आपस में भेदभाव भूलकर रूस और अमेरिका की तरह दोस्त होने लगे। सारे भेदभाव राजनीतिक दलों के परस्पर सम्बन्धों से दूर होकर जनसाधारण में चले गए। इससे जनसाधारण में कोई खलबली नहीं मची। ये भेदभाव तो हज़ारों वर्षों से उनके जाने-पहचाने थे। एक जाति को दूसरी को मार डालने को तैयार होने में बहुत देर नहीं लगी। उसे केवल कुछ वर्षों की शिक्षा ही भुलानी थी। राजनीतिक प्रेक्षकों और टिप्पणीकारों को भी बस इतना ही कहना पड़ा कि हमारे देश में भेदमूलक तत्त्व हमेशा से रहे हैं और यह कथन बौद्धिक निरपेक्षता से ओतप्रोत होने के कारण बहुत स्वीकृत भी हुआ। केवल पुलिस का काम बढ़ गया था, मंत्रियों की रक्षा के अतिरिक्त तमाम छोटे-मोटे महत्त्वपूर्ण व्यक्तियों की रक्षा की ज़िम्मेदारी उस पर आ पड़ी थी। इनकी

रक्षा की ज़रूरत तब पड़ती जब इनके प्रतिद्वन्द्वी अधिक जनता को साथ लेकर इन पर धावा बोलते और इनके पास कम जनता होती। इस प्रकार पुलिस को जनता के साथ मिलकर जनता को मारने का एक नया अनुभव हुआ जो कि अंग्रेज़ी राज़ में कभी नहीं हुआ था। पर उसका यहाँ विस्तार से वर्णन करने का इरादा नहीं है। बताने लायक तो वह एक विचित्र बात है जो एक दिन सहसा मालूम हुई।

एक दिन एक जवान आदमी जो न किसी के लेने में था न देने में, एकाएक मर गया। उसने कभी पुलिस का संरक्षण न माँगा था। कोई भीड़ उस पर चढ़ाई करने न आई थी। वह एक साहित्यकार था। वह ख़ूब लिख चुका था और ख़ूब नाम कमा चुका था। कुछ दिनों से वह एक नई रचना की उधेड़बुन में था जो उसके अब तक के कृतित्व से एकदम विशिष्ट होती। किसी को नहीं मालूम था कि वह क्या लिखना चाहता है। आलोचक इतना ही जानते थे कि इस बार उसके लिए लिखना और भी कठिन होनेवाला है। तभी वह चल बसा।

यह अकेली मृत्यु नहीं थी। एक-एक करके और भी हुईं। कोई कवि था, कोई कहानीकार, कोई नाटककार और कोई उपन्यासकार। सबमें समान गुण यह था कि वे अपने क्षेत्र में सफलता के शिखर पर चढ़ चुके थे और मानो वहाँ यों ही खड़े रहना उनके लिए दुष्कर था; सर के बल नीचे आ रहने के पहले ही वह मानो आकाश में लोप हो गए थे। उन दिनों की तुलना में जब बूढ़े-बूढ़े लोग रूस या अमेरिका की साहित्य परिषदों में सम्मानित होने के कारण बिना कुछ लिखे भी शिखर पर देर तक खड़े रहा करते थे, यह अकेलापन कितना भयावह था।

सरकार चिन्तित हो उठी। चिन्तित रहना उसका स्वभाव ही था, पर इस बात से वह विशेष रूप से चिन्तित थी। पाठकों की और साहित्य की क्षति तो हो ही रही थी—एक नई चुनौती का जवाब देकर दिखाने के ठीक पहले साहित्यकार मरते जा रहे थे—राज्य की भी क्षति हो रही थी। आख़िर सिर्फ़ चित्रकारों और पत्रकारों से तो किसी राज्य की प्रतिष्ठा नहीं बन सकती थी—इनमें से किसी की हठात् मृत्यु का होना सुनाई नहीं पड़ रहा था।

इन्हीं दिनों उत्तर प्रदेश के मानिकपुर गाँव में एक अध्यापक रहता था जो एक माध्यमिक विद्यालय में साहित्य पढ़ाता था। और एक सौ पच्चीस रुपए मासिक वेतन और आठ रुपए महँगाई भत्ता पाता था। उसकी पाँच सन्तानों में से एक, सात वर्ष का शिवकुमार पेट के दर्द का मरीज था। दो बरस का था तभी से उसे महीने में एक बार दु:सह दर्द का दौरा पड़ा करता। वह तिलमिलाकर रह जाता। दिन भर पेट पकड़े औंधे पड़े रहकर वह दूसरे दिन उठ बैठता। माँ-बाप समझते, अपच होगा। यह दौरा नियमित रूप से हर महीने पड़ता रहा। जब तक लड़का पाँच बरस

का हो तब तक दौरा हर सप्ताह पड़ने लगा था। अध्यापक ने निकट के एलोपैथ डाक्टर का इलाज शुरू किया और साल भर तक जारी रखा जैसा डाक्टर ने कहा था। साल भर में दर्द तो कम हुआ; हाँ, लड़के को दर्द के वक़्त खानेवाली दवा की आदत पड़ गई। फिर कुछ महीने, एक होम्योपैथ की दवा खाकर, जो कई हफ़्ते तक तो सिर्फ़ एलोपैथी दवाओं के निराकरण के लिए ही दी गई थी, दर्द दूर करने के लिए नहीं, लड़का अपने बाप के साथ दिल्ली के बड़े अस्पताल में इलाज के लिए आया।

पहली बार दिल्ली देखने के कुतूहल से चमकता हुआ चेहरा लिये वह दर्द का अगला दौरा पड़ने के पहले ही अस्पताल पहुँच गया। अब उसे रोज़ दौरा पड़ता था, अलबत्ता वह रहता थोड़ी देर था। अस्पताल में तीन जगह नाम लिखाने और परची बनवाने में जितना समय लगा वह उसके निकट क्षणों में बीत गया—उसने इतने लोग एकसाथ, इतनी चहल-पहल कभी न देखी थी, भले ही वह बीमार लोगों की थी। अध्यापक हरिहरनाथ एक चादर में दो कपड़े और माँगे की दो किताबें लाए थे। वह आधुनिक साहित्य स्कूल में तो नहीं पढ़ाते थे, पर ख़ुद पढ़ने के शौकीन थे। तीसरे पहर जब डाक्टर साहब से भेंट की बारी आई तो उन्होंने किताब बन्द करके लड़के को सोते से जगाया और डाक्टर साहब को एक नौजवान आदमी पाकर कुछ निराश और पाँच बरस से बच्चे का कष्ट देखते-देखते कुछ हताश स्वर में रोग का वर्णन कर सुनाया। संयोग से उसी वक़्त लड़के को दर्द उठा। हरिहरनाथ ने आशा से भर कर कहा, "देखिए, देखिए, देख लीजिए डाक्टर साहब!"

डाक्टर विद्यार्थी था। उसने फ़ौरन मरीज़ को अध्ययन-योग्य समझा और बड़े डाक्टर के पास भेज दिया।

दूसरे दिन बड़े डाक्टर से भेंट से पहले बाप-बेटे ने अस्पताल के बरामदे में रात बिताई। दोनों को एक महत्त्व का अनुभव हो रहा था—अध्यापक को यह कि बड़े डाक्टर के पास मामला जा रहा है तो ऊँची चिकित्सा सरकार की तरफ़ से होगी, बच्चे को यह कि उसे एक नई जगह में एक दिन और रहने को मिला है।

बड़े डाक्टर ने कई प्रकार की जाँच के लिए लड़के को भरती कर लिया। पिता तीन दिन अस्पताल के बरामदे में ही रहा। कितनी ही बेईमानी क्यों न हो, अस्पताल से बच्चे को जो खाना मिलता था वह इतना तो होता ही था कि दो के लिए काफ़ी हो जाए और लड़का तो दर्द के मारे एक वक़्त कुछ खा भी नहीं सकता था।

चौथे दिन जब ख़ून, थूक, पेशाब की जाँच हो ली, नुस्ख़ा लिख दिया गया और अगले महीने फिर आकर दिखाने को कह दिया गया तो अध्यापक ने कह-सुनकर बच्चे को शाम तक अस्पताल में ही रखने की इजाज़त ले ली और दिल्ली के बड़े-बड़े लेखकों से मिलने चला गया।

वह उनसे पहली बार मिल रहा था। वह उन्हें देखने को उत्सुक था। उनकी

रचनाएँ वह बराबर पढ़ता रहा था और अब तो बच्चे के इलाज के लिए फिर दिल्ली आना होगा, इसलिए वह चाहता था कि इस बीच वे जो कुछ लिखें उसे पढ़ने को मिल जाया करे। जो हो, इस बार तो जो भी किताबें मिल सकीं वह उनसे माँगकर ले आया—इस वायदे के साथ कि महीने-भर बाद निश्चय ही लौटा देगा।

एक महीने बाद उसने किताबें लौटा दीं। छोटे-से घर में तेल और धुएँ से उनका रंग कुछ बिगड़ गया था। पर उन पर उसने एक-एक मोटा बादामी काग़ज़ चढ़ा लिया था और जो कुछ बिगड़ा था उसी मलट का बिगड़ा था। लेखक लोग चाहते तो किताब अलमारी में रखने के पहले उसे उतारकर फेंक देते।

बच्चे को इस बार सात दिन अस्पताल में रखा गया। रोग विचित्र था। शिशुविभाग के अध्यक्ष को भी दिखाया गया। उन्होंने अपने एक प्रिय शिष्य को विशेष रूप से इस रोग की पहचान के कुछ गुर बताए। वही दवाएँ देते रहने को कहकर बाप-बेटे को विदा कर दिया गया। बच्चा ऊब चला था, मगर बाप चकित था कि उसके बेटे पर इतना ध्यान दिया जा रहा है।

अगले महीने जब हरिहर दिल्ली आया तो उसने एक लेखक से पढ़ने के लिए किताबें माँगते हुए उसे अपने बच्चे की यातना की कहानी भी सुनाई। बच्चे को अस्पताल की दवा से किंचित् लाभ था—हरिहर को ऐसा ही कहना अच्छा लगता था। पर दौरा उसे अब भी रोज़ पड़ता था। हाँ, नई दवा से वह पहले के मुक़ाबले जल्दी और कुछ अधिक ख़र्च में शान्त हो जाया करता था। लेखक ने बच्चे को देखने की इच्छा प्रकट की। अस्पताल के बड़े डाक्टरों की जाँच-पड़ताल ख़त्म होने पर घर वापस जाते हुए हरिहर बच्चे को लेखक के घर ले आया।

वह पाँव में रबर की चप्पलें और ख़ाकी नेकर पहने था। उसकी कमीज़ सफ़ेद थी। वह उसके स्कूल की वर्दी थी। पर और स्कूलों की तरह लकदक न होकर यह न जाने क्यों खौरही-सी दिखती थी। वर्दियाँ सभी स्कूलों में होती हैं पर इससे यह तो नहीं होता कि सब वर्दियाँ एक-सी शानदार हो जाएँ। स्कूल वह कुछ ही दिन जा सका था। रोज़ दर्द के कारण वहाँ रोता था, इसलिए घर बैठा दिया गया था—स्कूल में भरती के साथ-साथ वर्दी बनवानी लाजिमी थी इसलिए वर्दी तो बन चुकी थी। वह उसकी सबसे अच्छी पोशाक थी—अस्पताल जाने के वक़्त वही पहना दी जाती।

लेखक ने लड़के को प्यार किया और उसे बिस्कुट खाने को दिए। उन्होंने लड़के के चेहरे पर उसकी वेदना देखने के लिए उस पर नज़र जमाई। लड़का झेंप गया। वह हँसा भी। उसी समय कोई देखता तो उसके चेहरे से कुछ समझ सकता था : अन्यथा वह इतना बोदा रह गया था कि दर्द भी उससे अदा न होता था।

पर धीरे-धीरे वह होशियार हो चला था। अस्पताल के कई तौर-तरीक़े वह जान गया। किसी बड़े आदमी के यहाँ मिलने को ले जाए जाने पर हर चीज़ के लिए

ललचना नहीं चाहिए, यह तो वह डर के मारे जानता ही था। तरह-तरह के नुस्खों और प्रमाणपत्रों को भी वह पहचानने लगा जो डाक्टरों ने समय-समय पर उसके रोग के सम्बन्ध में जारी किए थे। जब उसका पिता भूलने लगता तो वह ठीक काग़ज़ उठाकर दे दिया करता। और वह कई बड़े-बड़े लेखकों को भी पहचान गया था जिनके पास उसका पिता उसे ले जाया करता था।

रोग अच्छा होने में नहीं आ रहा था। बड़े अस्पताल से भी बड़े एक अस्पताल में चार दिन के लिए भेजा जा चुका था। वहाँ के अध्यक्ष ने एक दिन हरिहर से एक ऐसी बात कही जिसे सुनकर हरिहर को पूरी उम्मीद हो गई कि लड़का अच्छा हो जाएगा।

डाक्टर ने कहा, ''मैं तुम्हारी और तुम्हारे घर के लोगों की जाँच करना चाहता हूँ। बच्चे का रोग पुश्तैनी जान पड़ता है और इस जाँच से हम उसे अच्छी तरह पकड़ लेंगे।''

सारा परिवार दिल्ली आया। कहना कठिन है कि यह यात्रा बच्चे की माँ के लिए अधिक रोमांचकारी थी कि उसकी बहनों के लिए। दोनों ही पहली बार घर से निकली थीं। अस्पताल में सबको रखा गया। अच्छी तरह दिल्ली घूमना नहीं हुआ, इस खेद को इस आशा के साथ मिलाए-जुलाए कि शिवकुमार का इलाज हो रहा है, वे गाँव के घर में लौट गईं।

अध्यक्ष ने अपने तीन सहयोगियों के साथ, सबके नाम और पदों का उल्लेख करते हुए एक विशेष लेख अस्पताल के मुखपत्र में लिखा। इसमें बताया गया था कि एक लड़के को तिल्ली के शोथ का रोग है और वह वंशानुगत है और यही नहीं, भारत में अपनी क़िस्म का यह अकेला रोगी है। इसी कारण यह लेख महत्त्वपूर्ण है! विश्व में इस प्रकार के केवल दस रोगी और हैं। इसलिए यह लेख विश्वस्तर के शोध-प्रबन्धों में गिनने योग्य है।

हरिहर जानना चाहता था कि अब क्या होगा? डाक्टर ने कहा, ''कुछ नई दवाएँ लिख दी गई हैं। इस रोग को जड़ से दूर करने की दवा तो विलायत के डाक्टर भी नहीं निकाल पाए हैं। दवा खिलाते रहो। अस्पताल में रखने की अब ज़रूरत नहीं है।''

परन्तु न मालूम क्यों, यह बात हरिहर की समझ में न आई। जब उसका बच्चा संसार के ग्यारह गिने-चुने रोगियों में से है तो कोई इलाज तो अवश्य होना चाहिए। यह सोचकर वह उलझन में पड़ गया कि इतना विशिष्ट होने पर भी उसके बच्चे के रोग से अब डाक्टर क्यों उदासीन हैं। बच्चे को विकट यातना रोज़ मिलती थी। रोज़ की नई दवा का ख़र्च भी बड़ा था—दवाओं का दाम इसी बीच बढ़ भी गया था—अस्पताल में जितने दिन रहता उतने दिन बच्चा मुफ़्त दवा पाता—पर अब उसे अस्पताल में रखने का डाक्टरों के अनुसार कोई कारण ही न था।

साल भर की दौड़-धूप के बाद हरिहर ने पाया कि उसे जो मिला वह महँगा सौदा ही कहलाएगा। पर उसने हिम्मत न हारी। उसने अंग्रेज़ी के एक-एक शब्द का हू-ब-हू वही हिज्जे करते हुए अस्पताल के मुखपत्र में अपने बच्चे के रोग पर छपे लेख की नकल अपने हाथ से करके रख ली। इसमें शिवकुमार और हरिहरनाथ और उनकी पत्नी और लड़कियों का नाम नहीं दिया गया था। वह उसने हाशिये पर अलग से लाल रोशनाई में लिख लिया। इसे और तमाम पुराने काग़ज़ों को लेकर वह एक बार फिर दिल्ली आया। इस बार वह अस्पताल नहीं गया; पंडित सुधाकर मिश्र के यहाँ गया जो कि अच्छे प्रभावशाली संसद-सदस्य थे और स्वास्थ्य मंत्री पर असर डाल सकनेवाले दो-तीन लोगों में गिने जाते थे।

मिश्रजी ने सब कहानी सुनकर पूछा, "चाहते क्या हो?"

हरिहर ने कहा, "पाँच बरस से बच्चे का इलाज कराते-कराते मैं निर्धन हो गया हूँ और शरीर जर्जर हो रहा है।"

मिश्रजी बोले, "यह तो ठीक है, पर तुम जो चाहते हो वह बताओ। तब मैं बताऊँगा कि वह मैं करा सकता हूँ कि नहीं।"

हरिहर नहीं बता पाया। उसे एकाएक अन्दाज़ नहीं मिल रहा था कि इनसे क्या करा देने के लिए कहूँ? जबकि यह शायद सभी कुछ करा दे सकते हैं।

मिश्रजी ने उसे सोच में पड़े देखकर एक और संसद-सदस्य, शुक्लजी का नाम बताया जो स्वास्थ्य मंत्री पर असर रखनेवाले बाक़ी दो-तीन लोगों में से थे।

हरिहर शुक्लजी के घर गया। शुक्लजी बहुत व्यस्त थे, उन्होंने जल्दी से सब सुनकर कहा, "आप मिश्रजी से क्यों नहीं मिले?"

"उन्होंने ही आपके पास भेजा है।"

हरिहर से यह सुनकर शुक्लजी ने मिश्रजी से फ़ोन मिलाया और पूछा, "क्या करना है इस आदमी के लिए?"

मिश्रजी ने कहा, "आप ही देख लें।"

शुक्लजी हरिहर से बोले, "कहो तो किसी अस्पताल को चिट्ठी लिख दूँ?"

हरिहर फिर सोचने लगा। एक क्षण में सही अस्पताल का नाम बताना था। शुक्लजी बहुत जल्दी में थे; हरिहर हारकर बोला, "दिल्ली में नहीं हो सकता इलाज, डाक्टर यही कहते हैं।"

कहा नहीं जा सकता कि वह क्षण परोपकार का था या हड़बड़ी का, पर शुक्लजी ने कहा, "दिल्ली में नहीं तो देश में और कहीं बताओ..." फिर थोड़ा सोचकर बोले, "देश में नहीं तो विदेश में ठीक हो सकता है तुम्हारा लड़का?"

हरिहर को एकाएक रोशनी दिखाई दी। दस और रोगी भी हैं विदेशों में। हो क्यों नहीं सकता...?

शुक्लजी हरिहर को अपने सचिव के हवाले करके प्रधानमंत्री के यहाँ चले

गए। जब किसी को नहीं मालूम होता कि वह कहाँ गए हैं तो सचिव यही कहता था कि प्रधानमंत्री के यहाँ गए हैं।

विदेश में इलाज कराने की बात कहकर शुक्लजी ने एकसाथ कई काम कर डाले थे। अपनी प्रतिष्ठा को उन्होंने एकाएक साधारण सिफ़ारिशों के स्तर से कहीं ऊँचा उठा दिया था और एक याचक को ख़ाली हाथ लौटाने के बजाय एक बहुत बड़े संसार में भेज दिया था।

परन्तु कुछ दिन बाद हरिहरनाथ ने उतने बड़े संसार में दिन-रात एक करके उस पत्र का उत्तर स्वाथ्य मंत्री के कार्यालय से लिखवा ही लिया जो शुक्लजी ने वहाँ भेजा था। हरिहर बच्चे को गाँव छोड़कर दिल्ली आया और मंत्रालय के एक उपकार्यालय के हिलती कुरसियों और तेलौंस मेज़ोंवाले एक कमरे में सवेरे से भूखा रहकर बैठा रहा; वह कोई विरोध नहीं कर रहा था, वह सिर्फ़ इन्तज़ार कर रहा था कि कब बातें ख़त्म हों जो चपरासियों, मुंशियों और आने-जानेवाले रिश्तेदारों में बराबर चल रही थीं, और कब उसकी चिट्‌ठी निकाली जाए। जब वह निकली तो हरिहर दंग रह गया। एक सफ़ेद काग़ज़ ने अब एक ग्रंथ का रूप ले लिया था। यह उसके लड़के के सब नुस्ख़ों और जाँच-पत्रों के बादामी पुलिंदे से कहीं बड़ा था।

मंत्रालय के किसी अवर-सचिव के हस्ताक्षर से उसे जो पत्र मिला उसमें लिखा था, ''आपके लड़के का इलाज विदेश में कहाँ हो सकता है, यह बताने की कृपा करें। यदि योग्य डाक्टर की सलाह है कि उसका इलाज विदेश में कराया जाए तो यह सलाह साथ में भेजें। यह भी बताएँ कि इलाज पर अनुमानतः कितना ख़र्च आएगा।''

इस चिट्‌ठी का गौरव ही इतना अधिक था कि हरिहर को क्षण-भर के लिए लगा कि उसका लड़का चंगा हो रहा है। यह पत्र हाथ में लेकर वह बड़े अस्पताल के अध्यक्ष के पास जा खड़ा हुआ।

अध्यक्ष ने पत्र पढ़कर हरिहर को देखा। वह उसे शब्दशः सर से पाँव तक तो नहीं देख रहे थे, पर देख ऐसे ही रहे थे। उन्होंने कहा, ''बच्चे की बीमारी के बहाने विदेश घूमना चाहते हो? मैं तो कह चुका हूँ कि तिल्ली के इस शोथ का इलाज अभी कहीं नहीं निकला।''

हरिहर वापस आया। वह नहीं जानता था, क्या करे। यदि डाक्टर होता तो लाइलाज मर्ज़ का इलाज सोचने में लग जाता। एक क्षण के लिए उसके दिल में यह औपन्यासिक विचार आया भी कि वह सबकुछ छोड़कर चिकित्सा-विद्या पढ़े और स्वयं एक नया आविष्कार करके ग्यारहों शोथ-पीड़ितों को नीरोग कर दे। पर अपनी तनख़्वाह और पाँच बच्चों की याद आते ही वह फिर किसी ऐसे उपाय की खोज में लग गया जो साधारण आदमियों के करने योग्य होते हैं।

अब वह ऐसे किसी योग्य डाक्टर को खोज रहा था जो यह लिख दे कि उसके लड़के का इलाज विदेश में हो सकता है। एक हितैषी से दूसरे के पास ऐसे डाक्टर का नाम पूछने जाते-जाते उसे नुस्खों का पुलिंदा एक बोझ लगने लगा। उसके चौपरते काग़ज़ात नम होकर एक-दूसरे से चिपक गए थे और "यह देखिए, यह रहा" कहने के बाद उनकी परतें खोलने में ही इतना वक़्त लगने लगा था कि देखनेवाला विषय बदल दिया करता था। कई लोगों ने उसे कई नाम सुझाए। जिसको जिस आदमी की इज़्ज़त बढ़ानी होती वह उसका नाम हरिहर को बता देता। कोई-कोई किसी ऐसे आदमी का नाम बताते जिसे वे चुनौती देना चाहते हों। हरिहर ने नुस्ख़ों को सुरक्षित रखने के लिए एक नामी आदमी के घर से चलते हुए एक पुराना लिफाफा माँगा था। कई लोगों ने तो पुलिन्दे पर यह नाम देखकर उसे फिर उसी नामी आदमी के पास जाने की सलाह दी।

हरिहर ने एक रात स्वप्न में देखा—वह लन्दन में आ गया है। अपने को सूट और टाई पहने वह कभी सोच भी नहीं सकता था—स्वप्न में भी वह टाई नहीं बाँधे था; हाँ, उसके तन पर एक नया और लम्बा कोट था, गले में मफ़लर, पाँव में मोज़े के साथ जूते। शिवकुमार एक लाल-नीली बुनाई का स्वेटर पहने था और उसके हाथ में चमड़े का एक नया बैग था। वह अच्छा हो चुका था और बाप-बेटे दोनों पैदल वापस लौटने निकले थे...स्वप्न में ही उसे दिखा कि कई अन्य देशों के दस रोगी उससे मिलने आए हैं। एकाएक उनकी तैरती हुई अजनबी सूरतें उसे जानी-पहचानी लगने लगीं। तभी वह जाग पड़ा। क्या मैं इन लोगों को चिट्ठी लिखूँ—लिखूँ कि जब कभी तुम्हारे देश में कोई डाक्टर तुम्हारे इलाज का आविष्कार कर ले तब मुझे लिखना न भूलना...

दूसरे दिन उसने इस विचार में संशोधन किया। जगने के थोड़ी देर बाद तक तो उसे यह विचार सहज लग रहा था, परन्तु दिन चढ़ते-चढ़ते वह पहाड़ जैसा हो गया। उन दसों के पते खोजने के लिए उसे फिर बड़े अस्पताल जाना पड़ता और फिर शायद उन सबके पास जिनके पास वह एक-एक, दो-दो बार हो आ चुका था।

उसकी जान-पहचान के लोगों की फ़ेहरिस्त ख़त्म हो चुकी थी। उसने बिलकुल अनजाने दो आदमियों को चिट्ठी लिख डाली। एक अमेरिका के राष्ट्रपति थे और दूसरे सोवियत संघ के प्रधानमंत्री।

हरिहर को कभी कोई जवाब नहीं मिला। दोनों सरकारों के कई विभागों से होता हुआ उसका पत्र दोनों के परराष्ट्र मंत्रालयों के सहायता विभागों में पहुँचा। वहाँ से डाक्टरों की राय जानने के लिए गया और यह टिप्पणी नत्थी किए हुए लौटा, "भारत हमारा मित्रराष्ट्र है। हम वहाँ के एक ग़रीब आदमी को अपने यहाँ बुलाकर उस पर असाध्य रोग की औषधि के अनुसंधान का प्रयोग करें, इसके पहले हमें समझ लेना चाहिए कि यदि रोगी प्रयोग के मध्य मर गया तो भारत में इस बात के

राजनीतिक प्रभाव क्या होंगे। निश्चयपूर्वक कहना चाहिए कि बहुत अच्छे प्रभाव होने की आशा नहीं की जा सकती...दाख़िल दफ़्तर किया जाए।''

यह कहानी मैंने एक प्रसिद्ध और सफल लेखक को सुनाई। वह उन दिनों एक नए उपन्यास के कथानक और शैली से जूझ रहे थे जिसका साहित्य जगत को इन्तज़ार था। मैं उनकी सहसा मृत्यु के विचार से ही काँपता था। उन्होंने कहानी सुनकर कहा, ''अहा, कितनी प्रतीकात्मक है!'' उत्तेजना हृदय के हित में नहीं है पर अनजाने ही इस पर मैं गरम हो उठा। मैंने कहा, ''हरिहर यथार्थ है, शिवकुमार यथार्थ है।'' उन्होंने कहा, ''होगा, पर असाध्य रोग प्रतीकात्मक है।'' ''नहीं,'' मैं चिल्लाया, मैंने मेज़ पर घूँसा मारा, ''वह भी यथार्थ है—वह है और असाध्य नहीं है, वह...''

अकस्मात् सामने बैठा लेखक चौंका और कुरसी पर लुढ़क गया। औरों की तरह वह भी अपनी कीर्ति के शिखर पर खड़े-खड़े सहसा ख़त्म हो गया था।

[1972, *साप्ताहिक हिन्दुस्तान*, 7 जनवरी 1973 1972 में प्रकाशित *'रास्ता इधर से है'* में संकलित]

चालीस के बाद प्रेम

श्यामलाल एक क्षण ठिठके, फिर नाले में उतर पड़े। नाले में कीचड़ नहीं था; उसमें सूखी पत्तियाँ, अद्धे, गुम्मे, चीथड़े और एक ख़ास तरह की धूल थी जो मोहल्ले के लोगों ने अपने-अपने घरों से बुहारकर सरकारी नाली में धकेल दी थी। पायँचे चढ़ाकर, दामन समेटकर वह उठकुरवाँ बैठ गए और पुलिया के नीचे झाँकने के लिए अपना सिर नाले की उसी अज्ञात गन्दगी के इतने क़रीब ले आए कि विनम्रता का एक बिलकुल नया अनुभव उन्हें हुआ। पुलिया का मोखा जितना चौड़ा नगरपालिका ने बनवाया था उतना नहीं रह गया था—कचरे ने स्वाभाविक रूप से उसमें घर कर लिया था और सिर्फ़ एक छोटा-सा छेद रह गया था जिसके भीतर श्यामलालजी को अँधेरा ही दिखाई दिया, क्योंकि पुलिया का दूसरा छोर तो कचरे से बिलकुल ही ताया हुआ था।

वह अपनी बिल्ली को खोज रहे थे। इतवार का दिन था। ज़रा देर में पटरी पर चार-छह लड़के जमा हो गए। श्यामलाल के दो लड़के जो अपने बाप को देखते खड़े थे, इसी भीड़ में मिल गए थे। एक-एक कर कई चकित सम्भ्रान्त अधेड़ लोग तरकारी का झोला लिये चकित से उनके पास से गुज़र गए : एक नौजवान, जिसका स्वास्थ्य आतंककारी और चेहरा विज्ञापनों जैसा था, अधिकारपूर्वक पास आकर खड़ा हो गया। श्यामलाल को रँगे हाथों पकड़ने की नीयत जैसा कुछ दिखाकर उसने पूछा, "क्या है?"

श्यामलालजी ने कहा, "बिल्ली है।"

"आपकी बिल्ली है?" नौजवान ने पूछा।

उत्तर प्रदेश के निवासी श्यामलाल को पंजाबी लहजे में सवाल सुनकर लगा कि 'आपकी' पर इतना ज़ोर दिया गया है जैसे बिल्ली का किसी न किसी का होना तय हो और सवाल इतना ही रह गया हो कि वाक़ई आपकी है या किसी और की? सच पूछिए तो सवाल का इतना बारीक अर्थ न था। पंजाब में पूछा ही ऐसे जाता है और उससे भ्रम भी ऐसा ही होता है। जैसे पूछा जाए कि "सात बजे हैं?" तो सुनाई पड़ेगा कि क्या कहते हो। अभी सात कहाँ से बज गए?

श्यामलाल ने कहा, "जी हाँ, मेरी बिल्ली है।"

"पुलिया के नीचे चली गई है?"

श्यामलाल ने कोई जवाब न दिया। वह पंजाब के धाकड़पन से ही नहीं, विज्ञापनी चेहरेवाली कुल नई पीढ़ी के ठसपने से भी एकसाथ जूझने की हिम्मत न कर सके। उन्होंने और भी झुककर मानो नाक रगड़ते हुए कोशिश की कि पुलिया के भीतर अँधेरे में बिल्ली की चमकती आँखें दिख जाएँ और आवाज़ दी, "मुनमुन, मुनमुन!"

नौजवान ने सोचा होगा, मुझे यक़ीन दिलाने के लिए बिल्ली का नाम लेकर पुकार रहे हैं। परन्तु यह सोचना भी एक निर्दय व्यंग्य होता। मुनमुन श्यामलाल से ऐसे डरती थी जैसे कुत्ते से भी न डरती होगी। वह उन्हें देखते ही भागती। मगर इस वक़्त श्यामलाल ने न जाने क्यों मान लिया था कि यह रिश्ता टूट गया है। वह एक संकट में थे और उन्हें विश्वास था कि बिल्ली भी एक संकट में है।

नौजवान ने एक दोस्त और बुला लिया था। अब की उसने पूछा, "यह बाहर क्यों नहीं निकल रही है?"

श्यामलाल को अचानक दो चमकती हरी बिन्दियाँ दिखाई दे गईं। मुनमुन की आँखों के अलावा वे और क्या हो सकती थीं? मुनमुन ऐसे देखती थी जैसे कोई बहुत गम्भीर व्यक्ति हो जबकि थी वह अपनी उम्र के हिसाब से भी अधिक गावदू। वही उजबक आँखें थीं। ज़रा देर में उसका सफ़ेद थूथन भी नज़र आने लगा। पर उस चेहरे पर इस वक़्त वह भय न था जिसे देखने के श्यामलाल आदी थे। उस पर भरोसा था कि मैं जब तक यहाँ से न निकलूँ सुरक्षित हूँ। जानवर इससे आगे सोच नहीं पा रहा था—कि जब कभी निकलेगी तो क्या होगा!

एकाएक श्यामलाल को इतना गुस्सा आया कि उन्होंने जवाब दिया, "जब बाहर निकलेगी तो पूछकर आपको बताऊँगा।" यह कहते ही उन्हें चेत हुआ कि उन्होंने अपने आपको उस लड़के के बराबर गिरा लिया है। इस बेवक़ूफ़ अमीर का तिरस्कार करने के लिए मुझे यह भी मंजूर है, उन्होंने सोचा। लड़के का दोस्त मामूली हैसियत का आदमी था। ख़ुशामदाना तौर पर अपने दोस्त की आड़ करते हुए उसने पूछा, "बताती है?"

श्यामलाल इतने उम्दा आदमी थे कि उन्हें तुर्की-वतुर्की नागवार न गुज़री। मगर वह इतने उथले न थे कि हर ऐसे मज़ाक को पसन्द करें जिसमें कोई हमदर्दी न हो। ज़्यादातर मज़ाक आजकल इसी क़िस्म के होते हैं, उन्होंने अपने मन में कहा, और यह भी मेरे जैसे आदमियों के लिए आसान नहीं रह गया है कि मैं हँस सकूँ।

यह ख़याल आते ही वह चौकन्ने हो गए। वह अपने पर तरस खा रहे थे—जो कि उन्होंने जवानी से लेकर अब तक सचेत रहकर अपने को नहीं करने दिया था। कुछ दिनों से वह देखते आ रहे थे कि वह बदल रहे हैं; चालीस पार करते-

करते आदमी का ग़ैर-मामूलीपन ख़त्म होने लगता है, यह उन्होंने सुन रखा था। वह अपने अन्दर ऐसा न होने देंगे। यह उनका दृढ़ निश्चय था। मगर कुछ ऐसा तो हो ही रहा था। जैसे उन्हें जानवर से प्यार हो चला था जो इस उम्र में बहुतों को अक्सर होता है। वह जानते थे कि यह उनके और उनकी पत्नी के ज़िन्दगी से थक चले होने का एक नतीजा है। मगर वह यह सोचकर ख़ुश होते थे कि उनके बच्चे जो कि वास्तव में जानवर को पालने के लिए घर लाए थे, औरों से अच्छे इनसान बनेंगे। सिर्फ़ उस वक़्त जब उन्हें ख़बरों से राजनीति की निर्दयता का क्षणिक अनुभव होता वह यह सोचकर सहम जाते कि उनके बच्चे अपने प्यार-भरे दिल से, जो उन्हें जानवर की बदौलत मिलेगा, कैसे आनेवाले हाकिमों का सामना करेंगे? स्वार्थ के कारण जवानी के प्रेम-व्यापारों में उन्होंने गच्चा खाया था। वही स्वार्थभाव वह अब अपने जानवर पर थोप रहे हों तो क्या अजब है! पर उनके मन को तो इसका पता भी न था—और जानवर को पता चला भी हो तो वह कर ही क्या सकता था। हाँ, बिल्ली की बात थोड़ी-सी और थी। वह आदमी को उतने ही पास आने देती है जितनी उसे ज़रूरत हो और कुत्ते की तरह आदमी की ख़ुदगरज़ी का शिकार बनने के लिए अपने को समर्पित नहीं करती।

मुनमुन की माँ ने जब छह महीने हुए तीन बच्चे दिए थे तो घर के मानवों को एक नई परिस्थिति का अनुभव हुआ था। टीना अपने बच्चों की सुरक्षा का अपना जंगली तरीक़ा अपनाना चाहती थी जिसे सात घर दिखाने का नाम मनुष्यों ने दिया है, मगर वह भी इतनी आश्रित हो चुकी थी कि उसके लिए सात घर का मतलब हो गया था श्यामलाल के ही घर में सात जगह। और इसका मतलब था कि बच्चों को बिलौटे से बचाने में हर आदमी को बिल्ली की मदद करनी थी। श्यामलाल के बच्चे और उनकी माँ बिल्ली के बच्चों को अलमारी में बन्द कमरे में, गोद में, बिस्तर में रहकर अपनी समझ से बिल्ली के पक्ष में अपना काम करते रहे, मगर बिल्ली के तरीक़ों और उनके तरीक़ों में लगातार एक मतभेद चलता रहा। जिसे वे सुरक्षित समझते, टीना उसे सूँघकर नामंजूर कर देती और जिस जगह को वे बिलौटे के लिए सबसे अधिक सुगम समझते टीना उसे पसन्द करके, खँखोड़कर उसकी शक्ल इस तरह बदलने की जिद पकड़ लेती कि जिससे वह उसे काफ़ी प्राकृतिक मालूम हो सके। यह क़िस्सा चलता रहा। गरमियों की रात में जब सारा घर बाहर सो रहा था, बिलौटे ने रोशनदान से घुसकर एक बच्चे को ख़त्म कर दिया। टीना की हिंसक फुफकार से जगकर जब सारा घर भीतर आया तो लाश ज़मीन पर पड़ी थी और कमरा टीना और बिलौटे की पेशाब की बदबू से भरा हुआ था जो क्रोध के क्षणों में हो गई थी। कुछ दिन बाद एक और बच्चे को बिलौटे ने गुसलख़ाने की ठंड में आराम करती

माँ को लड़ने का मौक़ा दिए बिना बिलकुल उसके सामने ख़त्म किया। इस बार बच्चे को वे लोग उठाकर लाए तो उसमें जान थी। श्यामलाल की बड़ी लड़की उसे अस्पताल ले गई। शरीर पर कहीं ख़ून न था। मगर उसकी नट्टी बिलौटे ने भीतर ही भीतर कुरमुरा दी थी। अस्पताल में उसने वह सब दूध और ब्रांडी उगल दी जो घर पर बच्चों ने उसे बचाने की कोशिश में पिलाई थी और मर गया।

तब सारी गरमियाँ श्यामलाल मुनमुन को बन्द टोकरी में सिरहाने रखकर सोए और सारा घर टीना से एक नए क़िस्म का संवाद सीखने में लगा रहा, क्योंकि टीना जब उसकी अक़्ल में आता मुनमुन की टोकरी में घुस जाना चाहती और जब मन होता उसमें से निकल आना चाहती—उसको चुपचाप बैठने का हुक्म देना बेकार था—रात में कई बार उसके लिए जागना हर एक को बिलौटे के ख़िलाफ़ कार्रवाई की ख़ातिर इतना ज़रूरी मालूम होने लगा कि जैसे वे सब बिल्लियाँ हों।

श्यामलाल ने छेद में हाथ डालकर मुनमुन को पकड़ने का इरादा किया। भीतर कोई कनखजूरा या बिच्छु हो सकता था, उन्होंने डर और इनसानियत के विरोधी भावों का यह अजब मिलाजुला अनुभव किया। फिर उन्होंने ऊपर देखा। वह ठसदिमाग़ आदमी मय अपने ख़ुशामदी साहब के जा चुका था—छोकरे भी। सिर्फ़ उनके अपने दो लड़के थे। उनका तनाव जाता रहा। यदि उन पर कुछ बुरी गुज़रे तो वह तमाशा तो न बनेंगे। उन्होंने निर्मल मन से हाथ भीतर कर दिया। भीतर की ठंडी नम ज़मीन, जो छूने से ही साफ़ मालूम होती थी, उनकी हथेली से लगी। तत्काल उस मिट्टी की ख़ुशबू उन्हें आने लगी। "मुनमुन, मुनमुन," उन्होंने आवाज़ दी। वह अब इस तरह बैठे थे कि भीतर झाँक नहीं सकते थे, मगर समझ सकते थे कि मुनमुन उनके हाथ की पहुँच से काफ़ी दूर है।

एकाएक उन्हें गोगी की महीन आवाज़ सुनाई दी। वह टीना के तीन नए बच्चों में से एक और सबसे दलिद्दर थी। आवाज़ के सहारे उनके हाथ ने गोगी को दबोच लिया और वह लटके हुए चारों पंजों को फैलाए और उनके नाख़ून निकाले गरदन से टँगी हुई बाहर आ गई।

लड़कों ने चिन्ता से कुछ कहा, मगर वह आवाज़ उस सड़क के यातायात की तरह स्वाभाविक थी जो कि श्यामलाल से कुछ दूर थी और ज़्यादा चल नहीं रही थी। वह मुड़े और उन्होंने लड़कों से एक वाक्य कहा जो कि न उपदेश था न आदेश, वह बराबर के लोगों से बोला गया एक वाक्य था : "मुश्तू और टीमा और टीना भी इसी सुरंग में होंगे" —जो कि लड़के उनसे पहले ही समझ चुके थे।

मुनमुन के होने के पाँच महीने बाद टीना ने तीन बच्चे और पैदा किए थे। इस बार ये तीनों आज़ादी से पले और बढ़े। बिलौटा कहीं दिखाई न देता था। एक मत यह था कि वह पालतू था और अपने मालिक के मद्रास तबादले के साथ वहीं चला गया है। टीना बच्चों को बहुत थोड़ी देर के लिए अकेला छोड़ती, जबकि उन्हें इतनी पहरेदारी की ज़रूरत न रह गई थी। वह सोती भी बहुत, और अपनी पहलौठी की मुनमुन को, जो कि कद में लगभग उसके जितनी हो चली थी, अपना दूध बाक़ी तीनों के साथ पीने देती। मुनमुन टीना की ग़ैरहाजिरी में चुपचाप आकर बच्चों को इस तरह सूँघती जैसे वे कोई नई और विचित्र चीज़ें हों। एक दिन उसने उन्हें चाटना भी शुरू कर दिया और जब वह कूदने-फाँदनेवाले हुए तो उन्हें अपनी दुम भी खेलने को देने लगी। ये तीनों माँ की तरह काले और सफ़ेद थे, मुनमुन की तरह भूरेमायल नहीं। वे इतने सुन्दर और मुलायम भी नहीं थे। मुनमुन दिन-ब-दिन खिलौने की तरह ख़ूबसूरत और साथ ही जाहिल बनती जा रही थी। उसने एक मरतबा एक ही दिन में तीन बार घर के तीन कोनों में गन्दगी करके रख दी।

श्यामलाल ने सोचा, इसे सज़ा की ज़रूरत है। उन्होंने कहीं पढ़ रखा था कि बिल्ली कितने ऊँचे से भी क्यों न गिरे ज़मीन पर आते-आते अपनी मांसपेशियों को इस तरह ढील दे देती है कि पंजों के बल सुरक्षित ही गिरे। उन्होंने अपना गुस्सा तौला और ठंडे दिमाग़ से मुनमुन को उठाकर उसी के हगे के सामने पटख़ दिया। वह पंजों के ही बल गिरी : श्यामलाल आश्वस्त हुए कि यह सज़ा सफल होगी। मुनमुन सीधे घर से बाहर भागी और रात भर नहीं आई। सवेरे वह लौटी तो पिछली दाहिनी टाँग ज़मीन पर रख नहीं पा रही थी। श्यामलाल के बच्चे फिर अस्पताल गए। टाँग की हड्डी बच गई थी, मगर वे तन्तु, जिनके बारे में श्यामलाल ने पढ़ रखा था, टूट गए थे। लम्बे इलाज के बाद वह जिस दिन पहली बार फिर से पेड़ पर चढ़ी, श्यामलाल ने उसे फिर प्यार करना चाहा। वह पकड़ में तो आ गई क्योंकि उसकी टाँग हमेशा के लिए कमज़ोर हो गई थी, मगर उसने प्यार ऐसे कबूल किया जैसे वह बनी ही इसलिए है और कोई एहसान नहीं मान रही है। इसके बाद वह और भी प्यारपसन्द और आरामतलब हो गई। उसने कभी न कोई चिड़िया पकड़ी, न चूहा। अधिक से अधिक तितली को देखकर वह उठ बैठती और कान खड़े करके अपनी नज़र से उसका पीछा करती रहती। एक ही और काम था जिसमें वह फुरती दिखलाती थी। जैसे ही तीनों बच्चे टीना का दूध पीने जुटते, वह भी दौड़ी हुई आती और ठेलठालकर अपने मुँह के लिए उनके बीच में जगह बना लेती। उस वक़्त घर के सब लोगों को उसकी चाल पर राय देने का मौक़ा मिलता, ''मैंने देखा कि टाँग चला रही है,'' कोई कहता। कोई कहता, ''नहीं, अभी थोड़ा-सा—बस थोड़ा-सा ज़मीन पर छुआती है।''

न जाने किस तरह यह बहस अपनी शक्ल बदलने लगी और विषय यह हो

गया कि आख़िर कब तक टीना और उसके बच्चे घर में पलते रहेंगे? कोई साफ़-साफ़ यह नहीं कहता था कि इन्हें हम नहीं रखना चाहते। यह कहना कि इनके खाने पर बहुत ख़र्च हो रहा है, और भी अप्रिय सत्य था। टीना रहेगी, यह भी बिलकुल निर्विवाद था। प्रश्न इतना ही था कि इन बच्चों को कोई पालने के लिए माँग क्यों नहीं ले जा रहा है। एक अजब इनसानी तर्क से श्यामलाल सोच रहे थे कि अगर ये इतने बड़े न होने पाएँ कि टीना के लिए इनसे बिछुड़ना बहुत दुखद हो जाए तो इन्हें किसी को दे दिया जा सकता है। इतने बड़े वह किस वक़्त तक होंगे, यह जानने का कोई वैज्ञानिक आधार उनके पास न था। बस उन्होंने मान लिया था कि ऐसा कोई वक़्त होता होगा। जहाँ तक टीना का सवाल था वह इतना ही जानती थी कि तीनों बच्चे इस बार बिलौटे से बच गए हैं और जिस घर में वह रहती है उसमें ये भी रह रहे हैं। एक दिन श्यामलाल ने अपने बच्चों को समझाया कि जानवर बहुत समय तक अपने बच्चों को आदमियों की तरह माँ पर निर्भर नहीं रखते, वे उन्हें आत्मनिर्भर बनने को छोड़ दिया करते हैं। बच्चों ने पूछा, "मगर मुनमुन क्यों अब तक माँ का दूध पीती है?" और यह प्रसंग वहीं समाप्त हो गया।

पिछले तीन दिनों से श्यामलाल के दिमाग़ में कई तर्क उपज रहे थे जैसे यह कि प्रकृति जानवरों की संख्या का नियंत्रण करती है...वह नवजात शिशुओं की मृत्यु का प्रबन्ध कर देती है नहीं तो दुनिया साँपों और घड़ियालों से भर जाए...जानवर को पालकर उसे पराधीन बना देना कितना निर्दय है...उसे अपनी आज़ादी का कुछ हिस्सा अपने पास रखने देना चाहिए...इसके पहले कि वह बिलकुल असहाय हो जाए उसे स्वतंत्र कर देना चाहिए। अन्त में वह किसी नतीजे पर न आते। किसी ने जब यह सुझाव दिया कि जानवर पालने के तरीक़ों के अनुसार बिल्ली के फ़ालतू बच्चों को पैदा होते ही बाल्टी में डुबोकर ख़त्म कर दिया जाता है तो सारे घर ने इसका घोर विरोध किया और श्यामलाल सोचने लगे कि क्या इनसान के दिमाग़ ने बस इतनी ही तरक्की की है जो इतना सीधा और ठोस तरीक़ा निकाला?

उन्हें एकाएक सूझा कि तीनों बच्चों को सिखाना चाहिए कि आदमी से वे सिर्फ़ एक हद तक रिश्ता रखें। जैसे वे रहें बाहर और घर में जितनी बार चाहें आ जाया करें। क्षण-भर के लिए इस ख़याल में छिपी हुई चालाकी भी उन्हें दिखाई दे गई। यह प्रमाण था कि वह चालीस पार करने पर भी अपने को ईमानदारी से समझना भूले नहीं हैं। मगर मूलतः यह एक सही विचार है, उन्होंने सोचा और सीधे इस नतीजे पर आ गए कि अगर इससे मेरा जाती फ़ायदा हो भी जाए तो भी मूलतः यह जानवर के हित में होगा। वह दरअसल चालीस के हो चुके थे। उस रात को वह मुनमुन को गोद में लेकर घर से सौ गज़ दूर गए। इससे ज़्यादा उनकी हिम्मत न पड़ी।

लँगड़ी बिल्ली को उन्होंने वहीं छोड़ दिया और वह दुम दबाकर सर्र से सबसे नज़दीक की झाड़ी में ग़ायब हो गई।

आधी रात को काँपती हुई वह खिड़की से घर में दाखिल हुई। उसकी आलसी आदतों को जो जानते थे उन्हें खिड़की के जंगले से गुज़रने की उसकी कोशिश देखकर इस मुसीबत में भी हँसी आती। वह घर तो आ गई थी मगर हक्की-बक्की रह गई थी। जैसे यह भाव उसके चेहरे पर छप गया और फिर जब कभी वह सामने आ पड़ती उसका हक्का-बक्कापन ही दिखाई देता। धीरे-धीरे वह अच्छा लगने लगा और घर-भर ने उसे उसकी सुन्दरता की पहचान बना लिया।

अपने प्रयोग की प्रौढ़ बुद्धि से सन्तुष्ट होकर दूसरे दिन शाम होने पर श्यामलाल अपने बच्चों से बोले, "इन तीनों को हम लोग ले चलें और घर के सामनेवाले मैदान में छोड़ दें। यह अपने आप वापस आ जाएँगे।"

बच्चे उन्हें मैदान में खेलते हुए देखने की कल्पना कर ख़ुश हुए—उन्हें घर में ही देखते-देखते वे ऊबे जा रहे थे। वे बिलौटे को भूल चुके थे। "मगर चिट्टी के घर के मामने मत छोड़िएगा, उससे हमारी बोलचाल बन्द है" उन्होंने कहा।

श्यामलालजी ने और रात होने का इन्तज़ार किया। उन्होंने अपने को भरोसा दिलाया कि चाँदनी है, इससे जो वह करने जा रहे हैं उसमें जानवर के लिए ख़तरा कुछ कम हो जाता है। वह तीनों को उठाकर ले गए और सूने मैदान में उन्हें गोद से उतार दिया। मुनमुन को उन्होंने जहाँ अकेले रहने की शिक्षा दी थी, वहाँ से यह जगह उनके घर के और भी नज़दीक थी। तब वह वहाँ से लेकर अपने घर तक, चहलकदमी करने लगे। दो-तीन फेरियों तक तो उन्हें बच्चों की चीं-चीं सुनाई देती रही, उसके बाद आवाज़ें बन्द हो गईं। वह अगली फेरी में बच्चों के और नज़दीक तक गए। दो बच्चे एक घर के बरामदे की सीढ़ियों पर गुमसुम बैठे थे, एक का पता न था।

सवेरे आएगा वह भी, उन्होंने कहा और घर लौट आए। हस्बमामूल सबके सो जाने का इन्तज़ार करते रहे, क्योंकि उनको कुछ देर अकेले जागकर सोने की आदत थी।

पर जब नींद के ठीक पहले का शून्य उनको हँस-हँसकर डुबोने लगा तो वह चौंककर उठ बैठे और उन्होंने बच्चों को एक बार फिर देख आने का निश्चय किया।

उन्होंने हर मकान के बरामदे में झाँकना शुरू किया। जाड़ा पड़ने लगा था, लोग अन्दर सो रहे थे। कोई भी जाग पड़ता तो जवाब तलब करता। वह दबे पाँव हर बरामदे में एक क़दम रखकर निगाहें चारों ओर दौड़ाते और वही एक क़दम दबे पाँव वापस लाकर अगले मकान को चल देते। आख़िरकार एक बरामदे में दो बच्चे मिल गए। दोनों गहरी नींद में सिकुड़े एक-दूसरे से पैबस्त पड़े थे। उन्होंने चार क़दम और बढ़कर उन्हें उठा लिया—चाहे कोई जाग ही जाए। लौटते हुए उन्हें कहीं से तीसरे की डरी हुई धीमी-धीमी चीं-चीं सुनाई दी। इस बार सहज भाव से वह दूसरी

मंज़िल के एक मकान की सीढ़ियाँ चढ़ते चले गए और पहले बरामदे में उन्हें तीसरा बच्चा भी मिल गया।

घर वापस आकर वह लेटे और फ़ौरन सो गए। अगले दिन इतवार था। उठते ही श्यामलाल के बच्चों ने टीना के पास जाकर उसके बच्चों को देखा। जब उन्हें बताया गया कि ये तीनों अपने-आप नहीं आए, इन्हें लाया गया था तो उन्होंने कहा तो कुछ नहीं, मगर श्यामलाल को मालूम हो गया कि उन पर सबका विश्वास कुछ कम हो गया है।

उनको कुछ बहुत दुख न हुआ। वह जानते थे कि उन्हें अपने स्वभाव की यह क़ीमत चुकानी ही पड़ती है। वह कोई ग़लत काम नहीं कर रहे थे, कोई निर्दयता, कोई क्षुद्रता नहीं कर रहे थे—वह सिर्फ़ एक निर्भीक प्रयोग कर रहे थे जिसमें जोखिम था तो पर नपातुला। वह चाहते थे कि उन्हें बस एक और मौक़ा दिया जाए जैसा ज़िन्दगी में हर बार वह उनसे माँगते आए थे जिन्होंने उन्हें प्यार दिया था। उन्होंने कहा, अगर हम टीना और मुनमुन को भी साथ ले जाएँ और पाँचों को घर से कुछ और दूर छोड़ें तो टीना इनको अपने साथ वापस ले आएगी। यह भी हो सकता है कि एक-दो बच्चे रास्ते में किसी घर में रह ही जाएँ—रह जाएँ तो अच्छा ही है, वहीं पल जाएँगे। यह भी हो सकता है कि कोई रास्ते से ख़ुद इन्हें उठाकर अपने घर ले जाए...

और फिर सबकी सहमति लेकर, जो किसी ने उन्हें खुलेआम नहीं दी, उन्होंने बिल्ली के परिवार को एक-एक करके अपनी खचड़ा मोटरकार में भर लिया। यह निहायत मुश्किल काम था। टीना ने और उसके हर बच्चे ने विरोध किया। श्यामलाल के बच्चे पहले तो सकपकाए खड़े देखते रहे, फिर उन्होंने बिल्लियों की गिरफ़्तारी में मदद की जिससे बिल्लियों को तकलीफ़ न हो और एक ने कहा कि आप वहाँ किसी को पटक मत दीजिएगा।

जब कार चली तो टीना घबराकर इस गद्दी से उस पर टहलने और अपने बच्चों को उसी तरह बुलाने लगी जैसे दूध पिलाने के लिए बुलाती थी। शायद वह कोई और आवाज़ थी जिसकी ममता में दूध पिलाने को बुलानेवाली पुकार से सूक्ष्म भेद था। श्यामलाल बाज़ार को मुड़नेवाली सड़क छोड़कर सीधे बढ़ते गए। इतना घर से बहुत दूर होगा, उन्होंने सोचा और लौट पड़े। एक जगह और रुके, पर वह भी उन्हें घर से बहुत दूर जान पड़ी। सब निर्णय उन्हीं के थे और उन्हें सन्तोष न मिल रहा था। आख़िर बाज़ारवाले मोड़ पर आकर उन्होंने सड़क के एक किनारे एक भलेमानस आदमी को पेड़ के नीचे सुस्ताते देखा। यही ठीक है। आदमी ने गाड़ी रुकते और बिल्लियों को दरवाज़े से कूदकर बाहर आते देखा और वैसे ही बैठा रहा। मगर श्यामलाल जो कर रहे थे उसमें उसे चुपचाप अपना साझी मान चुके थे। टीना सड़क पर आते ही चारों ओर देखकर चौकन्नी हुई। फिर कान खड़े करके

और दुम दबाकर सीधे सड़क के उस पार भागी। मुनमुन उसके पीछे-पीछे दौड़ गई और दोनों सड़क के पार की पटरी पर बैठकर एक बार इधर और एक बार उधर देखने लगीं। वे सर साथ-साथ घुमातीं। उनके कान खड़े थे और मुँह खिंचकर आगे को निकल आया था। टीना के सफ़ेद पैरों और सफ़ेद सीनेवाला जिस्म तना हुआ था। यह देखकर श्यामलाल को धक्का-सा लगा। "टीना-टीना!" उन्होंने पुकारा। मगर टीना वापस आना नहीं अपने बाक़ी बच्चों को इस पार ले जाना चाहती थी। श्यामलाल ने उन्हें उठाया और टीना की तरफ़ ले चले। वह तेज़ी से आगे बढ़ी और बच्चों को पुकारकर वापस मुड़कर वहीं जा बैठी जहाँ पहले थी।

शायद यह जगह भी घर से ज़्यादा दूर है। मगर नहीं। मुझे पूरी उम्मीद है कि इन्हें वह घुमा-फिराकर यहाँ से घर की तरफ़ ले जाएगी...और फिर जो होगा वह स्वाभाविक तौर पर होगा। जो भी हो, हो। मैं इन्हें मारने के लिए नहीं छोड़ रहा हूँ। उनकी माँ उनके साथ है। उन्होंने कई बार हलके से और एक बार ज़ोर से अपने मन में कहा और वापस आ गए।

किसी ने उनसे कुछ नहीं पूछा। थोड़ी देर बाद जब घर का काम ख़त्म हो चुका तो उनकी पत्नी आकर कमरे में बैठीं। धीरे से बोलीं, "कहाँ छोड़ा है उनको?"

श्यामलाल ने बताया कि बाज़ारवाले मोड़ पर। वह चुप रहीं। श्यामलाल ने कहा, "दूर नहीं है। टीना आ जाएगी।" उन्होंने बच्चों का नाम नहीं लिया।

"टीना पिछवाड़े के स्कूल से आगे आज तक नहीं गई है," वह कहकर चुप हो गईं। फिर काफ़ी देर बाद बोलीं, "टीना दो-तीन दिन के पहले नहीं आ सकती।" वह आँखें मूँदे बैठी हुई थीं। उनके चेहरे पर थकान तनी हुई थी। वह बिल्ली के साथ किए गए प्रयोग की बेदर्दी और अपना पुराना सिर-दर्द साथ-साथ सह रही थीं।

थोड़ी देर बाद श्यामलाल ने पूछा, "दो-तीन दिन कहाँ रहेगी?"

पत्नी ने कहा, "यह तो मैं नहीं कह सकती, परन्तु वह बच्चों को अकेला छोड़ेगी नहीं, जहाँ वे रहेंगे वहीं वह रहेगी।"

श्यामलाल बोले, "तो क्या यह भी हो सकता है कि वह लौटकर न आए?"

पत्नी ने कहा, "यह तो मैं नहीं कह सकती। मगर वह आएगी तो दो-तीन दिन बाद ही आएगी। हफ़्ते-भर बाद भी आ सकती है।"

श्यामलाल ने कहा, "नहीं, इतने दिन तो बहुत होते हैं।"

अपने हाथ से अपना सिर दबाते हुए पत्नी ने कहा, "तुम बाज़ार से खाना ले आओ। मैंने पकाया नहीं है।"

श्यामलाल के साथ बाज़ार जाने के लिए उनके दो बच्चे फ़ौरन तैयार हो गए। वे घर से निकले तो श्यामलाल ने कहा, "हम गली-गली जाएँगे।"

एक बच्चे ने कहा, "सड़क-सड़क चलिए क्योंकि वह सीधे रास्ते से घर आ रही होगी।"

श्यामलाल ने कहा, "नहीं, हो सकता है वे लोग किसी घर में दुबक गए हों, हम गलियों से होकर जाएँगे और सड़क से होकर आएँगे।"

गलियों में उन्हें कई बिल्लियाँ मिलीं—छोटी, बड़ी, चोरों की तरह दुम दबाकर सरकती हुईं और बेख़बर घूरे को देखकर कुरेदती हुईं। वे सब दूसरी बिल्लियाँ थीं। वे पास आते ही कितनी अजनबी लगती थीं और कितनी पराई थीं भी।

गोगी को पकड़कर खींच निकालने के बाद श्यामलाल को विश्वास हो गया था कि टीना और उसके सब बच्चे इसी सुरंग में हैं। वह इतनी सँकरी और नीची थी कि यह विश्वास सिर्फ़ वही कर सकता था जो बिल्लियों की सिकुड़ सकने की क्षमता जानता हो। श्यामलाल ने वहीं जाकर पूछताछ की थी जहाँ वह सवेरे उन्हें त्याग गए थे। वह नहीं जानते थे कि जब वह अकेले घर वापस जा रहे थे तो इतवार को छज्जों पर ख़्वामख़्वाह खड़े बहुत-से लोगों ने उन्हें देखा था। हर छज्जे पर बातचीत हुई थी कि यह आदमी कर क्या रहा है। निश्चय ही कुछ लोग बिलकुल बोदे रहे होंगे। उनमें से कुछ ने श्यामलाल के बहुत राजदाँ बनते हुए कहा कि उन्होंने समझा था कि श्यामलाल अपनी बिल्लियों को छोड़ने नहीं अपनी बिल्लियों को पकड़ने आए हैं। 'क्या अभी तक मिली नहीं?' उन्होंने पूछा। यह पर्दादारी लोग बिना माँगे कर रहे थे जिससे वह श्यामलाल को भय की तरह रहस्यमय लगी। उन लोगों के सामने, जो उन्हें इतना ग़लत समझ रहे थे, सच बोलना कितना निराशाजनक होता। "हाँ, मगर आपने उन्हें जाते किधर देखा था?" उन्होंने जैसे डकैतों के सामने मीठी बोली से काम निकालना चाहा।

एक बड़ी सींक-सी औरत बोली, "इधर तो वे आ ही नहीं सकतीं—हाँ। मेरा कुत्ता बिल्लियों को फाड़ के रख देता है। डरिए नहीं, मैंने इसीलिए उसे बाँध दिया है। वे वहीं नाले में कहीं होंगी।"

सुरंग का दरवाज़ा उन्होंने एक गुस्से से ढक दिया। गोगी को गोद में लेकर वह घर की तरफ़ दौड़े।

वह अपनी बड़ी लड़की को बुलाने जा रहे थे जिसकी आवाज़ सुनकर मुनमुन बोला करती थी और वह अपनी पत्नी को भी बुलाने जा रहे थे जो रोज़ उनके घर लौटने पर उन्हें बताया करती थी कि आज टीना ने क्या किया।

सब कोई आए। लड़की ने मुनमुन को दो बार बुलकारा तो उसने सिर बाहर किया और पकड़ ली गई। मुश्तू आदतन मुनमुन के पीछे-पीछे निकल आया। मगर टीना अपनी सुरंग के दरवाज़े तक आकर फिर भीतर चली गई। उसके पास अभी शीमा थी।

भीड़ लग गई थी। जैसे वे दोनों दर्शकों के लिए संवाद बोल रहे हों, श्यामलाल ने पत्नी से कहा, "तुम बुलाओ।"

स्त्री ने आवाज़ दी, ''टीना, टीना!''

तब भीड़ में से एक सूखा-सा आदमी ज़ोर से बोला, ''इसके बच्चे को दिखाओ तो बाहर आएगी।'' कहकर उसने गोगी को श्यामलाल के हाथ से ले लिया। श्यामलाल और उनकी पत्नी दो सिलबिल आदमियों की तरह खड़े देखते रह गए। उसने गोगी को ज़ोर से दबाया। और वह चीखकर रोई। श्यामलाल के बच्चों ने एक स्वर से कहा, ''नहीं, नहीं, क्या करते हो!'' तभी टीना परेशान बाहर आ गई। बड़ी लड़की ने उसे फ़ौरन उठाकर गोद में दबा लिया।

वह भौंचक थी और उसका बदन नम हो रहा था। उसने गरदन उठाकर चारों तरफ़ देखा और निश्चिंत हो गई। अपने ऊपर थोपी हुई मुसीबत से उसने जो संघर्ष किया था उसका कोई घमंड उसकी आँखों में नहीं था। वह न तो कुरकुराने लगी, न उसने अपनी दुम फुलाई, न उसने ऐसी और कोई हरकत की जिनसे आदमी बिल्लियों को पहचानते हैं। बस, उसने एक बार आँखें मींचकर खोल दीं।

श्यामलाल ने उसे ग़ौर से देखा। वह समझ रहे थे कि उन्होंने उसके साथ क्या किया है और यह भी जान रहे थे कि वह नहीं समझ सकती कि ख़ुद उनके साथ क्या हुआ है! एकाएक वह अपनी असहायता से छटपटा उठे। हालाँकि उनके दिल में प्यार ही प्यार था, मगर बिल्ली को किसी तरह यह बताने का तरीक़ा वह नहीं जानते थे। चालीस बरस तक वह हर बार एक मौक़ा और माँग चुके हैं, मगर आज फिर माँग रहे हैं।

[1972, *रास्ता इधर से है*]

क़िले में औरत

उस शहर में मुझे सिर्फ़ तीन दिन रहना था। होने को इन्हीं तीन में से किसी एक दिन मेरी हत्या हो जा सकती थी। पढ़ा था कि इस शहर में रोज़ हत्याएँ होती हैं। लोग हमला बोलकर मार डालते हैं। अख़बार में सिर्फ़ इतना छपता था—आज चार और मरे। इससे ज़ाहिर था कि वे कोई और थे जो मरते थे; अख़बार पढ़ सकनेवालों में वे नहीं थे, नहीं तो अख़बार उनका नाम-धाम भी छापता। उधर शहर में पहुँचकर मैंने देखा—चौक में तमाम लोग मरे नहीं हैं, चल-फिर रहे हैं। उनको भी यह डर न था कि रोज़ हत्या होती है तो आज भी और उन्हीं की हो सकती है। वे आश्वस्त थे कि और ही लोग होंगे जो मारे जाएँगे।

मैं एक होटल में ठहरा। होटल आत्मरक्षा के लिए क़िलेबन्दी के तरीक़े पर बना हुआ था। मगर वह बना तो तब का था जब हत्याएँ इस शहर में नहीं, गाँवों में हुआ करती थीं और वहाँ की ख़बरें छपती ही न थीं—आज तो बिना नाम के छप भी जाती हैं। वे सब स्थान होटल से बहुत दूर और ऐसे ग़रीबों के थे जो इस जन्म में इस होटल में आ ही नहीं सकते थे। तब होटल का यह नक़्शा आत्मरक्षा के लिए नहीं, ख़ाली रोआब डालने के लिए बनाया गया होगा। पर आज यह कितने काम आ रहा था। आख़िर हत्याओं का सिलसिला नीचे से ऊपर की ओर सरकता आ रहा था न। किसी दिन होटल में भी पहुँचता—इतिहास बताता है कि ध्वस्त नगर में हमेशा एक आलीशान होटल ही शरणालय के रूप में बच रहा करता है।

अपने-आपसे मैं इस होटल में कभी न ठहरा होता। जिस दुकान का मैं काम कर रहा था, वह काम के सिलसिले में चाहती थी कि मैं इसमें रहूँ। मैं यह जानता था कि अगर मैं इसमें ठहरा तो जब हमला होगा कोई मुझे औरों से अलग न मानेगा। मगर मुझे अपना वेतन कमाने के लिए काम करने के अलावा यह ख़तरा भी उठाना था।

मैं यहाँ पहुँचा तो सबसे पहले दरबान दिखाई दिया। उसके हाथ में पुराने ज़माने की बन्दूक थी, जैसे मैंने बचपन में बरातों में छुड़ाई जाती देखी थी। मैंने उसे पहचान लिया, बन्दूक को नहीं, दरबान को। वह गोंडा जिले का था। उसने मुझे पहचान

लिया। मैं भी वहीं का हूँ। मेरा ख़र्च कोई और दे रहा था, उसकी वरदी कोई और दे रहा था। फिर भी उसने मुझे उसी तरह सलाम किया जैसे वह किसी ज़माने में कलकत्ते के साहबों को करता रहा होगा। अब गोंडा के लोग भी बाहर निकलकर इस होटल में घुसने लायक हो गए हैं, यह जानकर मारे ख़ुशी के वह फूल नहीं गया। उसे यह शक नहीं था कि शायद मैं बहुत अमीर हूँ। उसे विश्वास था कि मैं उससे कुछ अधिक पैसेवाला हूँ और बस इतना अधिक भी होऊँ तो काफ़ी है कि उसे कुछ इनाम दे सकूँ। ग़रीबी और गिरावट का एक दिन होता है जब आदमी अपने से ज़रा-से मज़बूत आदमी से डरने लगता है। इसी को लोग कर्तव्य और सन्तुलन कहते हैं। वह दिन उसकी ज़िन्दगी में आ चुका था।

शीशे का दरवाज़ा पार करते ही एक बरोठा मिला जिसमें आदमी के शरीर में बड़े आकार की कुछ कुरसियों पर लोग बैठे हुए थे। ये न जाने क्या समझकर इतने भड़कीले कपड़े पहनकर आए थे। शायद उनके पास पैसा बहुत था जिसे ये कपड़ों पर ख़र्च कर डालना चाहते थे। शायद इनके पास अपनी अक्ल इतनी कम थी कि ये तय नहीं कर सकते थे कि उन्हें क्या पहनना चाहिए। वे बैठे इस शान से थे जैसे होटल के रहने के सच्चे हक़दार वही हैं जिनके पास पैसा ज़्यादा और अक्ल कम है।

जिस कमरे में मुझे जाना था उसकी चाबी मैंने पटरे पर रखी देखी। वह बहुत बड़ी चीज़ थी जैसे किसी ख़ज़ाने की चाबी हो। उसका पुछल्ला उससे भी बड़ा था। ये दोनों चीज़ें मिलकर काफ़ी भारी एक चीज़ बन गई थीं जिससे कमरे में घुसने का अधिकार एक और भारी चीज़ बन गया था।

कई सूने बरामदे और बरोठे पार करके मैं लिफ़्ट के सामने पहुँचा। लिफ़्टवाले ने मुझे दाख़िल करके एक बड़ा भारी हैंडिल घुमाया। घूँ-घूँ करके लिफ़्ट चली। मुझे लग रहा था कि इसमें कोई गड़बड़ है, नहीं तो सिर्फ़ बटन दबाकर मैं ख़ुद लिफ़्ट को ले जा सकता था। लिफ़्टवाला कहाँ का रहनेवाला है, मैं सोचने लगा। वह मेरी ओर देखे तो पहचानूँ। वह दीवाल की ओर मुँह किए खड़ा रहा। जब वह इधर घूमा तो मैंने कहा, बस्ती, नहीं बेगूसराय। उसके चेहरे पर एक फुफ्फल मोटापा था जो लगातार असन्तुलित आहार से आ जाया करता है। कितना मुश्किल था उसे पहचानना—इस तरह के चेहरेवाले हिन्दुस्तानियों का प्रदेश इतना बड़ा है। वह भी वरदी पहने हुए था और बड़ी सख़्त वरदी थी वह। जैसे उसकी तनख़्वाह की सारी कमी पूरी कर देगी। ख़ासतौर से कड़ी गोल टोपी जो किसी विलायती लिफ़्टवाले पर सैनिक सजावट का धोखा देती। इसको वह बेबसी की तसवीर बना रही थी। इसके बच्चे क्या पहने होंगे, मैंने सोचा—छोटी लड़कियाँ अपनी बड़ी बहनों की उतरनें और बड़ी, बूचे कुरते जो उनकी मारी गई बाढ़ के साथ ऐसे फिट हो गए होंगे कि जन्म भर वे धो-धोकर उन्हें पहन सकेंगी। लिफ़्टवाले ने सलाम किया। जिसका

मतलब था कि मैं उसे एक रुपया दूँ जिसका मतलब था कि वह वरदी होटल से पाएगा और गुज़ारा सलाम करके। मैंने उसे रुपया नहीं दिया। मैं उस ग़रीबी में शामिल नहीं था जो उसकी थी। होता तो रुपया देना और भी बदसलूक होता। मैं उस अमीरी में शामिल नहीं था जो इस तरह रुपया देनेवालों की होती है। होता तो मैं मैं न होता। पर मैं कितनी चालाकी से छुट्टी पा रहा था—यहाँ होकर भी और यह जानकर भी कि मुझे यहाँ नहीं होना चाहिए था। लिफ़्टवाले ने यह सबकुछ नहीं भाँपा। उसने यही समझा कि फिर कभी देंगे। बख़्शीश न देने से मेरे और उसके बीच कोई अपनापा उपजा है, यह भी उसने नहीं जताया। जो मैं यह जताता तो यह मेरी चालाकी की हद होती और वह, मैं उसके गाँव का भी होता तो भी न मानता कि मैं उसकी जमात का हूँ। वह गाँव से अपनी औक़ात लेकर शहर में आया था और यहाँ वह उससे सम्बद्ध हर काग़ज़ पर दर्ज कर दी जा चुकी थी।

कमरे में जाकर मैं बैठ गया। ऐसा लगा जैसे अब यहाँ कोई न आ सकेगा। फ़ौरन कमरे से बाहर निकलकर मैंने देखा, दूर-दूर तक कोई न था। इधर-उधर कोई दिखाई भी पड़ता तो वह ऐसा व्यक्ति होता जो बात करने के लिए नहीं, ख़िदमत के लिए रखा गया था। सब ख़िदमतग़ार निहत्थे थे और धीरे-धीरे इतने पतित हो चुके थे कि कोई आक्रमण न कर सकते थे। ऊपर से बाहर दरबान मौजूद था। ख़तरे का कहीं नामोनिशान नहीं। मगर मुझे इतना बेख़बर होने की ज़रूरत ही क्या थी? कोई ज़रूरत नहीं थी। सहसा यह अद्‌भुत विचार मन में आया कि ये सब कमरे एकान्त अध्ययन के लिए कितने उपयुक्त हैं, परन्तु इतने महँगे हैं ये कमरे कि इनमें पहुँचते ही यह ख़याल दिमाग़ में घर करने लगता है कि यहाँ अपना एकदम निजी व्यभिचार करने के लायक़ आदर्श एकान्त है।

थोड़ी देर में भूख लगने लगी। सन्नाटे में बरामदों और बरोठों का दाएँ-बाएँ मुड़ता एक सिलसिला पार करके मुझे खाने के कमरे में जाना था। वहाँ पहुँचकर मैंने दरअसल समझा कि यह इमारत कितनी बड़ी है। इसके हर दो कमरों में जहाँ भीड़ हो सकती है, परस्पर बहुत फ़ासला है और वह फ़ासला सूने बरामदों और बरोठों से भरा हुआ है।

खाने के ऊँची छत और झाड़फानूसवाले कमरे में कई लोग थे। जितने ग्राहक थे उनसे ज़्यादा बैरे थे। वे चुपचाप खड़े मानो आशा कर रहे थे कि जो कोई आएगा, ख़ूब खाएगा। खाना उसकी ज़िन्दगी में एक तरह का फ़ैशन होगा। वरना वह यहाँ आए ही क्यों और बैरों को काम ही क्यों मिले? वह खाने के लिए न खाएगा। वैसा करे तो बड़ी निराशा होगी। शायद उसको भूख भी न हो। वह खाएगा क्योंकि शाम हो गई है और जब तक वह खा न ले शाम ख़त्म न होगी। उसके पाम कितना ही वक़्त क्यों न हो, कभी न कभी शाम को ख़त्म करना उसकी ज़िन्दगी में व्यवस्था के लिए ज़रूरी होगा।

खाना बहुत ही बदमज़ा था। गोश्त से मानो बकरे की ज़िन्दगी की एकरसता महक बनकर उठ रही थी। रोटी में नंगे बदन की-सी वह गरमाई न थी जो तंदूर उसे देता है, वह गिजगिजी और बूढ़ी-सी थी। अचारों और चटनियों से एक खट्टी सड़ाँध उठ रही थी जैसे किसी ने इन्हें गन्दे हाथों से छू लिया हो और ये फफुँदिया रही हों। मैंने जल्दी-जल्दी ख़त्म किया। जिन परिस्थितियों में मेरे जीवन के इतने वर्ष बीते थे उनमें मुझे हबड़-हबड़ करके खाने की आदत पड़ चुकी थी।

बाक़ी किसी को जल्दी न थी। मानो वे किसी का इन्तज़ार कर रहे हों। एकाएक बत्तियाँ गुल हो गईं। सब नहीं। एक गुलाबी रोशनी जल रही थी। कई आदमी बाजों के सामने खड़े दिखाई दिए। एक क्षण को लगा कि मैं इन्हें पहचानता हूँ। शायद ये वही लिफ़्टवाले और दरबान हैं। इनको दूसरी वरदी पहना दी गई है। दूसरी वरदी तो थी ही। वे लोग भी दूसरे थे। एक ने झाँझ पर चोट मारी और ऐसे मटककर खड़ा हो गया मानो मस्त हो गया हो।

एक व्यक्ति उस बड़े कमरे में आया। वह एक औरत थी। वह समझ रही थी कि वह सुन्दर है। यह उसकी चाल-ढाल से प्रकट था। मैंने सोचा, गाना गाएगी। मगर उसने पहले एक बाँह उठाई फिर एक टाँग उठाई जैसे इन हरकतों से उसके किसी रहस्य का द्वार आधा खुलकर रह जाएगा। बाक़ी आधा खोलने के लिए लोग व्याकुल हो उठेंगे। फिर उसने सीने पर हाथ रखा जैसे उसकी पोशाक वहीं से अटकी हुई है और वह हाथ हटा लेगी तो गिर पड़ेगी। वह नहीं, पोशाक। थोड़ी-सी इधर-उधर की अदाओं के बाद उसने अपने साये में हाथ डालकर उसे, साये को नहीं हाथ को, ऐसे हिलाना शुरू किया जैसे देखनेवाला अपने हाथ को उसके साये में हिलाना चाहता। मेहरबानी करके कपड़े पहने रहो, मैं उससे कहना चाहता था, ऐसे ही ग़नीमत है। कपड़े पहने हुए तुम एक भरी-पूरी औरत मालूम होती हो। तुम्हारे साथ बातचीत भी की जा सकती है—कोई ज़रूरी नहीं कि बहुत सूक्ष्म अनुभूति की बातचीत हो—कुछ भी हो जिसमें तुम सच्चे मन से बोल सको : फ़ोश हो, फ़ैशन की हो, तुम्हारे अपने दोटूक फ़लसफ़े की हो। मगर तुमने कपड़े उतारे नहीं कि विषय बदला। कपड़े मत उतारो। घटिया और भड़कीले ही सही, उन्हें पहने रहो।

औरत ने साये के अन्दर से एक जाँघिया निकालकर दोनों हाथों में लेकर उसका आकार सबको दिखाया। उसे हवा में नचाकर उसने फेंक दिया। गिटार बजानेवाला एक आदमी बड़ी अदा से उठाकर ले गया। औरत ने साया समेटकर एक जाँघ दिखाई।

कहीं मेरे पीछे से आकर नीली रोशनी का एक घेरा उसकी गोरी जाँघ पर जा पड़ा। मुड़कर देखा तो एक आदमी जिसे अब तक मैं खानेवालों के इन्तज़ार में खड़ा बैरा समझ रहा था, एक बड़े लैंप को औरत पर बैठा रहा था। ऐसे कई बड़े-बड़े लैंप कमरे में दिखाई दिए। ये सब कहीं दीवालों में लगे खड़े थे। तमाशा शुरू होते

ही इन्हें कमरे के बीच लाया गया था। तमाशे में किस मौक़े पर कहाँ से कौन-सी रोशनी डाली जाएगी, यह तय था। इसी के अनुसार लैंपों की जगहें निश्चित थीं। जो लोग इन्हें लाए थे वे, मैंने फिर ग़ौर से देखा तो, बैरे ही दिखाई दिए। बैरे ही थे वे। उन सबकी वरदी एक-सी थी। उन्हें वेतन खाना खिलाने का मिलता था और औरत पर रोशनी वे बेगार में डालते थे। ज़रा देर और ठहरूँ तो शायद मुझे खाने की तश्तरी मेज़ पर पटककर लैंप सँभालने दौड़ता हुआ कोई बैरा दिखाई दे जाए कि रोशनी के इन्तज़ार में औरत को कुछ अधिक कम उघड़े न रहना पड़े। न, वहाँ विनोद तो किसी को छू भी न गया था।

औरत फ़र्श पर चित लेटकर हिलने लगी। नहीं जानता था कि किस वजह से लोग कुरसी छोड़कर खड़े नहीं हो गए क्योंकि बिना खड़े हुए उसकी रति देख नहीं सकते थे। वह ज़रा ही देर हिली, ठीक उतनी देर जितनी देर में आप तय न कर पाएँ कि खड़े हों या न खड़े हों और आपको काफ़ी पीड़ा मिल जाए—इतनी ज़्यादा नहीं कि आप ठगे जाने का अनुभव करने लगें। पहले पंजों और घुटनों के बल होकर उसने हसरत-भरी निगाह हवा में डाली जैसे इतने पुरुषों के रहते भी वह अतृप्त रह गई है।

मैं सब खानेवालों को तो एकसाथ नहीं देख सकता था, एक मेज़ पर मैंने ध्यान लगाया। उस पर तीन आदमी काला सूट पहने बैठे थे और एक धोती-कुरताधारी थे। धोती-कुरते का चेहरा पहली-पहली बार किसी महान सफलता के सुख से पसरा जा रहा था। उसका नौसिखियापन उसकी बाछों में खिला पड़ रहा था जिससे उसके लिए सहानुभूति पैदा होती थी। हो सकता है, यह शराब का असर रहा हो। बाक़ी तीन आदमी जो काले कपड़े पहने थे उनमें मैल का कलफ़ जान पड़ता था। उनके चेहरे हड़ैले और बेलौस थे और उन पर सन्तुलित ख़ुशी थी जिससे वे हवा में टँगे-से जान पड़ते थे।

औरत इसी मेज़ पर आई। उसने धोती-कुरता को बख़्श दिया; वह जानती थी कि सूटवाले धोती-कुरता को ख़ुश कर रहे हैं और उसे सूटवालों को ही ख़ुश करना चाहिए—धोती-कुरता को बदहवास कर देने से क्या फ़ायदा, जबकि उसे सिर्फ़ ललचाने में फ़ायदा है। वह एक काले सूट की गोद में जा बैठी और उसके मुँह से सिगरेट निकालकर पीने लगी। चारों पुरुष ऐसे हँसने की कोशिश करने लगे जैसे वे मुरली मनोहर हों जबकि वे दौलत कमाने में इतने घिस चुके थे कि उनका चेहरा लालसा की झलक आते ही बूढ़ा दिखाई देता।

अगले दस मिनट में औरत ने एक-एक करके सब कपड़े उतारे। अन्तिम कपड़ा—एक लँगोट—उतारने के साथ लाल-पीली रोशनियाँ बुझ गईं। धुँधले उजास में वह नंगी खड़ी थी।

वह कहाँ की रहनेवाली है, मैंने पूछा, गोंडा, बस्ती, बेगूसराय, बहराइच, आरा, छपरा, राँची?

असम्भव था जानना। वह इतनी नंगी थी।

एक दुशाला ओढ़कर वह भाग गई। शर्म दिखाने का उसका काम क़ायदे से तो सही था मगर उसकी उम्र ज़्यादा दिखी, शर्म कम। मैंने नतीजा निकाला कि जब भी कोई तेज़ी से जाता है उसकी सही उम्र छिपाए नहीं छिपती चाहे वह साइकिल चलाए, चाहे दौड़े...

जैसा कि मैं बता चुका हूँ, मैं तीन दिन उस होटल में रहा। पहली शाम को जो देखा था ठीक वही दूसरी और तीसरी शाम को देखा। ठीक जब छातियाँ कपड़े से बाहर निकालने का वक़्त आता, हरी रोशनीवाला खानसामा लपककर अपने लैंप के पीछे खड़ा हो जाता। उसके ऊपर तनाव साफ़ दिखता था। पर वह नंगी औरतें देखने का तनाव नहीं था। रोज़ नंगी औरत देखने से ऊब और रोज़ ठीक वक़्त पर लैंप न जला पाने के डर का मेल था वह तनाव। सब बाजा बजानेवाले औरत की तरफ़ थे और वे उसे मिलकर पीटते।

दूसरी शाम को मैंने बाजा शुरू करनेवाले को भी ठीक कल की तरह झाँझ पर पहली चोट मारते ही मस्त हो जाते देखा। तीसरी शाम को मैं यह भी पहचानने लगा कि पूरी धुन में कहाँ-कहाँ, किस-किस बाजेवाले का मस्त होना और कौन-सी अदा दिखाना निश्चित है। वे जानते थे कि सुननेवाले मज़ा लेने की ताक़त खो चुके हैं—एक अदना वादक भी यह पहचान लेता है।

खानेवाले—नहीं, मैं दावे से नहीं कह सकता कि वे तीनों दिन वही थे या उन्होंने तीनों दिन वही खाया। देखिए न कि इन सबके बीच वही तो थे जिनके पास कुछ परिवर्तन कर सकने लायक पैसा था। वे उसे तरह-तरह के खाने पर फूँक सकते थे बग़ैर यह जाने हुए कि वे क्या खाना चाहते हैं? वे खाते जाते और होटल चलता रहता।

बाक़ी सब ग़रीब लोग थे। वे इस क़िले में सुरक्षित थे। वे इस शर्त पर सुरक्षित थे कि वरदी पहनेंगे, सलाम करेंगे, बाजा बजाएँगे और औरत पर ठीक जगह, निश्चित समय पर, रोज़-रोज़ रोशनी डालेंगे। और वे चिड़चिड़ाएँगे नहीं। औरत को मैं नहीं जानता, पता ही नहीं चला कि वह कहाँ की रहनेवाली है। अनायास एक बात मेरे दिमाग़ में आई। शहर में हत्याएँ हो रही हैं। कभी इस क़िले में हत्या होगी तो ये लोग नहीं मारे जाएँगे, मैंने कहा, मुझे उम्मीद है कि वे लोग औरत को भी नहीं मारेंगे, इससे क्या हुआ कि उसके शहर का मुझे पता नहीं! और अगर यही लोग मारेंगे तो भी औरत को नहीं मारेंगे, इससे क्या हुआ कि वह अब कहीं की नहीं रही।

[1972, *रास्ता इधर से है*]

सीमा के पार का आदमी

युद्ध-विराम हो चुका था। यह दोनों देशों के इतिहास में गपतालिसवाँ युद्ध-विराम था। हर बार की तरह पड़ोसी शत्रु को कुचलकर रख देने के गीता लिखनेवाले कवि दूसरे धंधों की तलाश करने लगे थे और राष्ट्र की महानता के महाकाव्य रचनेवाले कवि सरकारी नेताओं से मिलने-जुलने में लगे थे ताकि उन्हें समझा सकें कि वे युद्ध और युद्ध-विराम दोनों को ही राष्ट्रीय महानताएँ मानते हैं। ठेकेदार युद्ध-सामग्री के जो ठेके युद्ध-विराम में भी मिल सकते हैं उन्हें लेने के लिए छोटे मंत्रियों के यहाँ उपहार अब भी भेज रहे थे मगर सबसे बुरा हाल लड़कों को क़वायद के लिए काठ की बन्दूकें सप्लाई करनेवालों का था—और यह तब जबकि राष्ट्र की इस भावना के वे सबसे सच्चे समर्थक थे कि हम लड़ना नहीं चाहते किन्तु हमें लड़ना पड़ा तो हम लड़कर मर जाएँगे।

इस अस्थिरता में एक दिन शत्रु के उस क्षेत्र का मुआयना करने की इच्छा रक्षा-उपमंत्री ने प्रकट की जो अपने क़ब्ज़े में था।

मेज़र मलकानी युद्ध-विराम मोर्चे पर दर्शकों को ले जाने और घुमाने का काम किया करते थे। उन्होंने कहलवाया कि मंत्री को मोर्चा ही नहीं, बन्दीघर भी देखना चाहिए। युद्ध-बन्दियों के जेलख़ाने में दो चीज़ें ख़ासतौर से देखने की हैं—एक तो अस्सी बरस की एक बुढ़िया है और दूसरी अट्ठारह बरस की एक छोकरी। जो कोई जेल देखने जाता है इन दोनों से ज़रूर मिलता है। बुढ़िया पाकिस्तान के अध्यक्ष को ताबड़तोड़ गालियाँ सुनाती है कि वह इसके सिर पर यह मुसीबत लाया और लड़की कुछ सुनाती-वुनाती नहीं—वह ख़ुद देखने से ताल्लुक़ रखती है। वह गद्दर जवान ही नहीं, सीनाज़ोर भी है; चौबारा गाँव पर क़ब्ज़ा होने के पहले उसने अकेले दम हमारी पलटन का मुक़ाबला किया था : बन्दूक थी उसके पास, और बड़ी मुश्किल से काबू आई थी। जानते हो, इन्हीं बातों से तो औरत की जवानी मर्दों को एक चुनौती बन जाती है। मेज़र ने मंत्री के साथ चलनेवाले चपरकनातियों की संख्या गिनी और उस गिरोह में एक अख़बारी प्रतिनिधि भी शामिल कर लिया। इत्तफ़ाक़ देखिए कि वह मैं था।

जिस अख़बार के लिए मैं काम किया करता था उसमें हर युद्ध के समय छापा जाता था कि भारतीय सिपाही अदम्य साहस से लड़े। लड़ते ही थे। परन्तु यह रहस्य बना ही रह जाता था कि भारतीय सिपाहियों में पाकिस्तानी सिपाहियों से लड़ते समय वह साहस कहाँ से आ जाता था! कोई पूछता भी न था। जैसे सबको यह सिखा दिया गया हो कि आज़ादी की रक्षा के लिए अपने भाइयों से लड़ते रहना ज़रूरी है। जो हो, मुझे मेरा काम बता दिया गया था और वह काफ़ी सीमित था। मुझे इस विषय पर एक वृत्तांत लिखना था कि मोर्चे पर भारतीय सैनिकों ने पाकिस्तानी नागरिकों के साथ कितनी इनसानियत का बरताव किया।

सीमा पार करने के दस क़दम पहले सैनिक कमान का एक दफ़्तर था। उसमें बैठे हुए कुछ बाबू फ़ाइलों पर कलम घिस रहे थे और सैनिक वरदी पहने हुए थे। उन्हें देखते ही मुझे खाने के कटोरदानों की याद आई जो हर शहर में ऐसा ही काम करनेवाले घर से लाया और दफ़्तर से वापस ले जाया करते हैं। यहाँ वैसा कुछ भोंडापन न था। बल्कि सैनिक वरदी भी थी। उसने निरी कलमघिसाई को कितनी इज़्ज़त बख़्श दी थी—मानो सेना न हो तो यह काम मरियल इनसानों से ही कराना पड़े।

सीमा पार करते समय हमें बताया गया कि हम सीमा पार कर रहे हैं। शायद यह ज़रूरी था क्योंकि सीमा-वीमा वहाँ कहीं थी नहीं। सिर्फ़ एक नाली थी जिस पर पटरे डालकर पुलिया बना ली गई थी। वह भी सेना ने नहीं बनाई थी। अंडे-मुरगी और दूध उधर से लाकर इधर बेचनेवालों ने बनाई थी। उसी पर सेना पहरा दे रही थी। विभाजन की रक्षा के लिए उसे कहीं तो पहरा देना ही था।

पहला पड़ाव एक ब्रिगेडियर का अड्डा था जिस पर वह एक गाँव जीतने के बाद तैनात था। उसके बंकर में बीयर और डब्बाबन्द मछली थी।

"क्या इस गाँव में कुछ पैदा नहीं होता जो आप यह खा रहे हैं?" मैंने पूछा।

"बात यह है कि गाँववाले गाँव में हैं नहीं," उसने कहा।

मतलब यह था कि हमारे आने से पहले जो भाग गए उनके अलावा बाक़ी या तो मारे गए या बन्दी हैं। ये बातें युद्ध के मैदान में, भले ही वह ठंडा पड़ गया हो, कितनी स्वाभाविक लगती थीं। ख़िदमतगार दर्जे के सैनिकों से घिरा हुआ अफ़सर इन्हें कहते वक़्त एक असैनिक के मन में युद्ध नामक किसी तीसरी सत्ता का ऐसा आतंक जमा सकता था कि न बच्चों को सीने में छिपाए भागते लोगों की तसवीर आँखों के सामने आती, न इस स्थिति का उपहास दिखाई देता कि विजेता को खाने को कुछ नहीं मिल रहा है, सिर्फ़ वीरता का जादू छाया रहता। यही यह अनजाने में कर रहा था। मगर एक सच्चे सैनिक की तरह वह बहादुरी का सेहरा अपने ही सिर बाँधकर बैठ न रहा। हालाँकि वह यह कभी नहीं समझ सकता था कि एक गाँव में घुसकर बैठ रहना कितना हास्यास्पद है, वह यह ज़रूर समझता था कि बिना प्रतिरोध के जीतने पर कोई वाहवाही नहीं होती। उसने बताया कि एक घर में से पूरा परिवार आख़िरी दम तक

हमारी सेना का मुक़ाबला करता रहा। जब उनकी गोलियाँ चुक गईं तब भी वे न निकले, जब खाना चुक गया तब भी न निकले, जब पानी चुक गया तब भी न निकले...

"तो क्या आपने उन सबको भूखा-प्यासा मार डाला, यानी भूखे-प्यासों को गोली से मार डाला?"

"नहीं जनाब, आख़िर उनको अक़्ल आई और उन्होंने समर्पण किया मगर इस शर्त पर कि हम उनकी जान बख़्श देंगे..."

"और आपने उनकी जान बख़्श दी?"

"जी हाँ, हमने उन्हें कत्ल नहीं किया। हम उनकी इज़्ज़त कर रहे थे क्योंकि वे आख़िरी दम तक लड़े थे।"

अब मेरी समझ में आया कि आख़िरी दम से उसका मतलब आख़िरी साँस से नहीं उस एक क्षण से है जब संकल्प टूटने लगता है और आदमी यह निश्चयपूर्वक नहीं कह सकता कि वह सिर्फ़ ज़िन्दा रहने के लिए ज़िन्दा रहना चाहता है या दोबारा लड़ने के लिए। जो हो, वह बोल कुछ इतने ग़ौरव से रहा था जैसे कि निहत्थों को क़त्ल करने का भी श्रेय उसे मिलना चाहिए।

अफ़सर ने किसी को आवाज़ दी और उसके आ जाने पर पूछा कि वह बुड्ढा कहाँ है और क्या कर रहा है? वह बैठा है, यह सुनकर अफ़सर मुझे टीले के ऊपर ले गया। वहाँ वह धूप सेंकता बैठा था। या तो वह ज़मीन को ताक रहा था, या बुढ़ापे से उसकी गरदन ही झुकी रह गई थी।

"क्यों मियाँ, कैसे हो?" किसी ने पूछा।

उसने बड़ी मेहनत से गरदन उठाई। यही उसका जवाब था। या तो "अच्छा हूँ आपकी दुआ से" कहते-कहते वह थक चुका था या निर्जन गाँव में, अपने निर्जन गाँव में अपने ध्वस्त घर के बाहर शत्रु के बीच लगातार ज़िन्दा रखे जाते-जाते वह जड़ हो चुका था।

"यह अकेला यहाँ क्यों पड़ा है?" मैंने पूछा। मूर्खता का प्रश्न था कि नहीं। क्या यह काफ़ी स्पष्ट न था कि वह एक इनसान वहाँ न रहा होता तो इनसानियत के सलूक का अवसर कहाँ से आता?

मगर चूँकि मैंने पूछा था इसलिए किसी ने माकूल जवाब दिया, "यह अपना घर छोड़कर कहीं जाना नहीं चाहता।"

अनजाने में सैनिक ने एक बड़ी बात कह डाली थी। वह नहीं जानता था कि उसका यह वाक्य सेना के ख़िलाफ़ कितना बड़ा वक्तव्य है। हे ईश्वर, वह न जाने तो ही अच्छा है क्योंकि जान जाने पर वह इसे कभी दोहराएगा नहीं।

उपमंत्री शत्रु की टुटरूँटूँ एक अदद प्रजा का सलाम पाकर ख़ुश हुए। वहीं से आगे बढ़े तो हम कपास के खेतों में खड़ी फूली फ़सल के बीच थे और एक ऐसे गाँव

की ओर जा रहे थे जिस पर वाक़ई जमकर हमला हुआ था।

गाँव में घुसते ही एक लम्बी गली में क़दम पड़ा। इसमें यहाँ से लेकर वहाँ तक बीचोंबीच एक साफ़-सुथरा रास्ता बना हुआ था जैसा मंत्रियों के कहीं जाने पर बनाया जाता है। यह रास्ता विचित्र भी था और किसी कदर भयानक भी, क्योंकि वह जली हुई धन्नियों, चौखटों और झुलसी हुई ईंटों का मलबा दोनों तरफ़ सरकाकर बनाया गया था। हमें बताया गया कि मलबे के नीचे अब कोई लाश नहीं है। यह सच था, पर एक दिन पहले पानी पड़ चुका था और झुलसे हुए अनाज और काठ से उठकर एक गन्ध-भरा सन्नाटा हवा में छा गया था। उसमें लाशों की जो गन्ध कल तक रही होगी वह आज भी कहीं अटकी लटक रही थी।

यह गली गाँव का बाज़ार रही होगी, क्योंकि इसके दोनों ओर एक-एक दर के दो कमरे थे। एक में तले-ऊपर बुनी हुई मिट्टी की हाँड़ियों का एक स्तम्भ खड़ा था जो गोला गिरने के पहले सीधा खड़ा रहा होगा। धमाके से वह खसक गया था और खसका ही खड़ा था। कटोरों का भी एक ढेर था पर उसमें कोई अदद चकनाचूर नहीं हुआ था, सब के सब चटखकर रह गए थे। एक दुकान में मटके में जौ थे, एक पोटली में लाहौरी नमक था और एक कनस्तर से गुड़ बाहर आ रहा था और मिट्टी में घुलमिल गया था।

आगे-आगे जगह-जगह सूँघता और सिर्फ़ बहुत पसन्द आ जाने पर मूतता एक कुत्ता चला। वह वहाँ अकेला प्राणी था जिससे जाना जा सकता था कि ज़िन्दगी का अपना एक आज़ाद ढर्रा भी होता है।

गली पार करते ही एक अजब दृश्य दिखाई दिया। गाँव के इस कोने पर इत्तफाक से कोई राकेट नहीं गिरा था। यहाँ एक चौपाल थी जिसके सामने खड़े पेड़ की सूखी पत्तियों से ज़मीन ढँकी हुई थी। ज़रा परे हटकर निराले में एक चौकोर कोठरी खड़ी थी जिसका दरका हुआ शिखर स्पष्ट ही बमबारी से नहीं दरका था क्योंकि उसमें एक पीपल उगा हुआ था।

इस कोठरी के भीतर मंत्रीज़ी भी गए। वहाँ उन्होंने दीवारों पर राम और कृष्ण की लीलाओं के चित्र देखे जो लाल-पीले तैलरंगों से हरी वार्निश की ज़मीन पर अँके हुए थे। उन्होंने कोठरी के मध्य में एक चौतरा देखा। उस पर कोई मूर्ति न थी।

निकास गाँव के दूसरे छोर से था। इस बार एक ढहे हुए घर के भीतर से गुज़र कर जाना पड़ा। सब विशिष्ट अतिथि लाँघते-फाँदते निकल गए। मैंने अपने को एक बड़े कमरे में खड़े पाया जिसकी छत का एक कोना दीवार के एक अंश को साथ ले गया था और उसमें से अक्टूबर का नीला आकाश दिखाई दे रहा था। फ़र्श पर मिट्टी और चूने की तह से कूड़ा इस तरह ढँका पड़ा था जैसे इसी तरह बिछाया गया हो। यह उस घर के रहनेवालों की गिरस्ती थी। एकाएक जाने किस लालच से मजबूर होकर मैंने उसे खखोलना शुरू कर दिया।

मुझे हाईस्कूल पास करने का एक प्रमाणपत्र मिला जिस पर का नाम फटकर अलग हो चुका था। एक आठवें दर्जे की भूगोल की कापी मिली। इसमें किसी ने पाकिस्तान के जलवायु का नक़्शा बनाया था जो वह हिन्दुस्तान का नक़्शा साथ में खींचे बग़ैर बना ही नहीं सका था। छोटे पैर की एक नन्ही चप्पल मिली। गुलाबी प्लास्टिक की सस्ते क़िस्म की थी, जैसी चाँदनी चौक में भी मिलती है—जिस पर तितली टँकी रहती है। मुझे लपककर विशिष्ट अतिथियों को पकड़ना था : क्या मैं एक पैर में चप्पल, एक में नदारद, दौड़ जाऊँ? मैं ठिठक गया। चप्पल को मैंने कूड़े में सबके ऊपर इस तरह रखा कि जैसे ही बच्ची कमरे में आए उसे मिल जाए। एक पैर की लापता चप्पल को घर-भर में ढूँढ़ते, हल्ला मचाते बच्चों को क्या आपने कभी नहीं देखा?

बन्दीघर भारतीय प्रदेश में एक स्कूल था। इसके अहाते को शेर जितना फलाँग न सके, इतने ऊँचे कँटीले तार से घेर दिया गया था। भीतर कई कमरों में जहाँ अब भी सेब और आम की बड़ी-बड़ी तसवीरें लटक रही थीं वे लोग जमा थे जिन्हें अधिकृत गाँवों से लाया गया था। गौंजी हुई दरी पर ये पसरे पड़े थे। फिर भी न जाने क्यों, सारी जगह अस्थिरता से भरी हुई थी जैसे हवा में जान हो। औरतें नीचे आँगन में कई जगह रोटी पका रही थीं। गालियाँ देनेवाली बुढ़िया वहीं थी। बुलाकर लाई गई। किसी ने उसे छेड़ा ताकि वह कहना शुरू करे कि अय्यूब मुए का नास हो जिसने यह आग लगाई। इतने बड़े-बड़े आदमियों को देखकर वह पहले तो सकते में आ गई, फिर एकाएक दहाड़ें मार-मारकर रोने लगी। रो-रोकर वह कह रही थी, "मेरा लड़का कहाँ ले गए हो तुम लोग? मुझे सच-सच क्यों नहीं बता देते?"

उपमंत्री को बताया गया कि यह आधी पागल है, पर आप इससे कह दीजिए कि गाँव छोड़ने के पहले पाकिस्तानी फ़ौज तुम्हारे लड़के को सबके साथ लारी में भरकर ले गई थी।

"बग़ल के कमरे में भी दो मिनट के लिए तशरीफ़ ले चलिए, हुज़ूर," मेजर साहब ने विषय के साथ-साथ स्थान भी बदलना चाहा! वहाँ एक बड़ा कमरा-भर के हिन्दू थे। ये मुसलमानों से अलग रखे गए थे। बन्दीघर के प्रबन्धकों ने शायद यह नियम माना था कि चूँकि पाकिस्तान बन चुका है, इसलिए मुसलमान और हिन्दू अलग-अलग रखे जाएँगे। इतना ही सम्भव यह कारण हो सकता था कि चूँकि जेलखाना हिन्दुस्तान में है, इसलिए हिन्दू-मुस्लिम फ़साद बचाने के लिए वे अलग-अलग रहें।

उपमंत्री ने पूछा, "पाकिस्तान में आपको कोई तकलीफ़ है?"

मन्द गति से काफ़ी देर तक सोचने के बाद एक आदमी, जिसके कान में सोने की बालियाँ थीं, कुछ कहनेवाला था कि दूसरा सवाल आया, "क्या आपको अपने धर्म-कर्म के पालन की छूट है?"

इतना सुनना था कि एक कोई आदमी कोने से लपका हुआ सामने आ खड़ा हुआ और कहने लगा, "मुझसे पूछिए, मैं इन सबका पुरोहित हूँ।" कहकर उसने टीन का एक सन्दूक खोला। उसमें भजनों की चौपतियाँ किताबें भरी हुई थीं, "यह देखिए, हमें पूजा नहीं करने देते पर इनके सहारे किसी तरह हम ज़िन्दा हैं।"

"यह झूठ बोलता है," पुरोहित के बिलकुल बग़ल में खड़ा हुआ एक नौजवान बोला। मंत्री के स्वागत से जो हलचल शुरू हुई थी उसमें न जाने कैसे वह मुसलमानों के कमरे से यहाँ आ गया था। "यह ग़लत है," उसने कहा, "इनके पुजारी हैं और इनका मन्दिर भी है। चौबारा गाँव में आप जाएँ तो ख़ुद देख सकते हैं।"

सब चुप रहे। पुरोहित ने कहा, "बड़ी सख़्ती है हम पर साहेब, तिथि-त्योहार बाजा नहीं बजा सकते, मूर्ति नहीं रख सकते-मन्दिर में।"

मुसलमान नौजवान ज़रा गरम होकर बोला, "इनकी शादियाँ होती हैं, बच्चे पैदा होते हैं, सब काम होते हैं—अपने मज़हब के भीतर।"

पुरोहित का चेहरा अस्वीकार से और कड़ा हो आया।

उपमंत्री मुड़कर चल दिए। अमला साथ-साथ रेंग गया।

एक बार मैं फिर पीछे छूट गया था। पुरोहित के कन्धे पर हाथ रखकर मैंने पूछा, "अब तुम हिन्दुओं के बीच में आ गए हो तो यहीं क्यों न रह जाओ—सब कष्ट कटें!"

वह चौंका। अविश्वास से उसने मुझे ताका। दरवाज़े की तरफ़ देखकर उसने अन्दाज़ लगाया कि उसको कोई ताड़ तो नहीं रहा है।

"नहीं साहेब, वहीं चले जाएँगे।"

"तुम तो कहते हो, बड़े बन्धन हैं वहाँ!"

"हाँ साहिब, हैं तो, पर अपना घर वहीं है, बच्चों को पालने का सहारा है, अपना जो कुछ भी है वहीं है साहिब, अब और कहाँ जाएँ?"

एक पल हम दोनों चुप रहे। फिर उसने जाने क्या सोचकर मुझसे मानो कोई भेद खोला, "हम 1947 में भी वहीं थे। हमने अपना घर नहीं छोड़ा।"

मुझे कोई ग़लतफ़हमी न हो गई हो, सिर्फ़ इस ख़याल से मैंने पूछा, "हिन्दू होकर भी तुम वहीं बने रहे?"

"हिन्दू तो हिन्दुस्तान चले गए थे," उसने कहा, "हम हरिजन हैं।"

विशिष्ट अतिथियों की मंडली दबंग युवती को देखने आगे बढ़ रही थी जैसे वे सब पुरुषपुंगव हों और उनके ऊपर सुनहरी ज़ीन कसी हुई हो। मैं उधर नहीं गया। मेरा दिल बेक़रार हो उठा, इस आदमी को एक पैर की उस नन्ही चप्पल की बात बता डालने को, जिसे मैं नसीमन के लिए वहीं सम्हालकर रख आया था।

[1991, *रास्ता इधर से है*]

एक भगोड़े का आत्मकथ्य

मेरे पास एक पुराना काग़ज़ है जिस पर एक पता लिखा हुआ है। दिल्ली के एक ऐसे आलीशान मोहल्ले के एक बड़े मकान के एक हिस्से का पता है वह, जिसमें कम आमदनीवाले लोग भी रह लिया करते हैं। उसी काग़ज़ पर एक और पता भी है, वह किसी डाक्टर का अपना अस्पताल है जिसमें तगड़ा किराया लेकर मरीज़ रखे जा सकते हैं। एक सरकारी अस्पताल के इमरजेंसी वार्ड के बिस्तर नम्बर चौबीस का पता भी एक कोने में लिखा हुआ है। दूसरी जगह वह कभी-कभी काम करती है। तीसरी जगह उसका लड़का पड़ा हुआ है। वह लड़का दिल्ली में रहता नहीं था, बम्बई से आया हुआ था। बम्बई में वह बम्बई इंजीनियरिंग कॉलेज में पढ़ता है। वहाँ का पता नहीं है मेरे पास।

इस काग़ज़ का मेरे लिए बहुत महत्त्व है। यह एक औरत और उसकी ज़िन्दगी का दस्तावेज़ है। उसी की ज़िन्दगी के सिर्फ़ एक पहलू को यह काग़ज़ बताता है, मगर वह पहलू जिस ज़िन्दगी का है वह उस पहलू से अलग कोई चीज़ कैसे हो सकती है ? जब हम किसी से मिलते हैं तो क्या एक मुलाक़ात में सबकुछ जान लेते हैं जो कि सच हो ? नहीं, मगर हम जो कुछ जान पाते हैं वह अगर सच हो तो यह काफ़ी होना चाहिए। फिर और कुछ जानने की ज़रूरत नहीं रह जानी चाहिए। फिर भी लोग जानना चाहते हैं, न मालूम क्यों! और कोशिश करके वे जो जान भी पाते हैं, क्या वह हमेशा सच होता है ? नहीं। इसलिए उन्हें कोशिश नहीं करनी चाहिए। जितना वह जान चुके हैं अगर वह उनकी अपनी ज़िन्दगी में कुछ कर नहीं गुज़रा है तो वह जानना ही नहीं है और उसके आगे जानने की कोशिश किसी दूसरे की ज़िन्दगी में ज़बरदस्ती ताक-झाँक से बेहतर कुछ नहीं। और मैं कहता हूँ कि इससे घटिया हरकत भी कोई नहीं। अगर जितना हम एक बार में जान पाए हैं उतना हमारी अपनी ज़िन्दगी में कुछ कर जाता है—मत कहिए कि उसे कुछ दे जाता है या उसे बदल जाता है—ये बहुत बड़े शब्द हैं, हर सकत से बड़े लफ़्ज़ और सिर्फ़ बाज़ारू साहित्य में मान रखते हैं—तो भी उससे आगे जानने की कोशिश करना दूसरे की ज़िन्दगी में ज़बरदस्ती ताक-झाँक करना ही है और शायद तब एक घटिया हरकत

नहीं, सिर्फ़ एक ग़लत जगह हरकत है। तब हमें सही जगह पहचाननी चाहिए कि जहाँ हम आगे की बात जान सकें और वह ख़ुद हमारी अपनी ज़िन्दगी होती है। ख़ैर यह क़िस्सा छोड़ें, यह असल क़िस्सा नहीं है। क़िस्सा, असल हो, न हो, यह है जो अब आगे कहा जाएगा।

जाड़ों के दिन थे। एक ऐसा आदमी जिसके पास काम लायक़ गरम कपड़े हों और नहाने के लिए गरम पानी कभी-कभी मिल जाता हो, अक्सर जाड़ों में एक तरह की स्वस्थता अनुभव करने को मजबूर है। मैं भी ऐसा ही एक आदमी हूँ। जिस दिन सुबह-सुबह नहाकर और तन ढँककर घर से निकल जाने पर मालूम हो कि धूप भी है और धूल नहीं, काम बाक़ी पड़े हैं मगर तत्काल न किए जाएँ तो पड़े रह सकते हैं और मन बहुत-सी वे बातें याद कर सकता है जो थोड़ी देर बाद नहीं कर पाएगा। उस दिन अवश्य कोई नई बात होती है। कोई ऐसी बात जिसके साथ थोड़ी देर ज़िन्दगी अकेले में गुज़र जाए! वही तो नई बात होती है, वरना किसी बात में नया क्या है? कुछ नहीं...सिर्फ़ हमारा उससे किसी क़दर देर तक न भाग पाना ही नया है।

एक बहुत बड़ा बँगला था। बड़ा था मगर डरावना नहीं था, क्योंकि न उसके फाटक पर लिखा था कुत्तों से सावधान, न उसके बाहर सन्तरी खड़ा था। उसके भीतर भी जो कुछ था, आदमी सहित, उससे सावधान रहने की ज़रूरत न थी। उसमें एक हरा मैदान, फूलों की कुछ क्यारियाँ, कुछ बड़े छायादार वृक्ष और फाटक से घर तक काफ़ी दूरी थी। मगर यह सब ऐसा था मानो बनाया न गया हो। सड़क पर चलते-चलते बँगले के अन्दर पहुँच जाना उतना ही स्वाभाविक होता जितना सड़क पर चलते रहना और जो व्यक्ति उसमें रहता था उससे मिलना भी उतना ही स्वाभाविक होता जितना सड़क पर किसी से मिलना या कम-से-कम उतना स्वाभाविक तो ज़रूर ही जितना उसी से सड़क पर मिलना। यह कोई अजब जगह न थी। ऐसी जगहें होती हैं, ऐसे आदमी भी होते हैं और हमारी ज़िन्दगी में ऐसे क्षण भी होते हैं जब हम अपने को ऐसी जगह और ऐसे आदमी के पास पाते हैं। हाँ, हम उन क्षणों को न पहचान पाएँ क्योंकि हम डर खाने और डर दिखाने की आदत से छुटकारा नहीं पा रहे हैं तो हम ऐसे क्षणों को खो बैठेंगे और अगर पाएँगे भी तो इसलिए अजब कहेंगे क्योंकि वे किसी न किसी तरह हमारे भीतर प्रवेश कर ही चुके होंगे। हाँ, इस अर्थ में वे सचमुच अजब होते हैं—स्थान भी और आदमी भी कि वे एक मौक़ा पाते ही हमें सिर से पाँव तक अपने में लपेट ले सकते हैं।

जब मैं उस बँगले में घुसा और बैठा बातें करता रहा तो मैं ऐसा ही था, ख़ुश और अपनी दुनिया में भरपूर, जानता हुआ कि एक मेरी दुनिया है जो इस समय के भीतर से लेकर बाहर तक फैली हुई है और संयुक्त है जबकि समय जो कि अभी

से लेकर पीछे और आगे तक फैला हुआ है, अपनी सीमाओं पर अराजकता का युद्ध झेल रहा है। एक स्वाभाविक घटना की तरह वह व्यक्ति जिससे मैं मिलने गया था मुझे पहुँचाने अपने बँगले के फाटक तक आया। जैसे कि वह मैं ही होऊँ जो मेरे साथ चल रहा हो और वह फाटक के बाहर निकलकर फुटपाथ तक मेरे साथ आ गया जैसे उन दोनों जगहों के बीच कोई अन्तर न हो—वैसे ही जैसे मैं फुटपाथ से फाटक के भीतर आया था।

पर तभी कुछ हुआ। एकाएक सबकुछ बदल गया। मैं उस व्यक्ति से एकदम अलग एक व्यक्ति हो गया। हम दोनों ने पहचाना कि हम बँगले में नहीं हैं और फुटपाथ पर हैं और फुटपाथ एकाएक एक और जगह, एक सम्पूर्ण संसार बन गया जो भीतर बँगले से नहीं, बाहर सड़क से जुड़ा था और फिर एक और सड़क से नहीं, एक के बाद एक सड़क से जुड़ता-जुड़ता किसी और दुनिया में चला गया था।

बहुत शान्त दुनिया थी, बावजूद इसके कि उसमें सैकड़ों-हज़ारों गाड़ियाँ भी रही होंगी। वह जहाँ से फुटपाथ पर शुरू होती थी वहाँ एक औरत मरी पड़ी थी।

यहाँ मैं नहीं जानता कि किसका वर्णन पहले करूँ—औरत का या अपना? हम दोनों आमने-सामने थे। दोनों में से कोई भी कम महत्त्वपूर्ण न था—हालाँकि एक मरा हुआ था, एक ज़िन्दा। एक के जीवन ने दूसरे में कुछ घटित कर दिया था और अभी बहुत-कुछ घटित करता, दूसरा दूसरे के जीवन में अब और कुछ कर नहीं सकता था, सिवाय इस अदम्य आशा को कोई रूप देने के कि शायद वह मरा नहीं है।

वही मैं कर रहा था। वह इस तरह गिरी पड़ी थी मानो चलते-चलते बेहोश होकर गिर पड़ी हो। उसके पाँव में रबर की चप्पल थी। टखने पर पट्टी बँधी थी। पाँव काले और झुर्रियों से भरे थे। स्कर्ट स्लेटी रंग की पुरानी, मगर फटी नहीं थी। जैसे रोज़ सहेजकर रखी और धोई और पहनी जाती हो। कमीज़ बुर्राक सफ़ेद थी और लगता था किसी ख़ास मौक़े पर निकालकर पहनी गई थी। आँख पर चश्मा था ज़रूर, मोटे शीशेवाला, मगर पुराने पतले फ्रेम में, जिसकी चमक जाती रही थी। दाँत थे; मुँह इतना पोपला नहीं था कि बूढ़ा कहा जाए, उस उम्र का था जो पचास के बाद जब कोई व्यक्ति अपने को कहीं पहुँचा हुआ नहीं पाता तो आ जाती है। बाल उलटे काढ़कर एक चुटिया में गुँथे हुए थे। पास में एक डंडा छिटककर जा पड़ा था। हाथ में जिसकी उँगलियाँ पतली और नाख़ून साफ़ थे। बँधी मुट्ठी में कसा हुआ कपड़े का एक थैला था जिसमें से एक काग़ज़ निकलकर बाहर आ पड़ा था।

मैंने झुककर देखा, क्या साँस चल रही है? कुछ नहीं जान पड़ा। आँखें अधखुली थीं, ओठ भिंचे हुए, शरीर स्थिर मानो अकड़ गया हो या अकड़ने लगा हो। बावजूद मेरे तमाम सचेत प्रयत्नों के कि मैं एक जीती-जागती ज़िन्दगी जिया करूँ, मैं एकाएक एक बन्द दरवाज़े के सामने ठिठका हुआ-सा था और जानने लगा

था कि खौफ़ और कमीनेपन के हाथ जो कभी भीतर छिपे रहते हैं, बाहर निकलकर मानो मेरा मुँह ढाँप लेंगे। एक मरे हुए आदमी से नहीं, बल्कि एक ऐसे आदमी से जिसे शायद बचाया जा सकता था, मेरे अन्दर डर पैदा हो गया था। वह डर और कुछ नहीं था, उस क्षत-विक्षत करनेवाले युद्ध का डर था जो समय की सीमाओं पर हमेशा हुआ करता है और उस वक़्त समय की वे सीमाएँ सिमट आई थीं। मैं उन सीमाओं पर जैसे अपने बारे में अनिश्चित हो गया था। क्या मैं उसे बचाने की कोशिश करूँ और वैसे ही विफल होऊँ जैसे अक्सर अपने को बचाने में होता हूँ? स्वार्थ की यह पहचान उस समय इतनी स्पष्ट हो गई थी कि मैं अपने हित को सबसे पहले देख रहा था। यदि सफल होऊँ तो वह बच जाएगी, यह मैं नहीं सोच रहा था। यहाँ से सिर्फ़ एक क़दम आगे बढ़ने पर मैं सोच सकता था कि यदि वह बच जाएगी तो उसकी ज़िम्मेदारी मुझ पर आ जाएगी और मैं उससे अभी से भाग रहा था। यह मैंने नहीं सोचा था कि उसे बचाने की कोशिश के दौरान वह मर जाएगी तो उसके मरने की ज़िम्मेदारी भी मेरे ऊपर आ जाएगी। पर एक क्षण में ही यह भी मैंने सोचा और मन-ही-मन उस जगह से भागा, जानते हुए कि यह कायरता है और अपने चेहरे को इस तरह चुराए हुए मानो मुझे कोई देख नहीं रहा है।

मगर वह व्यक्ति देख रहा था जो मुझे बाहर तक छोड़ने आया था। वह एक बूढ़ा आदमी था। उसने ज़रूर बहुत-सी मौतें देखी होंगी। ज़रूरत से कम खाकर लम्बे समय तक किसी तरह ज़िन्दा रहनेवालों की एक दिन कड़ाके की सर्दी या कड़कती धूप और लू से मौत। ग़ुस्से में ताक़तवर आदमी के हाथ से किसी ऐसे आदमी की मौत जो सदियों से दबे-दबे जीनेवाले किसी परिवार में पैदा हुआ और एक दिन उन ग़ुस्सेवर से टकरा गया था जो सिर्फ़ ताक़त के आधार पर ही सदियों से जीता चला आ रहा था। उसने अपनी मौत भी अपनी कल्पना में देखी होगी क्योंकि वह बूढ़ा था और भला आदमी था जो शरीर का क्षय होते देखकर मानो सारी दुनिया से बदला लेने के लिए अपने को जवान नहीं बनाने लगता है। उसने झुककर ज़मीन पर पड़ी हुई औरत का हाथ छुआ। मैंने यह देखकर हिम्मत की और उसकी कलाई पकड़कर उसका हाथ उठाया। यह मेरे लिए एक बड़े भारी साहस का काम था। छोड़ते ही हाथ अपनी जगह आ गिरा। मैंने उसकी नाक के आगे हाथ रखा। देखना चाहता था कि साँस चल रही है या नहीं। मुझे साँस चलती नहीं जान पड़ी। बूढ़े व्यक्ति ने कुछ कहा भी होगा, पर मैंने सुना नहीं। मुझे याद नहीं। मैंने सिर उठाया और देखा कि हम कुछ और लड़कों से घिरे हुए थे।

सड़क बहुत चलती न थी। पर एक स्कूटर-रिक्शा दरवाज़े पर आकर रुका था। उसमें कोई आदमी इसी बूढ़े व्यक्ति से मिलने आया था। वह और रिक्शे का चालक, दो तो यही थे। एक साइकिल-सवार, जो कोई हरकारा-सा लगता था, उतर पड़ा था। एक पैदल आदमी ठहर गया था। ये सब कितनी और तरह के लोग

थे। मेरे लिए अजनबी ही नहीं, बल्कि मेरी कायरता से भी अनजान, अपने भीतर भी किसी तरह के डर से अनजान। उनमें से एक ने ज़ोर से कहा, "उठाओ इसको, अभी इसमें जान है।" बूढ़े व्यक्ति ने बँगले के भीतर किसी को आवाज़ दी, "पानी लाओ।" साइकिल सवार ने कहा, "धूप में ले चलो।" पानी आया। किसी ने उसके मुँह पर छींटे मारे, हमने इन्तज़ार किया। उसकी अधखुली पलकें हिलीं। हर एक ने कुछ न कुछ कहा। औरत ने आँखें खोलीं। बहुत धीरे।

बूढ़े ने फ़ौरन पूछा, "कैसी तबीयत है?" औरत ने ज़मीन से सर उठाया। कई हाथों ने उसे सहारा दिया। बूढ़े ने फिर पूछा, "कैसी तबीयत है?" औरत ने अपने थैले पर नज़र डाली और धीरे से हाथ बढ़ाकर वह काग़ज़ दबोच लिया जो बाहर निकलकर जा गिरा था। अब उसे हम उठाकर खड़ी कर रहे थे। जब वह खड़ी हो गई तो किसी ने उसका डंडा उठा लिया और उसे पकड़ाना चाहा। मगर मैंने उसे अपने हाथ में ले लिया। वह डंडा ले लेती है तो तसवीर पूरी हो जाती है और हम उससे बिछुड़ जाते हैं।

जब वह खड़ी हो गई तो बोली, "मेरे कारण आपको बहुत तकलीफ़ हुई। क्या ज़रा-सा पानी मिल सकता है?" कोई दौड़कर पानी लाया और गिलास भी। हालाँकि सिर्फ़ गिलास लाना था, क्योंकि पानी था। उसने धीरे-धीरे पिया और अनजाने ही हम उसे सहारा देते हुए धूप में ले आए। वह वहाँ कुरसी पर बैठ गई। फिर बोली, "मेरे कारण आपको बड़ी तकलीफ़ हुई। थोड़ी देर में मैं चली जाऊँगी। तब तक आप मुझे यहीं बैठी रहने दें।"

निश्चय ही बूढ़े ने पूछा, "आप कुछ खाना चाहती हैं? चाय पिएँगी?"

"नहीं," उसने कहा, "कोई ज़रूरत नहीं।" फिर चुप हो गई। ज़रा देर चुप रही, फिर बोली, "मुझे चक्कर आ गया था। मैंने ख़ून दिया है। इसलिए कमज़ोर हो गई हूँ।" मैंने औरत को अच्छी तरह देखा। क्या मुझे अपने को अच्छी तरह नहीं देखना चाहिए था? मैं लौट आया था। उस जगह से बचकर जहाँ एक बार ख़त्म हो गया होता। फिर कभी जी जाता, पर एक बार ख़त्म होने के बाद फिर जी पाना एक थकानेवाला काम है और यह तो नहीं होता कि हम जीकर भी अधमरे रहते हैं, न यह कि हम पर कोई पैबन्द लग जाता है, मगर यह ज़रूर होता है कि हम अपने मरने को भूल जाने का ख़तरा उठाते हैं—भूल गए तो फिर नए सिरे से जीना कोई माने नहीं रखता—मुझे इसलिए चाहिए था कि मैं अपनी मौत से, जिससे मैं बच आया था, कुछ देर और साक्षात् करूँ ताकि वह मेरे अन्दर नक़्श हो जाए। जब मैं औरत को देख रहा था तो यही हो रहा था। वह काली और दुबली, थोड़ी-सी झुराई हुई, पर शालीन, सलीक़े से बेंत की कुर्सी पर बैठी थी। जब वह बोलती थी तो उसके दाँत कुछ मैले पर सब, हालाँकि कमज़ोर, दिखते थे। पैरों में जो पट्टियाँ बँधी थीं, वे अब मैंने देखीं, थोड़ी मैली थीं। वह मेरी ओर देख रही थी। मगर ठीक

मेरी आँखों में नहीं। हालाँकि उसने मुझसे कभी आँखें नहीं चुराईं। मैंने पूछा, ''क्यों, ख़ून दिया आपने?''

मैंने सोचा था कि वह इतना व्यक्तिगत सवाल नहीं है कि मैं पूछते हुए झिझकूँ, जैसी मेरी आदत है। पर फिर तुरन्त समझ में आया कि ख़ून किसी और के लिए ही दिया जाता है और किसी और का इस व्यक्ति से क्या सम्बन्ध है, यही तो मैं जानना चाह रहा हूँ और अगर उसने स्वेच्छा से धर्मार्थ दान दिया है तो भी उसे यह बात बताने की ज़रूरत पड़ेगी और उसका दान महत्त्व खो बैठेगा। और यह नहीं होगा तो ज़रूर उसने ख़ून बेचा होगा।

उसने कहा, ''मेरे लड़के को ख़ून की ज़रूरत थी।''

''क्या हुआ है उसे?'' मैंने पूछा। अब किसी परदे की ज़रूरत न थी।

''बहुत घायल हो गया था वह,'' वह बोली। फिर मुझे एक और प्रश्न पूछना न पड़े, इसलिए बताने लगी, ''स्कूटर पर बिठाकर वह मुझे ले जा रहा था। एक बस से टक्कर हो गई। मैं तो किसी तरह थोड़ा-बहुत चोट खाकर बच गई, पर उसके बहुत चोट आई...।''

इस बार मुझे उसे रोकना था, क्योंकि मैं नहीं जानता था कि वह एक लम्बा बयान दे और उसके दौरान अपने को अकेला अनुभव करे।

''कहाँ, कहाँ?'' मैंने पूछा।

''कई जगह,'' कहकर उसने दोनों हाथों से इस तरह बताया जैसे सारे शरीर को बता रही हो और फिर भी यह स्पष्ट हो कि चोटें कहीं-कहीं हैं और सख़्त हैं।

''सिर में?'' मैंने पूछा।

उत्तर समझ में नहीं आया कि हाँ, वहीं, या कि हाँ, वहाँ भी, या कि नहीं, सिर बच गया, पर यह समझ में आ गया कि मैं ज़्यादा सवाल पूछ रहा हूँ और वह भले ही तंग न हो रही हो; या उसका निजत्व भले ही उघर न रहा हो, मैं जब इतने से ही सबकुछ जान चुका हूँ तो और ज़्यादा पूछने से मुझे मतलब नहीं होना चाहिए। बल्कि कहीं यह तो नहीं कि मैं ज़्यादा पूछ रहा हूँ क्योंकि उससे भागना चाहता हूँ।

सबसे बड़ा काम मेरे सामने उस वक़्त वह था कि मुझे क्या करना है, मैं क्या कर सकता हूँ, मुझे क्या करना चाहिए। कोई बड़ा सवाल नहीं था जैसा कि उसे मरते देखकर बन गया था।

''इस वक़्त आपके लड़के का क्या हाल है? क्या वह अच्छा हो रहा है? वह कहाँ है? कौन डाक्टर उसका इलाज कर रहा है?'' मैं पूछ रहा था।

''वह ओल्ड सिविल अस्पताल में है। उसे ख़ून दिया गया है। मैंने ही दिया था। मगर और ख़ून देना पड़ेगा।'' उसने थैले के अन्दर से एक तह किया हुआ पुरजा निकाला और उसे खोलकर मुझे पढ़ने को दिया। वह हिन्दूराव अस्पताल का काग़ज़ था। रबर की मोहर में यही लिखा हुआ था। नीचे अंग्रेज़ी में साफ़ अक्षरों में लिखा

था, "तुम ख़ुद एक नर्स हो और जानती हो कि जिस दशा में तुम्हारा लड़का है, उसमें ख़ून की ज़रूरत कितनी निर्णायक हो सकती है। जो ख़ून तुमने दिया था वह ख़र्च हो गया मगर हमें इस लड़के को बचाना है तो तुरन्त एक बोतल ख़ून और चाहिए। अगर तुम ला सकती हो तो फ़ौरन ले आओ और अपने लड़के को बचा सकती हो तो बचा लो।" नीचे किसी के हस्ताक्षर थे और वहाँ भी एक मोहर थी। अब मुझे याद नहीं कि किसकी थी।

"तब यह ख़ून उसे कैसे दिया जा सकता है ? क्या आपको ख़ून देनेवाले मिल चुके हैं ?" पूछने के पीछे निस्सन्देह यह भाव था कि मैं भी दे सकता हूँ किन्तु शायद, शायद, वह भाव यह था कि जो 5-6 व्यक्ति यहाँ हैं इनमें से कोई भी दे सकता है। मेरे अलावा नहीं लेकिन शायद मुझसे पहले, बल्कि मुझे तो यह भी लगा कि बँगले का बूढ़ा निवासी, उससे स्कूटर-रिक्शा में मिलने आया आगंतुक, स्कूटर चलानेवाला, साइकिल-सवार और पैदल मुसाफ़िर—सब यही सवाल पूछ रहे हैं और सब उत्तर पाना चाहते हैं। निस्सन्देह हम सब लोग उस औरत के सिर्फ़ इर्द-गिर्द ही नहीं बल्कि अपनी-अपनी ज़िन्दगियों के एक क्षण में भी सिमट आए थे और उस क्षण में किसी न किसी तरह का उपसर्ग ही अपेक्षित था। वही उसको आगे बढ़ाता और ज़िन्दगी को भी। नहीं तो फिर मरना होता। हलके से मरना जो कि हम बार-बार मरते हैं। सिर्फ़ इसलिए कि हम ज़िन्दगी के ऐसे क्षणों में बार-बार भागते हैं। पर यह मैं नहीं कहूँगा कि वे सब लोग भी मेरी तरह सोच रहे थे कि शायद कोई दूसरा पहले अपना ख़ून दे देगा। मैं नहीं मानता कि मुझे इनसान की कायरता को या उसकी बर्बरता को एक सार्वजनिक बल्कि सामाजिक घटना मानने और घोषित करने का अधिकार है। यह ऐसा अधिकार है, जो वे ही लेते हैं जो अपनी ज़िन्दगी के बारे में न कुछ जानते, न कुछ जानना चाहते हैं। और कभी जान नहीं पाते। वे ख़ुद कायर हैं और इसीलिए बर्बर हैं।

"नहीं, ख़ून ख़रीदने गई थी। वह आसान था। वहाँ जाकर मालूम हुआ कि अस्सी रुपए चाहिए।"

निश्चित ही मौजूद लोगों के भीतर अलग-अलग तरह से कुछ हुआ होगा। अस्सी रुपए हर कोई अपने से जुदा नहीं कर सकता और इससे भी पहले हर किसी के पास वे रहते भी नहीं।

औरत ने कहा, "मेरे पास सिर्फ़ पैंसठ रुपए निकले। पन्द्रह रुपए की कमी थी। मैं आज फ्री चर्च के पादरी साहब से मिलने आई थी। वह मिले नहीं, विदेश गए हुए हैं। हफ़्ते भर बाद लौटेंगे। लौट रही थी कि यहाँ गिर पड़ी।" और कुछ रुककर बोली, "अच्छा, अब मैं जाना चाहती हूँ। आप लोगों को मैंने बहुत तकलीफ़ दी।"

बूढ़े व्यक्ति ने कहा, "नहीं, आप ऐसे कैसे जाएँगी ? आपको कहाँ जाना है ?"

मैंने पूछा, "आप कहाँ रहती हैं ? लेकिन ख़ून का इन्तज़ाम तो करना ही होगा।"

पहली बार मैंने अकस्मात् पहचाना कि बूढ़ा व्यक्ति एकाएक पन्द्रह रुपए निकालकर नहीं दे रहा है तो उसकी वजह सिर्फ़ यह है कि उसके पास हैं नहीं। उसके चेहरे पर रुपए न होने और कुछ न कर सकने की लाचारी नहीं थी, यह जिज्ञासा थी कि वह इसके बदले में क्या कर सकता है। किन्तु मुझसे यह छिपा नहीं रहा कि उसके पास पैसे नहीं हैं। इतने बड़े बँगले में रहने और पैसों से इतना तंग होने के बीच कोई असामंजस्य नहीं था। वह बँगले में रहता भी उसी तरह था।

मेरे पास रुपए थे। इतने ज़्यादा नहीं कि पन्द्रह रुपए कोई चीज़ न हों, इतने कम भी नहीं कि पन्द्रह रुपए देकर असहाय हो जाता। यही मेरे साथ अक्सर होता है और शायद ही कभी यह निर्णय करने की नौबत आई हो कि मैं अपना हिस्सा दूसरों को दूँ या न दूँ। इसलिए यह निर्णय कोई महत्त्वपूर्ण नहीं था। मैंने पन्द्रह रुपए निकाले और औरत से कहा, ''आप इन्हें रख लीजिए।''

''नहीं, नहीं।'' वह बोली, ''मैं इन्हें नहीं लूँगी।''

''मगर आपको ख़ून ख़रीदना ही है।''

''मेरे पास पैसे हैं।''

''लेकिन उनमें पन्द्रह रुपए की कसर है। आप ले लीजिए।''

हर कोई चुपचाप मानो यही कह रहा था कि आप ले लीजिए। लोग उसको देख रहे थे, मेरे हाथ को नहीं, जो कि एक अच्छी बात थी। मैं किसी क़दर अकेले में किसी क़दर गुप्तदान कर रहा था। न मैं इसका कोई श्रेय चाहता था और न मुझे कोई देता ही।

औरत ने हाथ बढ़ाकर धीरे से रुपए ले लिए और कहा, ''मैं इन्हें आपको कहाँ लौटाऊँगी?''

मैंने कहा, ''इन्हें लौटाने की ज़रूरत बिलकुल नहीं है। पर आप चाहें तो मेरा पता लिख लें।''

उसने उसी काग़ज़ की पीठ पर लिख लिया जिस पर ख़ून माँगने की ज़रूरत बतानेवाला खत लिखा हुआ था। फिर उसने कहा, ''जैसे ही सम्भव होगा मैं यह रुपए आपको लौटा दूँगी।''

मैंने कहा, ''ज़रूर, आप चाहें तो इन्हें लौटा सकती हैं। पर आप इस समय तुरन्त जाएँ। कहाँ जाइएगा? क्या आपको ख़ून इसी वक़्त ख़रीदकर देना है?''

''जी हाँ, मैं जा रही हूँ।''

इस पर मैंने स्कूटर-रिक्शाचालक से कहा, ''तुम इन्हें पहुँचा आओ।'' और फिर पूछा, ''आपको कहाँ जाना है?''

औरत ने बड़े संकोच से खड़े होते हुए जवाब दिया, ''यह स्कूटर तो नहीं चाहिए। मैं बस ले लूँगी।''

मैंने कहा, ''बस में आपको तकलीफ़ होगी और देर भी होगी। फिर आप इस

स्कूटर में चली जाएँ। ख़र्च की चिन्ता मत कीजिए।'' यह कहकर मैं हाथ पकड़कर उसे स्कूटर में बिठाने चला।

वह धीरे-धीरे चली। धीरे-धीरे बैठकर उसने कृतज्ञ आँखों से बूढ़े व्यक्ति को, मुझे और जो भी सामने दिखाई दिया हो, शायद पैदल आदमी, उसे देखा। फिर मुझसे कहा, "आप क्यों इतनी मेहरबानी कर रहे हैं, यह सब तो बहुत है।''

मैंने पूछा, "आख़िर आपको कहाँ जाना है ?'' इस बार मेरे सवाल में कुछ अधिकार था और अब मुझे याद आता है कि वह अहंकार के इतने नज़दीक था कि शायद मैंने जो कुछ भी पाया था, वह खो जाता, अगर वह सचमुच अहंकार हो गया होता। औरत ने कहा, "अभी तो मैं पटेलचेस्ट तक जाऊँगी। वहाँ से मुझे किसी को साथ लेना है।'' या शायद ऐसा कुछ उसने कहा जो कि ठीक याद नहीं है। लेकिन यह ज़ाहिर था कि वह सीधे ख़ून ख़रीदने नहीं जा रही थी।

ठीक है। उसकी जैसी ज़रूरत हो। वह बेहतर जानती है, मैंने मन में कहा। और जेब से खोजकर पाँच रुपए और निकाले और स्कूटरवाले को इस तरह दिए जैसे कि मैं नहीं चाहता कि कोई देखे। और कहा, यह रख लो किराया, इतने में शायद पूरा पड़ जाएगा। और मन में सोचा कि न भी पड़ेगा तो जो कसर होगी वह यह ख़ुद ज़रूर दे देगा। उसने रुपए न लेकर कहा, "इन्हें मेम साहब को ही दे दीजिए।'' औरत ने मेरे हाथ से रुपए चुपचाप ले लिये, फिर एक बार धन्यवाद कहा और स्कूटर-रिक्शा उसे लेकर चला गया।

बूढ़े व्यक्ति ने मेरी ओर देखकर कहा, "देखिए, ज़िन्दगी कैसी विचित्र है! अभी हम लोग बातें कर रहे थे तब फुटपाथ पर कोई नहीं था। जैसे ही बाहर निकले वैसे ही वह दृश्य दिखाई दिया।'' शायद किसी और ने यह भी कहा कि शुक्र है कि वह बच गई। पैदल आदमी और साइकिल-सवार जाने कब इसी बीच जा चुके थे। मैं विदा लेकर चला तो मैंने वह काग़ज़ एक बार फिर सँभालकर भीतर की जेब में रख लिया जिसमें उस औरत ने मुझे अपना नाम-पता—रोज़ी पिंटो, 17 ए/2 राजौरी गार्डन, पेशा—नर्स, जिसे कभी-कभी अग्रवाल क्लीनिक में काम मिल जाता है—लिखवाया था और उस सरकारी अस्पताल के इमरजेंसी वार्ड का बिस्तर नम्बर भी, जहाँ उसका लड़का पड़ा हुआ था।

तीन दिन बाद एकाएक मुझे याद आया कि मुझे जाकर देखना चाहिए कि क्या वह लड़का बच गया ? मैंने ओल्ड सिविल अस्पताल में फ़ोन किया। उन्होंने बताया कि यहाँ कोई इमरजेंसी वार्ड नहीं है। यह औरतों का बच्चाखाना है और यहाँ किसी पुरुष के भरती होने की कोई गुंजाइश नहीं है।

अग्रवाल क्लीनिक का टेलीफ़ोन नम्बर ढूँढ़कर मैंने फ़ोन किया। पता सही था। क्लीनिक वही था, मगर रोज़ी पिंटो नाम की कोई औरत वहाँ काम नहीं करती थी। कभी-कभी भी नहीं। उसने कभी भी वहाँ काम नहीं किया था।

इसके बाद मैंने 17 ए/2 राजौरी गार्डन जाने की कोई ज़रूरत नहीं समझी। रोज़ी पिंटो वहाँ रहती है या नहीं, उसको सचमुच ख़ून ख़रीदने के लिए पैसे की ज़रूरत थी या सिर्फ़ पैसे की ज़रूरत थी, चाहे ज़िन्दा रहने के लिए हो या नशा करने के लिए—मैं न जानता हूँ न जानना चाहता हूँ। वह थी, इससे कोई इनकार नहीं कर सकता। इसके बाद यह निरर्थक हो जाता है कि क्या वह जो कुछ कर रही थी और बता रही थी वह सच था या झूठ था।

जो कुछ भी मेरे साथ हुआ वह एक क्षण में नष्ट किया जा सकता है, यह भी मैं जानता हूँ। मुझे सिर्फ़ इतना कहना होगा कि रोज़ी पिंटो धोखेबाज थी और मुझे बेवकूफ़ बना गई। पर ऐसा मैं नहीं कह रहा हूँ इसलिए कि जो औरत मुझे मिली थी वही रोज़ी पिंटो है, वह नहीं जो राजौरी गार्डन में नहीं रहती। मेरा पता उसके पास है। अगर वह पता अभी भी उसके पास है तो मैं भी उसके पास हूँ और यूँ भी मैं हूँ और पहले से बेहतर हूँ। क्योंकि जो कुछ हुआ वह मेरी ज़िन्दगी के साथ हुआ और वह कोई धोखा नहीं था। वह एक नया कुछ था जिससे मैं भागते-भागते ठिठक गया था—और नहीं भागा था। इतना ही जानने को काफ़ी है और मैं कुछ और नहीं जानना चाहता जैसे यह कि रोज़ी पिंटो ने मुझे अपने जीवन की जो बातें बताईं वे सही थीं या ग़लत।

[*सारिका,* 16 दिसम्बर, 1979 में प्रकाशित। *जो आदमी हम बना रहे हैं* कथा-संग्रह में संकलित]

विदेश में एक भारतीय

हम लोग शहर से बहुत दूर निकल चुके थे। अगर रास्ता लम्बा हो और सुनसान हो, बादल घिर आए हों और ज़ोरों से पानी बरस जाने की सम्भावना दिख रही हो तो कल्पना में भले ही एक आदर्श दृश्य बन रहा हो, परन्तु वह मेरे लिए एक घबराहट का अनुभव होता है। ऐसा ही हो रहा था। जिसमें हम बैठे थे वह ख़ूब आरामदेह, बड़ी और तेज़ चलनेवाली एक गाड़ी थी। सड़क के दोनों ओर दृश्य थे जो सुनसान में उजाड़ का एक लम्बा सिलसिला बनाते थे। कहीं-कहीं टीलों पर थोड़ी-सी हरियाली और कुछ मेंड़ें, मगर ज़्यादातर चट्टानें, जो बहुत चिकनी व सपाट थीं, जिन्हें सिर्फ़ बारूद से उड़ाकर समतल किया जा सकता था, जिनमें बचने को छिपने की कोई जगह न थी। राजधानी के सलेटी, धुँधले, पथरीले स्थापत्य के मुक़ाबले में ये कहीं ज़्यादा निरीह थीं, मगर एक परदेसी के लिए राजधानी में भरा हुआ तनाव यहाँ आकर ढीला नहीं हो रहा था, बल्कि और घना होता जा रहा था। यह सिर्फ़ अजनबी देश में अकेले होने का तनाव नहीं था। जिस दिन मैं शहर पहुँचा था उसी दिन विश्वविद्यालय के एक विभागाध्यक्ष का दिन-दहाड़े बम से क़त्ल हुआ था और यह विवाद एक बार फिर हमेशा की तरह पहले पृष्ठ की ख़बर के साथ-साथ छापा गया था—अध्यक्ष की तसवीर के साथ—कि हत्या वामपन्थियों ने की है या दक्षिणपन्थियों ने। देश में विश्वविद्यालय की पढ़ाई की ही तरह यह एक बौद्धिक विषय था कि देश में जगह-जगह जो हत्याएँ हो रही हैं उनका राजनीतिक श्रेय इन दोनों में से किसको मिलना चाहिए? बरसात में घिर जाने पर गाड़ी तेज़ी के साथ इस सुनसान रास्ते पर बढ़ती जाएगी और मुझे जगह-जगह छिपे हुए छापामार दिखाई नहीं देंगे—सिर्फ़ यह आतंक दिखाई देगा कि इस देश में मेरे प्रवास के दौरान किसी भी समय तख़्तापलट हो सकता है, इसी समय, अभी भी, जबकि मैं बिलकुल अनजान और सुनसान इलाक़ों में हूँ और वह भी एक ऐसे काम के लिए जो दुस्साहस जैसा है। मैं एक महत्त्वपूर्ण वामपन्थी क्रान्तिकारी से मिलने जा रहा था। एक स्त्री जिसने गोपनीय अन्दाज़ में यह भेंट कराई थी मुझे ले जा रही थी। गाड़ी एक आदमी चला रहा था, जिसके शरीर पर अच्छी काट के मोटे गरम कपड़े

थे पर वे सब सैकेंड हैंड थे जो थोक में पश्चिम के अमीर देशों से बिकने के लिए आते हैं। चेहरे पर दाढ़ी थोड़ी-सी बढ़ी हुई थी और एक तरह की तटस्थता थी जो विदेशों में मुझे ज़्यादातर लोगों के चेहरों पर दिखाई देती है। यह जानना असम्भव था कि वह किस राजनीति का पक्षधर है और अगर किसी भी राजनीति का नहीं है तो क्या सिर्फ़ मारामारी में होशियार है ? बम्बई की फ़िल्मों में मारामारी के उस्तादों के चेहरों पर बिना वजह की जो नाटकीयता देखने के हम आदी हो चुके हैं उनसे कितनी भिन्न थी इस आदमी के निर्विकार चेहरे की नीरस चितवन!

बग़ल में बैठी हुई औरत चालीस साल की रही होगी, पचास की भी हो सकती थी। उसकी आवाज़ ऐसी थी जैसे गला बैठा हुआ हो, क़द छोटा था। चेहरा भारी मेक-अप से सजा हुआ। होंठों में सिगरेट। अपनी बहुत बोलने की आदत को वह मानो दबाए हुए बैठी थी। किसी और समय वह कमनीय हो सकती होगी, परन्तु अभी उसने न जाने कैसे गाड़ी के अन्दर एक खिन्नता का वातावरण भर दिया था। इससे ज़्यादा नुक़सान नहीं हुआ था, सिर्फ़ रहस्यमय ढंग से उसका फ़ोन आने पर उसके बताए हुए बहाने से अपने सरकारी मेज़बान से छुट्टी पाकर उसे उसके घर से चुपचाप ले आने का सारा रोमांस ख़त्म हो गया था। वह एक ग़लत काम करने का ख़तरा उठा रही थी क्योंकि वह शिक्षा विभाग में एक अफ़सर होते हुए भी मुझे मेरे लिए निश्चित सरकारी कार्यक्रम की उपेक्षा करके एक प्रतिष्ठान-विरोधी क्रान्तिकारी से मिलवाने ले जा रही थी। परन्तु इस ख़तरे में यदि कोई मज़ा रहा होता तो मैं उससे बाहर कर दिया गया था; वह सिर्फ़ इतना ही मज़ा दे पा रही थी कि मैं अपने देश की उसी की तरह अफ़सर स्त्रियों से उसकी तुलना करके अपना मनोरंजन कर लूँ।

एक जगह जाकर गाड़ी रुक गई। आगे रास्ता बन्द था। इस इलाक़े में मकान ही मकान बन रहे थे—बनकर ये जाने कितने बड़े और शानदार मकान होते। यहाँ पर सड़क बन्द करके रास्ता मोड़ दिया गया था और बड़े-बड़े पत्थरों के खंड सड़क-भर में बिखरे हुए थे। औरत ने कुछ घबराकर गाड़ी मुड़वाई। यह काम ड्राइवर ने बहुत सफ़ाई से किया, मगर सफ़ाई में गाड़ी की उम्दा क़िस्म और ताक़त भी शामिल थी। गाड़ी घुमाकर एक और रास्ते से हम लोग पहाड़ी पर चढ़ने लगे। जैसे-जैसे हम पहाड़ी का एक चक्कर काटकर कुछ और ऊँचे समतल पर पहुँचते जाते, नीचे बने हुए मकानों की छतें एक नीरस दृश्य पैदा करती जातीं और हम पहाड़ी की लगभग चोटी पर रहनेवाले क्रान्तिकारी से मिलने की लालसा से भरते जाते कि शायद वहीं कुछ सनसनी हो। सबेरे ही अख़बार में जिस आतंककारी समाचार को पढ़ा था उसके मुक़ाबले यह भेंट कोई ज़्यादा सनसनीखेज़ नहीं होती मगर मेरा अकेला, ऊबा हुआ मन धीरे-धीरे इस उम्मीद से ख़ुश होने लगा कि पहाड़ी की चोटी पर पहुँचकर क्रान्तिकारी के मकान में ख़ातिरदारी होगी। यही नहीं, पहाड़ी पर से शहर का दृश्य दिखाई देगा। वह काफ़ी बड़ा मकान था और सफ़ेदी

से पुता हुआ था। बरोठे में तसवीर, कंदील और पौधों से भरा रईसी का आलम था। मैंने क्रान्तिकारी के सारी दुनिया से अलग कहीं छिपे हुए होने की कल्पना नहीं की थी, परन्तु यह भी नहीं सोचा था कि वह इतना रईस होगा। जब मुझे उससे मिलवाया गया तो उसने इस तरह भेंट की जैसे हम लोग मिलकर कोई प्रतिष्ठान-विरोधी काम करने जा रहे हैं, परन्तु थोड़ी ही देर बाद वह प्रतिष्ठान के लगभग सभी महत्त्वपूर्ण व्यक्तियों से अपने सम्बन्ध के बारे में समझा-समझाकर कुछ कह रहा था मानो समाज से अपनी तरक्की माँग रहा हो। हम लोग बैठ गए। ज़रा ही देर में मनपसन्द शराबें आ गईं और बिलकुल सीधी-सीधी बोली में वह बताने लगा कि उसका देश के बाहर के विश्वविद्यालयों में सम्मान उसकी अगली यूरोप-यात्रा के साथ-साथ कितना बढ़ जाएगा।

वह एक बहुत बड़ा कमरा था। पहली नज़र में वह इतना बड़ा लगता था कि उसमें रखी हुई तमाम चीज़ों को एक बार में देख पाना कठिन था। उसके कई हिस्से थे और सब हिस्से एक-दूसरे में मिले हुए थे। एक बहुत बड़ा मंच याद आता था, जिस पर अभिनय के लिए अलग-अलग सेट लगाए गए हों और सब एक ही साथ दिखाई दे रहे हों। जिस हिस्से में हम लोग बैठे थे उसमें हर चीज़ ग़लीचे और आरामकुरसियों में घुसी जा रही थी। वह औरत उसमें इस तरह बैठ गई मानो मखमल की डिबिया में नगीना रख दिया गया हो और उसकी सिर्फ़ चमक दिखाई दे रही हो। मेज़बान ने एक क्षण को मुझे आँखों में तौला और शायद तुरन्त अस्वीकार नहीं किया। शाम के बाक़ी वक़्त में अनायास गपशप करने के लिए वह निश्चिंत होकर बैठ गया। औरत ने परिचय कराया और देश की राजनीतिक स्थिति का अध्ययन करने की मेरी गहरी और ईमानदार इच्छा के बारे में कुछ वाक्य कहे। भाषा तो मैं नहीं समझता था, लेकिन आदमी के चेहरे पर आए हुए भाव से समझ गया कि यही कहा गया होगा। इसके बाद वह बोलने लगा और औरत ध्यान में डूबकर सुनने लगी, मानो उसके देश के भविष्य का फ़ैसला एक न एक वक़्त इन विचारों के आधार पर ही होगा। कमरे में एक तरफ़ एक फ़व्वारा लगा हुआ था। वह चल पड़ा और उसमें लाल और नीले रंग की रोशनियाँ जलने और बुझने लगीं। यह मानो अपने में ही एक उद्देश्य रहा होगा, क्योंकि उसका कोई प्रभाव वातावरण पर नहीं पड़ रहा था। बस इतना ही ज़ाहिर हो रहा था कि यह दौलत का प्रदर्शन है। बिजली की रोशनी से दौलत का प्रदर्शन किया जाता है यह तो मैं जानता था, लेकिन उसे ख़ुद अपने घर में बैठकर बरदाश्त भी करना पड़ता है, इस मजबूरी का कोई कारण मैं नहीं जानता था। अगर वामपन्थियों के हाथ में सत्ता आई तो यह आदमी किस तरह की अर्थ-व्यवस्था करेगा, यह सोचकर मैं इस नतीजे पर पहुँचने लगा कि तरह-तरह के वामपन्थ होते होंगे।

वह कह रहा था : हम लोगों ने एक बड़ी कठिन परिस्थिति का सामना किया

है और अभी तक संकट से मुक्त नहीं हुए हैं परन्तु, हम धैर्य से काम ले रहे हैं और लोकतंत्र के अलावा कोई रास्ता नहीं है, इसलिए हम सेना की मदद से लोकतंत्र को वापिस लाने की नीति पर चल रहे हैं। सेना में भी लोग अच्छे हैं, देश को उनकी आवश्यकता भी है, हमें इस समय प्रधानमंत्री की सहायता करनी चाहिए जिससे कि हमारा देश किसी अन्तर्राष्ट्रीय संकट में न फँस जाए। यूरोप से हमने बहुत-कुछ पाया है, परन्तु हमारे देश को अपनी समस्याओं में यूरोप की समस्याएँ शामिल कर लेने से हम मुश्किल में पड़ जाएँगे। कुछ लोग हमारे देश में मुश्किलें खड़ी कर रहे हैं। उनके खिलाफ लड़ाई जारी रखनी है। वह धीरज से बोल रहा था, मगर एक तरह की क्रूरता छिप नहीं पा रही थी।

ये सब शब्द कहीं सुने हुए जान पड़ रहे थे। शायद मैंने उनको अपने ही देश में सुना था। ''ये जो आए दिन हत्याएँ हो रही हैं, ये कौन लोग कर रहे हैं और इनसे किनका भला हो रहा है?'' मैंने पूछा। उसने शान्ति से उत्तर दिया, ''अनेक प्रकार के तत्त्व हैं। इनका उद्‌देश्य सत्ता पर क़ब्ज़ा करना है, परन्तु हम समझदार बुद्धिजीवी लोग इनके परस्पर-विरोधी चरित्रों में एक सन्तुलन बनाए रख सकें तो शीघ्र ही परिस्थिति सुधर जाएगी।''

''आप लोगों के कोई अपने संगठन भी हैं?''

कुछ सोचकर उसने उत्तर दिया, ''नहीं। परन्तु हमारे समर्थक हैं और हम स्वयं अपने माध्यमों से एक सही वातावरण बनाए रखने में योग दे रहे हैं।''

''आपके अपने संगठन नहीं हैं तो आप उन्हें बनाने की कोशिश कर रहे हैं या नहीं?''

''संगठन बनाने की इजाज़त नहीं, इसलिए हम वैसा कुछ प्रयत्न कर नहीं सकते।''

''तब ये जो हत्याएँ करनेवाले लोग हैं इनके संगठनों की क्या स्थिति है?''

''ये सब ग़ैरक़ानूनी हैं।''

इसके आगे एक बहुत पेचीदा और उबाऊ व्याख्या के द्वारा उसने जो कुछ बताया उसका सारांश था कि इन ग़ैरक़ानूनी संगठनों को पकड़ना और ख़त्म करना सरकार के और सेना के बस के बाहर की बात हो चुकी है, कि इनमें बहुत-से प्रतिक्रियावादी दक्षिणपन्थी संगठन हैं जो धार्मिक नेताओं के द्वारा देश पर सम्पूर्ण शासन के पक्ष में हैं और सेना से उनका संघर्ष इसी बात को लेकर है लोकतंत्र को लेकर नहीं, कि वामपन्थियों के भी संगठन हैं और वे दक्षिणपन्थियों की शक्ति को थामे रखने के लिए ज़रूरी हैं और देश की वर्तमान यथार्थ स्थिति को पहचानकर एक राजनीतिक रास्ता बनाने की विचारधारा का बल उन्हें प्राप्त है, कि जनता का समर्थन...

यहाँ आकर वह अपने कमरे के विशालाकार में मानो खो गया। एक तरफ़ मयखाना था। उसकी ओर देखकर वह आगे बोलने लगा, ''देखिए, जनता का समर्थन इस वक़्त एक उलझन से भरी हुई चीज़ बन गया है। हम जिसे समझते हैं

कि वह सही है जनता को उससे भटका ले जाने के लिए शक्तियाँ काम कर रही हैं। इसलिए संघर्ष को जारी रखना पड़ेगा।''

इस वक़्त तक मैं चमत्कार और कुतूहल की दुनिया से काफ़ी दूर और अपने चिर-परिचित पिटे-पिटाए ऊब और निष्क्रियता से भरे हुए संसार के काफ़ी नज़दीक पहुँच चुका था। पीने के लिए कोई चीज़ आ गई थी। ऐसा लगने लगा कि हम लोग किसी गम्भीर बौद्धिक प्रश्न पर इन्हीं गलीचों पर, इसी सोफ़े पर, इसी तरह की रोशनी में, इसी तरह हलके से सुरूर में और ऐसी ही एक रहस्यमय मुलाक़ात के दौरान बात करें तो सबकुछ ठीक-ठाक रहता है। इसके लिए शायद ये ज़रूरी है कि देश में जिन संगठनों को बनाने में ख़ुद हमें किसी ज़िम्मेदारी से जूझना पड़े वे न हों; ग़ैरक़ानूनी तौर पर हिंसा करनेवाले संगठन देश-भर में फैले हुए हों; सेना का शासन एक बार रह चुका हो और असैनिक शासन लोकतंत्र को लाने के संघर्ष में लगा हुआ हो; सेना के दोबारा सत्तारूढ़ हो जाने का डर भी बना हुआ हो और यह उम्मीद भी बनी हुई हो कि शायद ऐसा नहीं होगा; वामपन्थियों और दक्षिणपन्थियों में संघर्ष हो जिसके अन्दर जनता की असली तसवीर और उसकी ख़ुद निर्णय करने की ताक़त दोनों ही छिप गई हों और सही रास्ता खोजने के लिए हम लोग जनता के समर्थन को अप्रासंगिक मानकर यहाँ बैठे बात कर रहे हों।

रात बहुत हो गई थी। खाना लौटकर डेरे पर ही खाना था। सरकारी अफ़सर औरत शायद अकेली रहती थी। वह अपने लिए पका लेती। मुझे बहुत ही महँगी किसी दुकान में जाना पड़ता था क्योंकि मैं परदेशी था। मेज़बान ने हम लोगों को वापस पहुँचाने के लिए अपने नौजवान लड़के को बुलाया और उससे गाड़ी तैयार करके हमें शहर पहुँचा आने का अनुरोध किया। वह औरत के और अपने पिता के ही सम्भ्रान्त राजनीतिक वर्ग का ज़्यादा बेफ़िक्र नमूना था। उसे बहस बिलकुल अच्छी न लगती थी। वह रास्ते-भर औरत से अपनी भाषा में कुछ बातें करता रहा जिनमें बोली के उतार-चढ़ाव से मैंने अन्दाज़ा लगाया कि वे ज़िन्दगी को लापरवाही से जीने की बातें होंगी और कुछ तरह के राजनीतिक लोगों के ख़िलाफ़ ग़ुस्से की बातें भी। वह सोने की कई चीज़ें पहने हुए था—बटन, चश्मा, अँगूठी, सिगरेट केस, उसके शरीर पर की कोई भी चीज़ के इर्द-गिर्द, यहाँ तक कि उसकी गाड़ी में भी कुछ ऐसा नहीं था जो सादगी का लक्षण हो, मगर कोई चीज़ ऐसी भी नहीं थी जो ज़बरदस्ती जमा की हुई लगती हो। वह अपने पिता की संचित सम्पत्ति के पीछे-पीछे उस पीढ़ी में पहुँच चुका था जहाँ दौलत सहज रूप से चारों तरफ़ बिखरी रहती है और हम सुरक्षित होकर समाज और सरकार को चलाने के विषय में प्रबन्ध के ब्योरों पर बातें किया करते हैं।

लौटते हुए कई मोड़ों पर सुनसान चट्टानें इस वक़्त तक बिलकुल काली हो चुकी थीं। इस बार समृद्ध क्रान्तिकारी का नौजवान लड़का शायद किसी और रास्ते

से आया। एक जगह उसने थोड़ी देर को गाड़ी रोकी, मुझे सन्नाटे में कुछ आवाज़ें सुनाई दीं जो बहुत जानी-पहचानी थीं—ख़ाली बाल्टी रखने की, साँकल बन्द करने की, कुत्ते के भौंकने की आवाज़ें। ऐसा जान पड़ा जैसे कोई छोटी बस्ती हो जहाँ शहर के फैलने से बचे हुए गाँव शहर की तरह बनते जाते हैं। लोगों के चेहरे और उनके कपड़े और उनके घरों के रखरखाव को देखने के लिए मैं उत्सुक हो उठा। क्या यही लोग थे जिनके समर्थन पर लोकतंत्र को वापस लाने का विश्वास क्रान्तिकारी रईस ने टिका रखा था? लड़का लौट आया। गाड़ी चल दी। वह ज़रा देर को वहाँ क्यों रुका था, यह एक रहस्य ही बना रहा। मैं सिर्फ़ इतना जान पाया कि उस जगह का नाम क्या था। सरकारी अफ़सर औरत रास्ते में अपने घर उतर गई और उसने कुछ इस अन्दाज़ में मुझसे विदा ले ली जैसे एक बहुत दुस्साहस का काम करके उसने अपनी वैचारिक भाव-भूमि को सींचकर तर कर दिया हो तो मैं भी मेज़बान की मोटर से अपने डेरे के सामने कुछ इस तरह उतरा जैसे अगर यह मालूम हो जाए कि मैं किससे मिलने गया था तो मुझसे एतराज किया जाएगा और मैं एक स्वाधीन व्यक्ति की हैसियत से जहाँ चाहे वहाँ जाने के अधिकार पर आग्रह करूँगा। किसी ने मुझसे कोई सवाल नहीं किया। कमरे में आकर मैं चुपचाप सो गया। सिर्फ़ एक बार ही जगा, क्योंकि कमरा ज़रूरत से ज़्यादा गरम हो गया था। समृद्धि के विस्तार में गरम पानी, गरम कमरे, ठंडे देशों में एक साधारण वस्तु माने जाते हैं। हम लोग अच्छे हैं क्योंकि हमारे देश में इतनी ठंड नहीं पड़ती—इस तरह की ऊलजलूल तुलनाएँ करता हुआ जिनका समाजशास्त्र से रत्ती-भर भी सम्बन्ध न था, मैं दोबारा सो गया।

दूसरे दिन सबेरे बहुत तीखी आवाज़ में कौवों की काँव-काँव जैसी आवाज़ें कान में पड़ीं। खिड़की में झाँककर देखा तो आसमान धुएँ और नीले रंग का अजब घना मिश्रण था। उसमें सख़्त ठंड रही होगी, क्योंकि रात-भर पानी बरसा था। उसमें चिड़िया का नाम तक नहीं था। जो आवाज़ें मैंने सुनी थीं कौवों की नहीं, तेज़ी से मोड़ लेती हुई भारी-भारी ट्रकों की थीं। आठवीं मंज़िल से नीचे झाँककर मैंने देखा, ये सब नीचे सड़क पर बने चौक में एक के बाद एक आकर खड़ी हो रही थीं। हर एक में से झुंड के झुंड सैनिक उतरे और पंक्ति बाँधकर अपनी जगह क़ायदे से खड़े हो गए। थोड़ी देर में नीचे का सारा दृश्य एक तसवीर की तरह चारख़ानों में बँट गया। गाड़ियों के पहियों की घिसटती हुई चीख मुझे आसमान में मँडराते हुए किसी कर्कश पक्षी की आवाज़ जैसी सुनाई पड़ी थी जबकि यहाँ कहीं न आकाश था, न पक्षी। यह सोचकर आठवीं मंज़िल पर एक गरम कमरे में क़ैद मुझको एक दहशत होने लगी।

जब मैं कमरे से निकला तो वह दहशत एक मशीनी ज़िन्दगी की निश्चित मुलाक़ातों की चकरघिन्नी में ग़ायब हो चुकी थी और उसकी जगह फिर एक उत्सुकता ने ले ली थी जो मैं अपने साथ अपने देश की यहाँ के मुक़ाबले कहीं ज़्यादा सीधी-सादी ज़िन्दगी से लाया था।

इस बार मेरा साथी एक लड़का था जिससे मेरी एक अख़बार के दफ़्तर में भेंट हुई थी। मैंने उसे भरोसा दिला दिया था कि मैं उसे किसी क़िस्म की मुश्किल में नहीं डालूँगा। वह राज़ी हो गया था कि मुझे शहर से बाहर फिर जाने में मदद देगा। मैंने कहा, "गाँव की तरफ़ चलो, तुम्हारा शहर मैंने बहुत देख लिया।" उसने कहा, "यह सही नहीं है क्योंकि तुमने सिर्फ़ बहुत अमीर और सुरक्षित लोगों का घर ही देखा है, बहुत महँगे और असामान्य भवन में ठहरे हो। मगर गाँव में तुम क्या देखना चाहते हो?" मैंने कहा, "लोग देखूँगा। मुझे कुछ-कुछ अन्दाज़ा है कि गाँव के लोग कैसे होंगे। लेकिन यह भी जानना चाहता हूँ कि अपने देश की राजनीतिक दशा के बारे में वे क्या सोचते हैं?" मैंने उसे उस जगह का नाम बताया जहाँ रात को हमारी गाड़ी रुकी थी। हम दोनों उसी गाँव की तरफ़ चले।

दिन का समय था। तेज़ धूप में लोगों के चेहरों पर मैल तक साफ़ दिखाई दे रहा था। दीवारें बहुत मोटी और पपड़ियाई हुई थीं और भीतर एक बड़ा-सा अहाता था। एक तरफ़ के क़ब्ज़े से सिर्फ़ हिलगा हुआ एक पल्ला झूलकर ज़मीन से लग गया था। अब वह खुल नहीं सकता था। दूसरी तरफ़ के पल्ले को थोड़ा-सा ठेलकर आने-जाने का रास्ता बना लिया गया था। टखनों तक ऊँचा पायजामा और एक मोटा धारीदार कोट पहने एक आदमी बाहर निकला और उसने मेरे दोस्त को रास्ता बताया। आगे गलियाँ थीं। मोटर वहीं छोड़कर हम लोग पैदल चले। गली के किनारे एक दुकान में कपड़े धोने के साबुन की बट्टियाँ, लालटेनें, इज़ारबन्द और लेमन-जूस बिक रहे थे। दुकानदार बेकारी और बुढ़ापे की तसवीर था। उसे आमदनी की कोई उम्मीद न थी जो वह ग्राहकों की ओर चाव से देखता। उसे दुकान पर आनेवाला हर आदमी एक बेकार का बोझ मालूम होता था। हमने सिगरेट ख़रीदी और पाया कि उसे इस सौदे से थोड़ी-सी चिन्ता हुई है। मैं एक परदेशी यहाँ क्यों आया हूँ उसे यह सवाल बार-बार परेशान कर रहा है। और आगे जाने पर सड़क से ही लगे हुए चायघर में चहल-पहल दिखाई दी। मैंने कहा, "अन्दर चलेंगे।" दोस्त ने कहा, "कोई हर्ज नहीं, मगर किसी से बात मत कीजिएगा। लोग बहुत ग़ुस्सैल हैं। ज़रा-सा असहमत होते ही न जाने क्या कर बैठें।" हम लोग अन्दर गए। एक बहुत पुराना रेडियो बहुत ज़ोर से खरखरा और गा रहा था। छोटे-से कमरे में दस-बारह चौकोर मेज़ें बिछी थीं और हर एक पर कम-से-कम चार आदमी बैठे बहस कर रहे थे। वे सब मैले और मोटे कपड़े पहने हुए थे। एक मेज़ पर एकाएक चारों आदमी उठ खड़े हुए और ग़ुस्से के मारे बहस छोड़कर हाथापाई करने लगे। मैंने कहा, "आओ पता लगाएँ कि क्या हुआ?" दोस्त ने कहा, "ख़बरदार, ऐसी ग़लती मत करना! और फिर तुम तो यहाँ के लोगों के लिए बिलकुल अजनबी हो, तुमने राजनीति पर कोई बात छेड़ दी तो फिर वे शायद किसी क्षण आपस में लड़कर तुम्हारे लिए मुसीबत खड़ी कर दें।" गली के अगले मोड़ पर एक औरत शलवार

और कुरता पहने धूप में कपड़े फैला रही थी। उसके हाथ में एक चटखी प्लास्टिक की बाल्टी थी। यह बिलकुल मेरे देश की तरह का दृश्य है, मैंने सोचा। औरत के चेहरे पर उसकी अधेड़ उम्र इतनी साफ़ दिख रही थी कि वह अब किसी देश की नहीं रह गई थी। दोस्त ने कहा, "देखा आपने गाँव!" मैंने कहा, "नहीं, किसी से बात तो हुई नहीं।" अगले मकान में एक बढ़ईखाना था। एक आदमी लकड़ी की छीलन के बीच खड़ा हुआ किसी को कुछ आदेश दे रहा था। छीलन में कोई ख़ुशबू न थी। दोस्त ने कहा, "आइए, यहाँ कुछ लोगों से बात कर लीजिए।"

मगर इसमें भी आसानी हाथ नहीं लगी। कमरे में मौजूद लोग सब निठल्ले थे और जब उनसे कहा गया कि मैं किसी से बात करना चाहता हूँ तो कोई इतनी मेहनत के लिए भी तैयार नहीं हुआ। सवाल यह पैदा हो गया कि दुकान के मालिक को ही बात करने का अधिकार है। उसके सिवाय कोई भी आदमी इस दुकान में किसी भी समस्या पर, किसी भी सवाल का जवाब देने का ख़तरा नहीं उठा सकता। थोड़ी देर सकता छाया रहा और मैं डर गया कि विदेश से आकर लोगों को भड़काने का आरोप मुझ पर न लागू हो रहा हो! थोड़ी देर में एक हट्टा-कट्टा आदमी बनियान और पतलून पहने आया और मुझसे परिचय कराया गया। उसने मुझे बड़ी ख़ातिर के भाव से कुरसी दी, अपनी दुकान की शान रखते हुए कोई ठंडा पेय मँगवाया। छोटे शहरों में बिकनेवाली अपने ही यहाँ की सोडा, लेमनेड की बोतलों जैसी बोतल थी। सिगरेट भी उसने दी जैसे कि अपने कस्बे में बाहर से आए हुए किसी आदमी को एक पढ़ा-लिखा आदमी देता। वह आदमी मुझे विदेशी नहीं मालूम हो रहा था। सिर्फ़ एक दूरी उसके और मेरे बीच कहीं न कहीं रह गई थी, बाक़ी मिट गई थी। वे दूरियाँ ये थीं कि उसने पहले कहा, "पूछिए, क्या पूछना चाहते हैं?" फिर मेरे साथी की आँखों का इशारा देखकर चुप हो गया और मुझे ऐसा लगा जैसे उसने किसी बड़े ख़तरे को भाँप लिया हो। ज़रा देर बाद हम वापस अपनी मोटर की ओर जा रहे थे। मैं मानो अपने देश के किसी इलाके में से एक परदेशी की तरह लौट रहा था जिसे सब लोगों ने अविश्वास दिया हो। इतने में देखा, मोटर के पास एक लड़का खड़ा हुआ हमारा इन्तज़ार कर रहा है।

वह बहुत सुन्दर लड़का था। गोरा, बल्कि गुलाबी उसका रंग था। हलकी भूरी-भूरी मूँछें और काली-काली आँखें, गठी हुई गरदन और मैल से भरे बड़े हुए नाख़ून। पीठ पर से फटा कोट। नंगे पाँव। कद मानो हर क्षण चढ़ रहा हो, हालाँकि वह बढ़ना ठीक-ठीक दिख न रहा हो। हमें देखकर वह चुप खड़ा रहा। मैंने हँसकर अपनी भाषा में पूछा, "कहो, कैसे हो?" उसने मेरे दोस्त की तरफ़ देखकर इसका मतलब जानना चाहा। उसे बताया गया। वह बहुत ख़ुश हुआ। मैंने दोस्त से कहा, "यहाँ एकान्त है। क्या मैं तुमसे कुछ सवाल पूछ लूँ?" "हाँ, मगर जल्दी करो।" चारों तरफ़ देख कुछ सवाल पूछने के लिए मैं सवालों की भाषा अपने मन में गढ़ने

लगा। मुझे यह पूछना था कि क्या तुम जानते हो कि तुम्हारे देश में लड़ाई छिड़ी हुई है ? क्या तुम जानते हो इस लड़ाई का जाल रचकर एक रईस क्रान्तिकारी अपनी न जाने कहाँ जमा की हुई दौलत को छिन जाने से रोके हुए है, क्योंकि वह एक असली लड़ाई रोके हुए है ? क्या तुम जानते हो कि सेना और राजनीतिक मिल करके लोकतंत्र को फिर से लाने की आशाओं और निराशाओं के झूले में इस गाँव के लोगों को झुला रहे हैं और क्या तुम यह भी जानते हो कि यहाँ कोई इस डर से इन सवालों का जवाब नहीं देना चाहता कि उसे फ़ौरन दक्षिणपन्थी या वामपन्थी हिंसाओं के अपराध की सज़ा दे दी जाएगी ? क्या तुम... ?

मगर मैंने पूछा, "क्या तुम जानते हो कि हिन्दुस्तान में क्या हो रहा है ?" उसने कहा, "हाँ।" मैंने पूछा, "तुम्हें कैसे मालूम हुआ ?" उसने कहा, "रेडियो से।" मैंने पूछा, "क्या हो रहा है, बताओ ?" उसने कहा, "अभी तुम्हारे देश में बाढ़ आई थी। बहुत-से लोग मारे गए, बहुत-से लोग बेघर हो गए, बहुत-से लोग आज भी बेघर हैं, उनको खाने को नहीं मिल रहा, वे उजड़ गए हैं।" अगला सवाल क्या पूछे, यह मैं तय नहीं कर सका। "क्या तुम हिन्दुस्तान जाओगे ?" मैंने पूछा। उसका चेहरा जाने किस आशा से चमक उठा फिर उसने कुछ अविश्वास से मुझे देखकर कहा, "कैसे जाऊँगा ?" और फिर मुझे देखता ही रहा कि शायद मैं सचमुच कोई रास्ता बता सकूँगा। अपने देश से बाहर जाने के लिए वह ख़ुद किसी रास्ते की कल्पना कर सकता था। सिवाय किसी और देश में बर्तन माँजने के काम के और कोई काम नहीं था जो कि उसे अपने देश से बाहर ले जाता और हिन्दुस्तान में लोगों को खाने को नहीं मिल रहा था। वह चुप रहा और मुझे एकटक देखता रहा। मानो इस मौन प्रश्न के जवाब में मैंने कहा, "जब कभी तुम किसी तरीक़े से हिन्दुस्तान आ सको तो आना। मैं तुम्हें निमंत्रण देता हूँ।" इस बात का एक हास्यास्पद पक्ष भी था; यह मुझे मालूम था। मैंने उसे राजकीय अतिथियों की तरह मेज़बान देश के राजकीय नेताओं को दिया जानेवाला निमंत्रण दिया था। कितनी बेसिर-पैर की बात थी, मगर वह एक बार फिर आशा से भर उठा। यह उसकी उम्र का तकाज़ा था। वह सिर्फ़ घूमना चाहता था। उसने एक बार फिर दबी ज़बान में कहा, "मैं कैसे जा सकता हूँ ?" मगर उसने जब मुझे देखा तो उसकी आँखों में अविश्वास पहले से थोड़ा कम हो चुका था।

लोगों से मिलने और उनसे बात करने की मेरी इच्छा पूरी हो चुकी थी। मुझे किसी सवाल का जवाब नहीं मिला था, मगर मुझे कम-से-कम एक आदमी मिल चुका था जो इस देश से मेरी ही तरह बाहर जाने को बेचैन था। दोस्त ने कहा, "अब जल्दी करो।" मैंने कहा, "हाँ, चलना चाहिए। मेरा काम हो गया।"

[*साप्ताहिक हिन्दुस्तान,* 28 जुलाई 1982, *जो आदमी हम बना रहे हैं*]

वार्निश

चौड़ी सड़क के किनारे एक बस्ती थी। वह शहर से इतने पास थी कि ताज्जुब होता था कि इतनी नीरस क्यों है! यहाँ शहर से भागकर मौज़-मस्ती के दो दिन बिताने के लिए आनेवाले अमीरों के बँगले होने चाहिए थे, पर थे वहाँ कुछ ऐसे मकान, जो सहकारी कर्ज़-बैंक, पशु चिकित्सालय या नारी-रक्षा निकेतन जैसे दीखते थे। ज़रूर इस बस्ती में कोई खामी रही होगी या हो सकता है, शहर में रही हो। शायद शहर में ही थी, क्योंकि वहाँ मैंने रात के बारह बजे तक शराब की दुकानें खुली देखी थीं। जिस शहर में पैसा भी हो और बारह बजे तक खुली दुकानें भी और जहाँ ज़्यादातर लोग हफ़्ते में सातों दिन व्यापारियों की नौकरी करते हों, उसमें रहनेवाले भागकर बाहर क्यों जाएँ? इसलिए शहर से मोटर द्वारा एक घंटे की दूरी पर बसी यह बस्ती सच्चरित्र बनी हुई थी।

यहाँ मुझे कुछ पुराने मकान देखने की उम्मीद थी। शहर में जब मैंने पुराने मकान देखने की इच्छा प्रकट की थी, तो मुझे यहाँ भेज दिया गया था। शहर के पुराने मकान तेज़ी से खंडहर और उसके बाद समतल तथा फिर नए मकान हो गए थे और किसी की दिलचस्पी किसी मकान के पुराने होने में नहीं रह गई थी। जिनके पास हाल ही में पैसा आया था, वे सारी चीज़ें नई चाहते थे। जो नए मकान सरकारी कर्जे से बनवाए गए थे, बहुत जल्दी पुराने पड़ गए थे और सारे शहर में हर सड़क और हर मुहल्ले में यही लगता था कि अभी यहाँ कुछ न कुछ बन रहा है। बरसों से इसी तरह का दृश्य दिखाई देता रहा था।

वास्तव में यह बेमन से बनते हुए शहर का दृश्य था, जिसमें खुदी हुई सड़कें, गन्दगी के ढेर और उखड़े-उखड़े से नए मकान प्रमुख थे। सुनते थे कि कभी इस शहर में सौ से ऊपर तालाब थे। इस वक़्त एक भी नहीं दिख रहा था। ज़ाहिर है कि उन्हें पाट दिया गया था और उनके ऊपर मकान बन गए थे। इसी तरह जंगल भी काट दिए गए थे और उनकी जगहों पर भी मकान बन गए थे। ये सब मकान नए थे। सिर्फ़ एक निशानी बच रही थी, जिससे कुछ मकानों के पुराने होने का अनुमान हो सकता था। वह यह थी कि ऐसे मकानों के किनारे सड़क नहीं थी, बल्कि बीच

में एक चौक था। चौक का मतलब होता है कि लोग सड़क की तरह चलते न चले जाएँ, बल्कि बैठ सकें। लोगों का बैठने के लिए ठहर जाना और मकानों का पुराना हो जाना एक ही तरह के दो अनुभव हैं।

जैसे ही मैं बस्ती के सामने गाड़ी से उतरा, मुझे एक व्यापारी दिखाई दिया, जिसकी दुकान शायद सड़क के उस पार एक बड़े मकान के अन्दर थी। मैंने पुराने मकान का नाम लिया ही था कि वह एक पुराना मकान बेचने को तैयार हो गया।

''मुझे ख़रीदना नहीं है,'' मैंने कहा।

''देखना है?'' उसने पूछा।

''हाँ-हाँ, अगर लेना होगा, तो देखेंगे ही।'' मेरे जी में आया कि कहूँ कि मुझे उसमें रहना है, मगर यह सोचकर डर गया कि कहीं हमको भी वह सचमुच न मान ले। यों भी ख़रीदना भी न हो और रहना भी हो, तो सिर्फ़ किराया देकर रहा जा सकता है और ख़तरा यह था कि वह किराया भी बता देता। इसलिए मैं उस पते को खोजता चुपचाप चल दिया, जो मुझे शहर के मशहूर पुरातत्त्वशास्त्रियों ने दिया था। बस्ती के अन्दर एक गली जाती थी, उसके शुरू में तमाम नई-नई दुकानें बनी हुई थीं, जिनमें कपड़े, दवाइयाँ, रेडियो और बिजली के तमाम सामान बिक रहे थे। गली के अन्त में मुझे वैसा ही एक चौक दिखाई दिया, जैसे मैंने शहर में कई बने हुए देखे थे।

दोनों जगहों में चौक बच रहे हैं, मैंने कहा, इससे उम्मीद की जा सकती है कि पुराने मकान कहीं पास में ही होंगे। मगर यहाँ चौक में पुराने मकान नहीं थे, बल्कि पुरानी दुकानें थीं, जिनमें पीतल के, ताँबे के और फूल के बर्तन बिक रहे थे। चौक की ज़मीन पर टोकरियों में कुछ ऐसी चीज़ें बेचते हुए लोग बैठे थे, जो पूरे दृश्य में सटीक थीं, जैसे हाथ की बुनी रस्सियाँ, ग़रीब लोगों के हाथों गढ़े हुए लोहे के औज़ार, पके केले और पान। रास्ता पूछते-पूछते मैं एक और गली में जा निकला, जिसके दोनों तरफ़ ऊँची-ऊँची दीवारें थीं और जिसके अन्त में कई दरोंवाला एक बहुत पुराना मकान आबाद था।

दिखता था कि इस मकान में कभी एक लम्बा बरामदा रहा होगा। इस वक़्त उसको शीशे के दिलहोंवाले दरवाज़ों से बन्द कर दिया गया था। उन्हीं में से एक में से एक आदमी प्रकट हुआ। यह जानकर कि मुझे उसी के पास भेजा गया है, वह मुझे अन्दर ले गया।

''मेरे पुरखे यहाँ आकर बसे थे,'' वह कह रहा था, ''शताब्दियों पहले यहाँ के सबसे पोढ़े महाजनों में हमारे परिवार के लोग थे। उन दिनों इस घर के दरवाज़े चौबीस घंटे खुले रहते थे और जिसे भी कर्ज़ की ज़रूरत होती थी, इन्हीं दरवाज़ों पर दस्तक देता था। कोई भी व्यक्ति इन्हीं कमरों में आकर जब तक चाहे, तब तक ठहरा रह सकता था।'' यह कहकर वह मुझे भीतर ले गया। उसने कहा, ''आप

मकानों का पुराना स्थापत्य देखना चाहते हैं, देखिए, ये दरवाज़े आप देखिए, ये खम्भे देखिए।''

खम्भों पर मैंने नज़र डाली, तो सिवाय खम्भे के कुछ न दिखाई दिया। वे निरे खम्भे थे। गहरे नीले वार्निश के रंग से पुते हुए, और रंग की परतें न सिर्फ़ गाढ़ी थीं, बल्कि एक के ऊपर एक चढ़ी हुई थीं। खम्भे के मालिकों ने यह हरकत खम्भे की ख़ूबसूरती बढ़ाने के लिए की थी या उसके प्राचीन स्थापत्य के महत्त्व को चोरों से बचाने के लिए, यह कहना मुश्किल था। उन्हें शायद ख़ुद नहीं मालूम था कि उन्होंने क्या किया है। उन्हें सिर्फ़ इतना मालूम था कि ग्यारहवीं शताब्दी में आगरा से आकर अपना साहूकारा इस मंडी में खोलकर, जो कि एक राजमार्ग के चौराहे पर होने के कारण व्यापार का केन्द्र बन गई थी, उन्होंने इतिहास में एक स्थान प्राप्त कर लिया है।

उन दिनों इस मकान में लकड़ी के जिस सुन्दर काम का वैभव प्रकट हुआ था, वह इतने सौ वर्षों में स्वाभिमान की वस्तु नहीं रह गया था। साहूकारा, कम स्वाभिमान की चीज़ नहीं था, मगर उसके गौरव की जगह इस बात ने ले ली थी कि मकान मालिक विश्वविद्यालय की शिक्षा प्राप्त कर चुके हैं।

''यह देखिए, हमने अपने घर के वैभव को छोड़ा नहीं।'' वह छत से और दीवार से लटके अनेक फानूसों को दिखा रहे थे, जो संख्या में इतने ज़्यादा थे कि अजायबघर की तरह एक ही जगह एकत्र कर दिए गए थे और उनका कोई इस्तेमाल नहीं रह गया था। ''बैठ जाइए,'' उन्होंने कहा।

बैठने के लिए एक मोटा गद्दा और मोटी मसनद थी, जिसका सफ़ेद गिलाफ़ मैल के धब्बों और सिर के तेल से स्थायी तौर पर चिटक गया था। एक कुरसी भी थी, जिसे चारों पायों पर सीधा खड़ा रखने के लिए एक सुतली को तीस-चालीस बार लपेटकर खम्भे से बाँध दिया गया था। निश्चित रूप से यह एक तरह का परम्परा-प्रेम रहा होगा, परन्तु मेरे खड़े रहने के वर्तमान और बैठते ही गिर पड़ने के भविष्य को इतने बड़े ऐतिहासिक मकान में मानो बिलकुल भुला ही दिया गया था। फिर भी मैं बैठा, यह सोचकर कि अपने में यह विचित्र अनुभव रहेगा और मेरा विचारोत्तेजन भी शायद कर सकेगा। बरामदे से घर के अन्दर का कोई हिस्सा दिखाई नहीं देता था। यह अवश्य ही एक अच्छी भारतीय परम्परा का निर्वाह था। बरोठे में एक पत्थर की दीवार दिखती थी। फ़र्श भी पत्थर का था। अन्दर की ओर जाकर कम-से-कम एक-दो कमरे बिलकुल आधुनिक रहे होंगे, यह मैंने मान लिया था, क्योंकि इस मकान में रहते चले जाने का कारण यह तो नहीं हो सकता था कि रहनेवाले जानबूझकर एक पुरानी दुनिया में जीना चाहते रहे हों। यह तो एक बपौती थी, जो उन्हें व्यापार के रूप में मिली थी और अब उसे सँभालने की कोशिशें दिन-ब-दिन कठिन होती जा रही थीं।

इतने बड़े और पुराने मकान में पुराने ढंग से रहने के लिए व्यापारी की पुरानी

दुनिया, दौलत और इज़्ज़त होनी चाहिए थी, पर नए आनेवाले व्यापारियों ने इन पुराने घरानों को पीटकर रख दिया था। या तो ये मैदान छोड़कर भागते या नए व्यापारियों की हिम्मत और सूझबूझ की तुलना में खड़े होने के लिए अपने को बदलते। इन दोनों में से कोई एक काम न कर सकने के कारण ही ये अपने पुराने मकानों में पड़े हुए थे और कम-से-कम इनके अगवाड़ों को रँगकर दर्शनीय बनाए हुए थे। ऊँची छतों, सँकरी खिड़कियों और घुमावदार गलियारों और बरामदोंवाले उन मकानों में मौसम के साथ एक इनसानी बराबरी का रिश्ता बनाकर रहने की आदतें इनके पुरखों ने डाली थीं। अब वे सब पिछड़ेपन की निशानियाँ बन गई थीं। इसलिए वह पुराना मकान गौरव का नहीं, सिर्फ़ एक मजबूरी का प्रतीक बन गया था।

मैंने मकान मालिक से पूछा, ''लकड़ी के दरवाज़ों पर और खम्भों पर नक्काशी का काम दिखाइए।''

वह इस सवाल से न तो उत्साहित हुआ न विस्मित। एक बोदे दिमाग़ में जैसी प्रतिक्रिया हो सकती थी, वैसी नज़र से उसने मुझे देखा और बिना किसी पछतावे के बोला कि अब वे नहीं हैं। अगर मैंने उसको बताया होता कि इन नक़्क़ाशियों को बेचकर वह खा सकता था, तो शायद वह पछताता, क्योंकि बहुत सम्भव यही था कि दरवाज़े बहुत भारी होने के कारण बदलकर कबाड़ में फेंक दिए गए हों और मुख्य दरवाज़े को हटाकर लोहे के चढ़ाए-उतारे जानेवाले दरवाज़े लगा दिए गए हों। खम्भे, जो परत-दर-परत वार्निश से ढके हुए थे, शायद सिर्फ़ इसलिए खड़े रह गए थे कि उनके हटा दिए जाने से छत गिर पड़ती। मैंने एक बार सिर्फ़ संकेत भर देने के लिए वार्निश को खुरचने की कोशिश की कि शायद मकान मालिक यह समझ सके कि इसे धो-पोंछकर हटा देने पर इसके नीचे एक बहुमूल्य कलाकृति निकल आएगी, मगर उसे यह इशारा काफ़ी न साबित हुआ, हालाँकि उसकी अक्लमन्दी में कोई कमी न थी, जैसा कि आगे चलकर ज़ाहिर होना था।

वह अन्दर गया और अपना कुरता-पाजामा बदलकर टेरीलीन की कमीज़ और पैंट पहनकर आ गया। इससे उसका नैतिक बल बढ़ गया था। वह कह रहा था कि ''मैंने वकालत पढ़ी है, नौकरी नहीं करता। अपने पैरों आप खड़ा हुआ हूँ, मगर अपने पुरखों की बनाई हुई साख पर मुझे गर्व है।'' फिर उसने बताया कि वह आढ़त और महाजनी जैसे दकियानूसी धन्धे नहीं करता, फ़ार्मिंग करता है।

मुझे एकाएक इस तमाम इलाक़े में से चारों तरफ़ भागते-भटकते लोग याद आने लगे, जिनके पास इतनी ज़मीनें नहीं थीं कि उसकी फ़सल से वे साल भर में तीन महीने से ज़्यादा रोटी खा सकते हों। जिस इलाक़े में तालाबों को पाट दिया गया है और जंगलों को काट दिया गया है, जिससे पानी नहीं बरसता है और बरसता है तो बहकर खो जाता है, आप भला फ़ार्मिंग कैसे करते होंगे, जिससे कि आपके पुरखों की साख बनी रहे? यह सवाल मेरे मन में उठा ही था कि उसको मैंने बोलते

हुए सुना, "इस इलाक़े का सबसे बड़ा तालाब हमारे परदादा ने बनाया था। हमने उसे सरकार को दे दिया।"

अलबत्ता वह पूछने पर भी यह नहीं बता पाया कि इसके बदले में उसे कितनी रक़म मिली। और यह तो पूछना ही बेकार था कि उस तालाब से कितने लोगों को सिंचाई का पानी लेने की इजाज़त है। वह इन मसलों से कोई मतलब नहीं रखता था। कपड़े पहनकर वह मुझे कुछ और पुराने मकान दिखाने के लिए ले जाना चाहता था। वे सब उसके नज़दीकी रिश्तेदारों के थे और उनमें से भी सिर्फ़ उन लोगों के, जो इस वक़्त की राजनीति में उसके गुट के थे।

मैंने कहा, "नहीं, अब रहने दीजिए। आप ही सबसे पुराने खानदान के सबसे बड़े आदमी हैं। आपसे मिल लिया, अब औरों से मिलकर क्या होगा।"

यह सुनकर उसे दुख हुआ। मेरा ख़याल है कि यह दुख इसलिए नहीं हुआ कि उन लोगों के मकान देखने के बाद मैं इसी के मकान को सबसे अच्छा और बड़ा मानने के सुख से उसे वंचित कर देता था; बल्कि इसलिए हुआ कि अब उसके पास एक छोटी-मोटी गुटबन्दी को छोड़कर और कोई सामाजिक आदर की वस्तु नहीं रह गई थी और अपने गुट के साथियों के सामने मुझे पेश करने से उसे अपने नेतृत्व को जताने का मौक़ा मिलता।

मैं नहीं माना। मैं किसी तरह यह सूँघने लगा था कि इस पूरी बस्ती में कुछ ऐसा है, जो बहुमूल्य है, मगर यह आदमी उसे पहचानता नहीं। यह मुझे सब ग़लत जगहों पर ले जाएगा और मैं इसके हाथ में एक खिलौना बन जाऊँगा, एक साधन—अपनी बोदी दयनीय बुद्धि से अपनी परम्पराहीनता को पैसे से छिपा लेने के उपाय खोजने की इसकी साधना का साधन। शायद उसे भी उतनी तबालत फ़ायदेमन्द न मालूम हुई और उसने मुझसे नमस्ते कहकर यह भेंट ख़त्म कर दी। मैं उसके घर से निकलकर अपने आप जिस तरफ़ मन आया, चल पड़ा।

दस क़दम पर ही गली की सूरत बदल गई। उसके दोनों तरफ़ एक के बाद एक खंडहर खड़े हुए थे। गली में एक इनसान भी नहीं था। उस सन्नाटे में दीवारों का एक-एक पत्थर एक तसवीर की तरह देखने लायक़ हो गया। कुछ मकानों का दरवाज़ा बन्द था और अपनी पूरी ख़ूबसूरत नक्काशी के साथ, जिसे धूल की परत ने मानो रेखांकित कर दिया था, सिर से पाँव तक समूचा खड़ा हुआ था। कुछ में दरवाज़ा था ही नहीं। एक मकान की पहली मंज़िल में एक लम्बा बरामदा कई मेहराबों और खम्भों समेत इस तरह ख़ाली पड़ा हुआ था कि जैसे किसी वक़्त इसमें सिवाय व्यापार की चहल-पहल के और कुछ होता ही न रहा होगा, और अब उसके चौपट हो जाने पर वहाँ कुछ हो भी नहीं सकता था। खंडहर हो जाना उस मकान की नियति थी, यह भाव उस खंडहर में बोल रहा था—इतना सम्पूर्ण और सुन्दर था वह खंडहर।

बीसवीं सदी की कला की हमारी पहचान ने विध्वंस के लिए एक नई जगह कलाकार के मानस में बना दी है। टूटी हुई चीज़ों में उनके टूटने की कहानी देख पाता है और वह चीज़ इस कहानी के साथ मिलकर उस टूट को सम्पूर्ण बना देती है। मैं जिस यथार्थ को देख रहा था, वह एक कलाकृति बनने लगा। मेरे मन ने इसके लिए न जाने क्यों फ़िल्म का सहारा लिया—एक सुनसान लम्बी गली जो धूप से भरी हुई है, उसके एक ओर ऊँची सफ़ेद दीवार, जिसकी सतह चिकनी नहीं है; उस पर कोई विज्ञापन नहीं है; दूसरी ओर एक मकान, जिसके लम्बे बरामदे में नक्काशीदार खम्भों ने आज के उस उजाड़ को बहुत पुराने किसी समय से जोड़ दिया है। दूसरी मंज़िल पर एक लम्बा छज्जा, जिसकी लकड़ी के काम की मुँड़ेर मानो समय के भीतर एक अभिप्राय को बिना रोक-टोक दोहराती चली गई है, कोई आदमी नहीं है। घास, जो दीवारों और मुँड़ेर की सन्धि में उग आई है, सूखकर सुनहले रंग की हो गई है और लकड़ी धूप और पानी सहते-सहते एक ख़ास तरह के काले रंग की, जो पुरानेपन का अपना ही ख़ास रंग है। हम चाहें, तो इस दृश्य में एक कथा को उपस्थित कर सकते हैं, वह कथा सन्नाटे की हो सकती है। फ़ैशन के मॉडलों की भी हो सकती है, प्रेतों की भी। कथा के कई अंश मकान के अन्दर घटित होंगे, उन्हें फ़िल्माने के लिए हमें मकान के भीतर जाना होगा। हम वहाँ कुछ और चबूतरे, दालानें, सँकरी खिड़कियों और काठ की कार्निशें देखेंगे, जो उस मकान का चरित्र बताएँगी। वार्निश की सबकुछ छिपा लेनेवाली गाढ़ी परतें वहाँ नहीं होंगी, क्योंकि उसमें इस मकान के आज के उत्तराधिकारी न होंगे, जिन्हें इस मकान की असली क़ीमत, यानी उसके पुरानेपन की पहचान नहीं है।

न जाने कब मेरे अध्यवसायी किसान व्यापारी आकर मेरे पास खड़े हो गए थे और यह सवाल पूछने को उत्सुक थे कि मैं खोया हुआ इस गली को इतनी देर से क्यों देख रहा हूँ। आख़िरकार उन्होंने एक कुशल सौदा पटानेवाले की तरह शुरुआत की, ''यह मकान दो-चार दिन में ही निकल जाएगा। आप चाहें तो और भी मकान देख सकते हैं।'' फिर यह बताया कि बस्ती में घुसते ही मुझे जो सीमेंट और लोहे की दुकानें दिखाई दी थीं, उनकी जगह पिछले साल तक ऐसे ही कई मकान थे।

''दस हज़ार तक में,'' उन्होंने बताया, ''पूरा मकान मिल जाएगा। इससे ज़्यादा का तो लकड़ी और पत्थर ही उसमें है।''

मैंने कहा, ''बात यह है सेठजी कि मुझे एक विचार आ रहा है। आप एक पुराना मकान मेरी तरफ़ से ख़रीद लें और उसमें मरम्मत कराके उसे वैसा ही बना दें, जैसा वह तब रहा होगा, जब आपके पुरखे ज़िन्दा थे।''

''फिर उसका हम क्या करेंगे?'' मानो यह प्रश्न पूछ रहे हों, ऐसी निगाह से उन्होंने मुझे देखा।

"फिर घोषणा कर दीजिए कि सोलहवीं शताब्दी के बने हुए इस मकान को लोग देखने आएँ। दस-बीस पैसा टिकट लगा दीजिएगा।"

यह बात सुनकर सेठजी ने कुछ उत्सुकता दिखाकर जानना चाहा कि इससे उन्हें क्या लाभ होगा।

मैं तब जानबूझकर झूठ बोला था, अब एक अर्धसत्य बोलने लगा, "भारत की समाज व्यवस्था में किसी समय रहने के मकानों ने इनसान का समाज के साथ रिश्ता बनाया था। हम उसे फिर स्थापित करेंगे।"

सेठजी ने अपना नाम और डाकखाने का पता मुझे लिखा दिया। मैंने भी यह सोचकर कि अगर सेठजी इस प्रस्ताव से सहमत हो गए, तो एक बड़ा काम हुआ समझिए, इस इरादे को अपनी तरफ़ से कुछ और लाभदायक बनाने की कोशिश की। मैंने कहा, "इसमें सरकार भी मदद दे सकती है। पुरातत्त्व या पर्यटन विभाग आपके मुहल्ले में मकान को दिखाने के लिए यात्राओं का प्रबन्ध करेगा। पर्यटक आएँगे। शायद एक दिन ठहर भी जाएँ। उनके लिए एक होटल खुल जाएगा। बाज़ार में कई क़िस्म की दुकानें चल निकलेंगी। यह बस्ती मशहूर हो जाएगी।" यह कहकर मैं चुप हो गया, क्योंकि मैं इस ख़याल से घबरा गया था कि सेठजी को अतीत की याद में अगर पैसा नहीं दिखाई दिया, तो वह मुझे कोई सिरफिरा न समझ बैठें। पर सरकार का नाम सुनकर उन्हें भविष्य दिखाई देने लगा।

अगर उसके ख़ज़ाने से कुछ पैसा निकल सकता हो, तो अतीत की सुन्दरताओं और सामाजिकताओं को सुरक्षित रखने की बात सोची जा सकती है, यह भी एक धंधा हो सकता है। मैंने किस स्वार्थ से यह सुझाव दिया है, यह प्रश्न अवश्य उनके मन से दूर नहीं हो रहा था; परन्तु शायद यह सोचकर कि इस सुझाव के बदले में केवल सम्मान देकर एक बुद्धिजीवी का हिसाब चुकता कर दिया जा सकता है, वह गम्भीरता से पुरातत्त्व के इस धन्धे पर विचार करने लगे। मैंने इस बार कुछ सच्चे उत्साह के साथ कहा, "मैं राजधानी में सम्बद्ध विभागों के अध्यक्षों से यह बात उठा सकता हूँ। निश्चय ही वे यह सुझाव राज्य के सांस्कृतिक पुनरुद्धार की दृष्टि से पसन्द करेंगे।"

सेठजी को बहुत जल्दी फ़ैसला करना था। दो-चार दिन में ही बाक़ी पुराने मकान भी बिक जाते और वह एक अच्छे सौदे से चूक जाते। उन्होंने राजनीतिक दलों की, राज्य के सत्तारूढ़ गुट की और स्वयं अपनी बिरादरी के अपने प्रतिद्वन्द्वियों की सारी परिस्थिति तौलकर निश्चय किया कि उन्हें इतिहास को वर्तमान में भविष्य के लिए सुरक्षित रखने के धन्धे में घाटा होगा। वह चुप रहे। उन्होंने मेरे सम्मान में कोई कमी न आने दी। मैंने बदले में बिना सोचे-समझे कहा, "तब आप सोलहवीं शताब्दी में यहाँ आकर बसे हुए अपने पुरखों का कीर्तिस्तम्भ भी इसी बस्ती में लगवा सकेंगे।" यह सुनकर उन्हें सन्तोष हुआ कि अपने पुरखों का नाम लेकर

उनका सम्मान बढ़ाने की बात यदि सोची जा रही है, तो काफ़ी है। इसके लिए इतना ख़र्च करने की ज़रूरत नहीं।

चलते-चलते वह मुझे यह आभास देना चाहते थे कि वह भी अतीत में एक बुद्धिजीवी की-सी रुचि रखते हैं। उन्होंने कहा, "चौड़ी सड़क के पार एक मन्दिर है, उससे सटा हुआ एक तालाब है, उसमें न जाने कितनी मूर्तियाँ डूबी हुई पड़ी हैं और हर साल निकलती ही आती हैं। आप उस मन्दिर में अवश्य जाइएगा।"

मैं गया। पुजारी ने मुझे बहुत-सी मूर्तियाँ दिखाईं, जिन्हें तालाब से निकालकर दीवार में जड़ दिया गया था, या मन्दिर के भीतर कठघरों में बन्द कर दिया गया था। मन्दिर के अपने इष्ट की मूर्ति पर मैंने विशेष ध्यान दिया। ऊपर वार्निश की गाढ़ी परत जमी हुई थी। आँखों की जगह सफ़ेद और काले रंग से रँगी हुई आँखें थीं। शरीर पर गोटा-किनारी लगे हुए साटन के कपड़े थे। मैंने कहा, "क्या यही मूर्ति है? इसमें तो कुछ उत्कीर्ण नहीं दिखाई देता।"

पुजारी ने कहा, "यह वस्त्रों के नीचे है।"

"और यह गाढ़ा रंग?" मैंने पूछा।

उत्तर मिला, "यह तो जब से मूर्ति प्रतिष्ठित हुई है, तब से श्रद्धालु लोगों द्वारा समय-समय पर लगाया जाता रहता है। हम इसे मिटा नहीं सकते।"

[रविवार, 26 सितम्बर-2 अक्टूबर 1982, असंकलित]

पंचक

कुछ दिन पहले तक वह चलते-फिरते थे। सिर्फ़ एक थकावट-सी दिखाई देती थी। उनके पड़ोस में आकर रहने के बाद से मैं उन्हें ऐसा ही देख रहा था। जो उन्हें कुछ बरस पहले से जानते थे उनका कहना था कि वह अब पहले के आधे भी नहीं रहे। मेरे लिए वह ऐसे ही थे जैसे मैंने उन्हें जाना था; उनकी वही थोड़ी-सी सुस्त थकी-सी चाल मुझे स्वाभाविक दिखती थी।

धीरे-धीरे उनका घर से बाहर निकलना कम होता गया। अतः सोचता हूँ तो ऐसा लगता है जैसे उन्होंने एकाएक बिस्तर पकड़ लिया था। मगर नहीं, वह धीरे-धीरे ही माँदे हुए थे। फिर भी जब एक दिन रात को बारह बजे एक बड़ी-सी मोटर आई और उसमें से वह लेटे हुए उतारे गए तो एकाएक मालूम हुआ कि वह अब नहीं रहे। मगर नहीं, अब सोचता हूँ तो याद आता है कि वह काफ़ी समय से चुपचाप अपने कमरे में मर रहे थे और हम लोग उन्हें देख नहीं पा रहे थे। समय के प्रवाह में समाज जाने कब से डूबता-उतराता चला आ रहा है यह तो हम जानते हैं परन्तु किसी मनुष्य को तो तभी से जानते हैं जब से उससे परिचय हुआ हो। जी तो वह पहले से रहा होता है परन्तु हमारी ख़ातिर उसका मरना हमारे मिलने के बाद ही शुरू होता है।

शोकसभा में लोग नियत समय पर आकर खड़े हुए। न कोई बड़ा कमरा था न बड़ा मैदान, सिर्फ़ मकानों के बीच में जहाँ थोड़ा-सा चौड़ा था लोग आ-आकर खड़े होते जा रहे थे। लोग अकेले-अकेले आ रहे थे। सिर्फ़ कुछ औरतें साथ-साथ आईं। उनमें से एक-दो कम उम्र की थीं और बहुत ख़ूबसूरत नहीं थीं। उनकी शक्ल से लगता था कि वे घर में ही रहती हैं मानो सुन्दरता के सामाजिक प्रतिमानों ने उन्हें धकेलकर घर में बन्द कर दिया हो। पुरुषों में तो कोई जवान नहीं थे। अधेड़ थे, या वे जो अधेड़ हो चले थे, या फिर वे थे जिनका अधेड़पन बीत चला था। कोई ठीक-ठीक बूढ़े भी नहीं थे। जो आए थे उनमें अजब एकता थी। कोई ग़ौर से देखता तो मालूम होता कि नज़रों में यह भावना छिपी हुई है कि जीवन बहुत थका रहा है। कोई नौजवान न थे। सिर्फ़ पड़ोस के मकान में रिकार्ड बज रहा था जिसकी धुन

बार-बार कूल्हे मटकाने और सीना उभारने के लिए बनी थी। इस तरह की हरकत का यहाँ मौक़ा न था। लोग डरे हुए थे। पिछले पन्द्रह दिन में तीन मौतें इस मोहल्ले में हो चुकी थीं। किसी ने कहा था कि पंचक में मृत्यु हुई है—चार मौतें और होंगी।

हम अध्यक्ष को दूर से आते हुए देख रहे थे। दूर जैसा कुछ था नहीं परन्तु उनका धीरे-धीरे चलकर आना मन पर ऐसे अंकित हो रहा था जैसे हम किसी फ़िल्म में किसी को दूर से आता हुआ देखते हैं। अध्यक्ष आकर सबके सामने खड़े हुए और कुछ क्षण मानो सबकी अनुमति की प्रतीक्षा करते हुए खड़े रहे। फिर अपने एक विश्वस्त मित्र की ओर देखकर उन्होंने एकाएक तय कर लिया कि सबकी अनुमति है और बोलना शुरू किया :

"मित्रो..."

लोगों के जूतों की आवाज़ आई। लोग सिमटकर पास-पास आने लगे थे। क़रीब-क़रीब घेरा बन गया था। लोग बहुत कम थे। लोग सहसा बहुत ही अधिक प्रतिनिधि हो गए और हर एक को लक्ष्य किया जा सकने लगा। यह भी दिखा कि यह समूह मोहल्ले के सिर्फ़ कुछ निवासियों का नहीं उस प्रकार के लोगों का है जो उस आदमी के मित्र हो सकते थे।

"हम लोगों का मोहल्ला कुछ समय से एक दुखद दौर से गुज़र रहा है।" ये शब्द अध्यक्ष ने कहे। फिर उन्होंने एक-एक करके तीनों मौतों का ज़िक्र किया। उनमें से पहली एक सम्भ्रांत परिवार की स्त्री थी जिसे सीधे अस्पताल से मरघट ले जाया गया था इसलिए हम लोगों ने उसे देखा नहीं था। वह और भी अचीन्ही हो गई थी क्योंकि वैसे भी हम लोग उसे कम देख पाते थे और एकाएक याद नहीं आ सकता था कि किसकी मौत हो गई है। बाक़ी दोनों पुरुष थे जिनके प्रति सबके मन में आदर था—एक जब सवेरे-शाम टहलने निकलते थे तो यह ख़याल आता था कि इतना नियमित व्यक्ति निश्चय ही बहुत दिन जिएगा क्योंकि इसी नियमितता की बदौलत वह इतने दिन जी चुका है। दूसरे को कई दिन से देखा ही नहीं गया था और सबको मालूम था कि यह बीमार है। उनके बारे में अभी तक जो चर्चा सुनने में आती थी वह यही था कि अब वह पहले से ज़्यादा बीमार हो गए हैं।

अध्यक्ष ने एक-सी लय में सात-आठ वाक्य कहे। उन्होंने पहले वाक्य को कई तरह से शब्द बदलकर दोहराया पर लय एक ही थी। पाँच मौतें एक के बाद एक अगर होंगी तो क्या सब यही होंगी? हाँ—ऐसा ही ज्योतिषी ने कहा था। यह नहीं मालूम किस ज्योतिषी ने कब और कहाँ किससे कहा था मगर लगता था कि यह बात बहुत-से लोग जानते थे। सभा में एक मिनट का मौन रखा गया।

जैसे ही अध्यक्ष ने अनुमान से एक मिनट बाद मौन समाप्त होने की सूचना स्वयं सिर उठाकर और हिलकर दी, वैसे ही सचिव ने आगे आकर बोलना शुरू किया।

"हमें यह जानकर दु:ख हुआ है कि हमारे अध्यक्ष के यहाँ भी कल ही ग़मी हो गई है..."

वह एक छोटा-सा बच्चा था। पैदा होने के बाद मुश्किल से तीन हफ़्ते जिया होगा। वह अध्यक्ष के बहुत नज़दीकी व्यक्ति—उनकी पुत्री का बेटा था।

हम लोग स्तब्ध रह गए। फिर मन में दबी हुई एक राहत की आवाज़ आई। तो चार हो गईं। हममें से कोई चौथा न था। पाँचवाँ भी शायद हममें से कोई न होगा। लोगों ने ऐसा सोचा, जबकि डर यह था कि शायद हो न। शोक सभा में आए सभी लोग उस उम्र को पहुँच चुके थे जिसमें मर जाना अस्वाभाविक नहीं समझा जाता मगर किसी की ज़िन्दगी के अधूरे काम अभी पूरे नहीं हुए थे!

दो दिन बाद एक और मृत्यु हुई मगर वह इस मोहल्ले में नहीं हुई थी। हमें अख़बार से मालूम हुआ। वह एक बहुत नामी लेखक की थी। वह बहुत अच्छे आदमी थे। एक बार उन्होंने मुझे यह क़िस्सा भी सुनाया था कि उन्होंने किसी देश में चालाकी से कैसे डालर के अच्छे दाम हासिल किए जबकि यह काम ग़ैरक़ानूनी था। इसके अलावा उन्होंने काफ़ी ऊँचे दर्जे का और काफ़ी ज़्यादा साहित्य भी लिखा था। मगर जब वह मरे तो ख़बर में बस यही तारीफ़ छपी कि वह हिन्दी निदेशालय के अध्यक्ष थे। सो तो वह थे। उसके बाद एक और मृत्यु हुई। वह एक गम्भीर विचारक थे मगर लिखते हिन्दी में थे। राष्ट्रपति ने शोक सन्देश दिया कि वह हिन्दी के सेवक थे। मेरे मोहल्ले के निवासियों में हिन्दी से सम्बन्ध रखनेवाला कोई महत्त्वपूर्ण व्यक्ति न था। वे घर से लेकर दफ़्तर तक अंग्रेज़ी में ही बतलाते थे और कुछ बाज़ारों में भी वे और कोई भाषा न बोलते थे। फिर किसी ने कहा कि एक समाज सुधारक की भी मौत हो गई है। मैंने बताया कि वह मरे नहीं हैं, उनको पुरस्कार दिया गया है। इसमें कहीं हिन्दी न थी फिर भी समाचार दो इंच जगह में छपा। इससे सिद्ध हुआ कि हिन्दी की वजह से किसी का अवमूल्यन नहीं किया जा रहा है। मृत्यु का समाचार ही कम जगह पा रहा है। यह अन्याय था क्योंकि भले ही गाँव में लोग बहुत जल्दी-जल्दी मर रहे हों और भले ही उनका मरना ख़बर न रह गई हो मगर शहर में आदमी, और वह भी इतने बड़े-बड़े, इसके पहले ताबड़-तोड़ कभी नहीं मरे थे और यह अपने में एक ख़बर थी चाहे अलग-अलग उनकी मौत कोई ख़ास ख़बर न रही हो। फिर भी एहतियातन मैंने अखिलेन्द्रजी को कहलवा दिया कि इस वक़्त मेरे विषय में मेरे सामने जो चाहे बोल लीजिए, यहाँ तक कि पीछे-पीछे भी, मगर मेरे मरने के बाद न शोकसभा में कुछ कहिएगा न *व्यंजना त्रैमासिक* में।

कुछ और मौतें और उसके बाद सन्नाटा। मैं सोचने लगा कि जब यह प्रकट हो जाएगा कि मौत की ख़बर से अब सनसनी नहीं होती तो कुछ दिन के लिए ख़बरें छपना बन्द हो जाएँगी। फिर नए ढंग से छपने लगेंगी। आख़िर बहुत-कुछ तो सिर्फ़ छापे के रूपरंग और छपाई के प्रकार पर निर्भर करता है।

सड़क पर रोज़ कम-से-कम चार दुर्घटनाएँ ही रही थीं। लोग ख़फ़ा थे और चलते-चलते अपनी सवारियों समेत टकरा जाया करते थे। मगर इन्हें भी नहीं गिनना चाहिए था क्योंकि इनमें घायल लोगों में से कोई न कोई बच जाया करता था और मौत का पूरा असर पड़ने न पाता था। फिर वे औरतें थीं जिनकी मौत आग से हुआ करती थी। एक शताब्दी के भीतर जलकर मरने और जलाकर मार डालने में अन्तर इतना कम रह गया था कि शहरों में खाना पकाने की गुलामी के कारण आग से मरनेवाली औरतों के प्रति किसी को दया रह ही न गई थी और दहेज़ न आने पर औरत को भस्म कर डालने की घटनाओं की तो 'पैंथर नाटक क्लब' ने बधिया ही बैठा दी थी क्योंकि उन्होंने जनता को जाग्रत करने के लिए एक नाटक खेला था जिसमें विवाह मंडप से वधू को डोली में ले जाते हैं और कफ़न लपेटकर टिकटी पर ले आते हैं। समाज की छाती पर रखे पत्थर को हलका कर देने के लिए उन्होंने सारी कहानी को इतना संक्षिप्त कर दिया था कि सबकुछ अविश्वसनीय और मनोरंजक हो गया था। उन्होंने यह मान लिया था कि किसी के पास समय नहीं रह गया है और कारण जानने पर ही सबसे अधिक समय ख़र्च होता है इसलिए उसे नहीं जानना चाहिए। इसी तर्क से वे यह भी मानते थे कि चूँकि बूढ़े-बूढ़े मर रहे हैं और अधेड़ बूढ़ों की जगह नहीं ले पा रहे हैं, इसलिए जवानों की बन आई है। मगर उलटी बात तो यह थी कि जवान होते हुए भी जवानों के पास वक़्त रह नहीं गया था और वे उन बूढ़ों से ज़्यादा जल्दी में थे जो हर दिन शिकायत करते थे कि उनकी ज़िन्दगी से एक दिन और कम हो गया। इसलिए जब एक नवयुवक लेखक मरा तो लोग तीसरे दिन शोकसभा में उसके कृतित्व का ऐतिहासिक मूल्यांकन करके आए और उसे तुरन्त कहीं पर स्थान देकर बिठा दिया। यह न तो बूढ़े के मरने का मामला था और न जवान के। मामला यह था कि देखते-देखते सब चीज़ें ख़त्म हुई जा रही थीं और जो मौतें हो रही थीं वे इसी भय की पुष्टि करती थीं। कुल शहर में पाँच ही मौतें होंगी, यह सोचना हास्यास्पद हो चुका था। पाँचवीं मौत भी यहीं इसी मोहल्ले में होगी, यह विचार एक अन्धविश्वास की तरह छाया हुआ था।

इस तनाव में मोहल्ले के लोग एक महीने तक रहे, फिर देखा कि उन्होंने भूलना शुरू कर दिया है। अगले महीने तक सबकुछ फिर पहले जैसा हो गया लगा सिवाय इसके कि वे लोग जो मर गए थे न कहीं दिखते थे न उनकी याद आने से कोई उलट-पुलट होती थी। कुछ दिन ऐसे ही बीते मगर यह आशंका नहीं मिटी कि कोई बड़ी भारी अनजानी घटना हो सकती है।

अभी इतना वक़्त नहीं बीता था कि मृतकों के मकानों में किरायेदार आ जाएँ, मगर मोहल्ले के बाहर वक़्त तेज़ी से बदल रहा था। बाढ़ें आ रही थीं। शहर के अख़बार छाप रहे थे—**पाँच हज़ार प्राणी पानी में डूब गए** जैसे 'पाँच हज़ार' में ख़बर हो, 'डूब गए' में नहीं (कौन कहता है कि हम सिर्फ़ शहरों की ख़बर देते

हैं)। **रेलें टकरा गईं—27 घायल—1 मरा—क्रिकेट टीम सुरक्षित।** ××× **डाकुओं ने सारा परिवार घायल कर दिया; बूढ़ा-बुढ़िया अस्पताल में—बच्चा मारा गया।** और फ़ोटो भी। कमलेशनारायण सिंह—पुलिस की गोली से मुठभेड़ में मरे डाकुओं के, मतलब लाशों के, साथ। बख़ूबीचन्दजी सिमनवा में जलाए गए हरिजनों के साथ। एक तरफ़ से दस कफ़न ढँकी लाशें लेटी हैं और बखूबीजी सबको देखते हुए मौन खड़े हैं। एकसाथ दस शरीरों को, जिनके आँखें न हों, देखने से देखनेवाले की दृष्टि जैसी विशद् और शून्य हो जाती है वैसी ही उनकी दृष्टि हो गई है। चूँकि यह माना जाने लगा था कि केवल मृत्यु और हत्या के समाचार देते रहना रचनात्मक नहीं है इसलिए ऐसे भी चित्र छपते थे कि नवरंगलालजी प्रसिद्ध सितारवादक का वादन सुनते हुए। एक वादक बजा रहा होता, पास में अनुयायियों से घिरे नवरंगलालजी खड़े होते, उनकी दृष्टि सितार पर टिकी होती जैसे सितार सुनने का इससे अधिक सन्तुलित तरीक़ा नहीं हो सकता जिसमें नवरंगलालजी की राजनीतिक मर्यादा भी बनी रहे और रसिकता भी। अकाल के चित्र तो बिलकुल छप ही नहीं रहे थे। थोड़े-बहुत पलटों के बावजूद—जैसे ब्रिटेन की महारानी के बेटा होने का (होने का नहीं, होने के बाद उनका और बेटे का) चित्र—रास्ता उसी तरफ़ जा रहा था। किसी एक अनजानी घटना की आशंका बढ़ती ही जा रही थी। मौतें तो बहुत हो रही थीं मगर वह पाँचवीं मौत जिसे एक मोहल्ले के लोगों ने बिलकुल सामने देखा था, कब होगी, कहाँ होगी, यह दिन-ब-दिन रहस्य बनता जा रहा था।

पर सच्चाई यह है कि यह बात सौ फ़ीसदी सच नहीं थी कि वह एक रहस्य है। दरअसल मोहल्ले के लोग मानने लगे थे कि अब किसी मौत का कोई मतलब तभी होगा जब वह या तो हमारे घर से होगी या किसी ऐसे व्यक्ति की होगी जिसके मर जाने से राज्य की कुर्सी हिल जाएगी चाहे वह उस पर बैठा हुआ हो चाहे न बैठा हुआ हो। यह विचार इतना भयावह था कि कोई इसे कहता न था।

पर यह कहानी लिखते वक़्त तक असलियत यह हो गई थी कि यही दोनों क़िस्म की मौतें रह गईं जिनसे कोई खौफ़ खाता। बाक़ी तो सिर्फ़ खाई को पाटने के लिए थी—इतिहास में जवानी और ताक़त के बीच उस खाई को जिसकी वजह से हरेक को जल्दी पड़ी हुई थी और जिसके पटने से लगता कि हम कहीं पहुँच गए। पाँचवीं मौत जब होती तो यही मालूम होता कि वह उन लोगों में से किसी की नहीं है जो मोहल्ले के बाहर मर रहे हैं और जिनके मरने से राज्य की कुर्सी हिल नहीं रही है।

[*समकालीन भारतीय साहित्य,* अक्टूबर-दिसम्बर 1982, असंकलित]

कूड़े के देवता

उन दिनों हम लोग एक सरकारी मकान में रहा करते थे। सरकारी मकान माने एक-से मकानों में से एक जो सरकार ने अपने क्लर्कों को किराये पर देने के लिए बनवाए हैं, वहाँ ऐसे मकानों का पूरा एक नगर था, और नगर की अपनी एक संस्कृति थी।

तीन कमरे थे हमारे घर में। हम ज़रा ऊँचे दर्जे के क्लर्क थे। आगे-पीछे एक-एक बरामदा था। दोनों में से किसी में भी खड़े हो आमने-सामने दूसरों के मकान थोड़े-थोड़े भीतर दीखते थे। उनमें क्या हो रहा है, यह सबका सब तो नहीं दीखता था पर पता चलता रहता था। किस घर में तरह-तरह की सब्जियाँ बेचनेवाला रोका गया है—सिर्फ़ मूली और आलू लेकर तो बहुत आते थे—और घर की मालकिन बाहर आकर महँगी भिंडी एक पाव ख़रीद रही है या आधा किलो, किसके यहाँ मोटर पर चढ़कर कोई आए हैं, किसकी लड़की ने नए फ़ैशन की साड़ी पहनी है और किसके यहाँ शामियाना ताना जा रहा है, यह सब तो प्रकट ही मालूम हो जाता था। एक मकान छोड़कर बाप ने बच्चे को मारा है और ऊपर वाले घर में माँ ने फिर कलपना शुरू किया है, सामनेवाले घर में मछली पकी है—यह अनुभव से मालूम होता था।

हमारे घर के पीछे कुछ ज़मीन थी। वह असल में सरकारी ज़मीन थी और जब ये मकान ठेके पर बने थे तब यह सरकारी योजना थी कि हर घर के पीछे कुछ जगह ख़ाली रहा करेगी, जगह अफ़सरों के सरकारी मकानों के पीछे भी छोड़ी जाती थी पर वह हरी-भरी घास का मैदान होती थी जिसको सरकारी माली आकर सींचा करता था। फूलों की क्यारियाँ थीं फलों के पेड़ों और तार की चहारदीवारी समेत। हमारे क्लर्कों के मकानों के पीछे की ख़ाली जगह एकदम ख़ाली थी। किसी ने अपना ख़ाली गरमा, टूटा हुआ पलँग वहाँ डाल रखा था, किसी ने पपीते के दो पेड़ लगा रखे थे, किसी ने ख़ाली घास बो रखी थी और उतनी ज़मीन अब खजुहे कुत्ते की खाल की तरह जगह-जगह घिसकर सपाट हो गई थी। कई घरों में एक हमारा घर था जिसमें घर की मालकिन ने रोज़ पानी देना शुरू किया तो हरी बगीची बन

एक व्यक्तित्व बन गया। मानो वह अड़ोस-पड़ोस के सभी घरों का दर्पण हो। कुछ दिन तक हमने इन्तज़ार किया कि सरकारी जमादार जो गली में झाड़ू लगाता है किसी दिन इस कचरे को भी बुहार देगा। पर उसने इसे छुआ तक नहीं, उनसे कहा गया कि भाई इसे क्यों छोड़ गए तो बोला कि वह गली में नहीं है इनके घर में है।

कूड़े को देखकर बुरा लगता था। कुछ दिन में उसको बिना देखे भी बुरा लगने लगा क्योंकि जब घास पर बैठते तो सड़ाँध आती। पहले जब बहुत गर्मी पड़ती थी तब आती थी। फिर हर वक़्त आने लगी। पानी बरस जाए तो ज़्यादा, धूप खिली हो तो भी कम नहीं। हम लोगों ने जमादार को एक-एक हफ़्ते पर कुछ पैसे दे-देकर यह कूड़ा उठवाया पर एक दिन वह एकाएक इतना बड़ा ढेर हो गया कि जमादार ने बहुत-से पैसे लेकर ही उसे फेंका। दो दिन साफ़ रहा मगर फिर वह बड़ा हो गया। इस बार पहले से भी बड़ा। शायद जो लोग कूड़ा फेंक जाया करते थे उन्होंने देख लिया था कि यहाँ कूड़े का ढेर लग जाना आम बात है। कोई उसे उठाकर फेंक दिया करता है।

कुछ महीने इसी तरह बीत गए, अब मन पर बोझ-सा रहने लगा। क्या हम क्लर्क हैं इसलिए घास के मैदान में सकून से बैठना हमें मयस्सर नहीं। सारा इलाक़ा बेढंगे कपड़े पहननेवाले बेडौल क़िस्म के मर्द-औरतों से भरा हुआ है जिनका कोई सांकृतिक महत्त्व नहीं। कूड़ा, धूल, तेल, सब चीज़ों पर चिकौट लगी है। गली में घरों के सामने कूड़े का ढेर देखकर लगता है कि हम इसी के लायक़ हैं। कोई सुधराई हमारे जीवन में आ नहीं सकती। हरी घास पर बिना अधिकार आकर बैठे हैं आप। बैठना है तो इसी कूड़े के पास हरी घास पर बैठिए।

कूड़े का चरित्र पहले तो कुछ स्पष्ट था—खाने के, पहनने के, कभी-कभी बहुत व्यक्तिगत किसी गन्दगी के चीथड़े इसमें हुआ करते थे। मगर जैसे-जैसे वह स्थायी होता गया, वह जीवन से दूर जा पड़ा, जैसे स्त्री-पुरुष बहुत दिन बिना परिवर्तन के साथ रह लेने से जीवन से दूर जा पड़ते हैं। निरा कचरा रह गया वह। कैसी भी पुरानी चीज़ें। मिली-जुली। एक टूटी हुई चारपाई जिसके बाँसों में घुन लग गया था और बान सड़ गई थी। छोटी-सी एक प्लास्टिक की गुड़िया जिसके कपड़े फट चुके थे और बाल झड़ गए थे। एक दिन कूड़े पर रास्ता चलता एक आदमी दोपहर के सन्नाटे में पेशाब करता दिखाई दिया।

अगले दिन हमने अपने दूसरी तरफ़ के पड़ोसी से, जब वह हमारे यहाँ अपनी नियमित चाय पीने आए, कहा कि क्या करें इस कूड़े का। उन्होंने इसकी गम्भीरता समझी ज़रूर होगी पर चुप रहे। कौन फेंकता है ? वह पूछने लगे। मालूम नहीं, मैं बोला। जब मालूम नहीं तो क्या करोगे ? उन्होंने कहा। मैंने कहा, हम लोग मिलकर चन्दा करें, म्यूनिसपलटी की कूड़ागाड़ी मँगवाएँ, चार-पाँच रुपए दे देंगे, क़िस्सा ख़त्म हो। जब एक बार सफ़ाई हो जाएगी तो यहाँ जगह निकल आएगी। अपने

गई। हम लोगों ने तार खींचकर उसे घेर लिया ताकि सूअर अन्दर न घुसें। वे बिना समझे-बूझे ताज़े पौधों को खोद डालते थे।

घर की बग़ल से एक कच्ची गली पीछे की तरफ़ जाती थी। मकानों की एक पंक्ति पार कर एक बड़ा भारी मैदान था। गली से बहुत लोग आया-जाया करते थे। गली के पार एक और हमारी ही तरह का मकान था। उसके पिछवाड़े की ख़ाली ज़मीन में भी घास थी, झाड़ियों का बाड़ा बना हुआ था। उसमें रहनेवाले सरकारी अलाटी ने ज़मीन की अच्छी देखभाल की थी। अगर दफ़्तर में बहुत खिचखिच न हो तो एक क्लर्क के लिए अपने मकान की सरकारी ज़मीन पर बाग़बानी करने का काफ़ी समय मिल जाता है। हमारी और पड़ोसी की बग़ीचियाँ आमने-सामने थीं इसलिए हम देखा करते थे उसके यहाँ क्या आ रहा है—और कुछ नहीं मूली, गाजर, प्याज होता। कभी-कभी टमाटर, बैंगन प्रयोग के तौर पर—और क्या—जिनके आधे पौधे यों ही पीले पड़ जाया करते और बाक़ी में से चार की पत्तियाँ झर जातीं। एक में दो छोटे-छोटे मुरझाए बैंगन निकल आते। बात यह थी कि जब ये मकान बन रहे थे बहुत-सा चूना, गारा, पत्थर पीछे की ज़मीन में ढेर कर दिया गया था और मिट्‍टी भर दी गई थी। हमारे यहाँ बस हरी-हरी घास का शौक था। अपनी-अपनी पसन्द है।

एक दिन देखा कि पड़ोसी के घर ट्रक आया है और उनका बक्सा, बिस्तर, साइकिल, जालीदार आलमारी सब ढोया जा रहा है। उनका तबादला हो गया था। दस दिन बाद उस मकान में दूसरे किरायेदार आ गए। ये मिज़ाज के रूखे और कंजूस थे, कुछ दिन में सब्ज़ियों की फ़सल बदल गई। पौधे सूख गए और फिर नए पौधे नहीं उगे। ज़मीन धीरे-धीरे खल्वाट हो गई। झाड़ियों की एक बाड़ जो वहाँ थी, वह भी उजड़ गई। सूअर आने लगे।

धीरे-धीरे उस मकान का पिछवाड़ा और गली मिलकर एक हो गए। गली चलनेवालों के पैरों से चौड़ी होने लगी। पिछवाड़े के चौथाई हिस्से में गली से लगी हुई एक सपाट जगह निकल आई। कुछ दिन हमने देखा उस पर एक ढेर लग गया। आपने ठीक ही समझा, कचरे का ढेर, सब्ज़ी के छिलके, अंडे के छिलके, केले के छिलके, और भी अच्छी चीज़ों के छिलके जैसे सन्तरे के। कौन फेंक गया है ? हम लोग सोचते रहे, कुछ घरों में जमादारनी लगी हुई थी। वह दिन में एक बार इस तरह का कूड़ा पीछे से बुहारकर ले जाया करती थी। कुछ घरों में नहीं लगी थी पर कोई अपने घर का कूड़ा गली में फेंकने नहीं आता था, यह कौन है ?

अगले दिन उसी ढेर पर टीन के दो पिचके हुए डब्बे और एक चीथड़ा, एक फटी चप्पल भी दिखाई दी। तीसरे दिन तक ये छिलके पैरों से कुचल गए और मिट्‍टी में मिल गए। केले के छिलके पर कोई रपटा नहीं था मगर दस-बारह क़दम तक वे बिखर गए थे। अगले दस दिन में कूड़े के ढेर ने बहुत शक्ल बदली। उसका

पड़ोसी से कहेंगे कि देखिए कितनी साफ़ जगह है, और आप ही की तो है। घेर क्यों नहीं लेते इसको। यहाँ मुहल्ले का कूड़ा गिरना बन्द हो।

म्यूनिसपलटी की गाड़ी आई। पाँच रुपए दिए गए। ज़मीन साफ़ हुई। टमाटर बो लीजिए यहाँ। आपके पहलेवाले ने बोए थे—हमने समझाया। वह नहीं माने। उनको टमाटर उगने का विश्वास ही न था। वह सिर्फ़ खी-खी कर हँसते रहे और हमें बेवकूफ़ समझते रहे। हमने यह भी कहा कि यह जगह आपको मुफ़्त मिल रही है। मौक़ा मत खोइए पर वह इस झाँसे में आनेवाले नहीं थे। उन्होंने अपनी बाड़ की मरम्मत नहीं करवाई। क्योंकि बाड़ बनवाने पर तीन रुपए तो लग ही जाते जबकि तीन रुपए में इतनी ज़मीन, घास-पत्ती सब यहीं रखकर जंजाल बढ़ता ही तो।

एकाएक मुझे एक ऊँचा विचार आया। इस कोने में एक साइनबोर्ड लगा दें : यहाँ कूड़ा फेंकना मना है। रोआबदार साइनबोर्ड हो। असर पड़ेगा, साहबियत का असर। मगर मन में सवाल उठा, उसे कोई उखाड़कर फेंक दे तो क्या कर लेंगे?

आख़िरकार मैंने तय कर लिया कि कोई ऐसा इन्तज़ाम किया जाए जो टिकाऊ रहे। यहाँ एक मन्दिर होता तो कितना अच्छा था। कोई कूड़ा फेंकने न आता। एक शालिग्रामजी, काफ़ी होते। क्यों न यही सही, एक शालिग्रामजी माने एक गोल पत्थर, ज़रा सुन्दर-सा। कूड़ा हटाकर छोटा-सा चबूतरा, चार ईंटें रखकर बनाया जाए और पानी छिड़कते रहें, धूल नहीं उड़ेगी तब तो यहाँ लोग पैसे चढ़ाने लगेंगे। एक पुजारीजी भी बस जाएँगे। हा, हा, हा।

मुझे यह विचार बहुत मज़ेदार मालूम हुआ। अच्छा चुटकुला था। मैंने दूसरी तरफ़वाले पड़ोसी को सुना भी दिया। वह हँसे नहीं। उन्होंने सिर्फ़ मुझे ताईद दी कि ऐसा धार्मिक मज़ाक नहीं करना चाहिए। मगर इस लावारिस कूड़े का शायद यही एक इलाज रह गया था।

मैंने सोचना शुरू किया। रात के अँधेरे में यहाँ एक देवता प्रतिष्ठित कर दिए जाएँगे। अगले दिन रास्ता चलते लोग चौंकेंगे, पूछेंगे, यह कहाँ से आए? मगर ऐसा नहीं होगा कि उनका पता-ठिकाना न रहने के कारण उनको भी कूड़ा मान लिया जाए। कल देखना कोई कूड़ा नहीं फेंकेगा। हाँ, मुझसे पूछने आए कि यह मन्दिर कैसे बन गया तो मैं क्या उत्तर दूँगा? मैं कह दूँगा कि हाँ, यह तो मैंने पाए थे। तो यहीं बिठा दिए। काशी के हैं यह शिवजी। वग़ैरह-वग़ैरह। मुझे याद आया कि इसी दिल्ली में कई सुनसान इलाकों में ऐसे ही कई मन्दिर बन गए हैं। पहले एक लाल सिन्दूर से पुती दीवार होती है, फिर चहारदीवारी, उठ आती है, छह महीने में चबूतरा बन जाता है और पुजारीजी की कोठरी एक साल में। फिर यह राजनीति के ऊपर निर्भर है कि वहाँ कितनी बड़ी और कैसी समस्या ज़मीन को, सड़क को या पुजारी को लेकर खड़ी हो और कौन-से नेता उसमें दिलचस्पी लें।

मैंने तय कर लिया कि यह मज़ाक करने लायक़ है। मगर एक बार मोहल्ले

के लोगों से पूछ लिया जाए। नहीं, मुझे यह नहीं पूछना था कि यहाँ मन्दिर बने या नहीं, मुझे यह पूछना था कि आप यहाँ कूड़ा फेंकना बन्द करेंगे या नहीं।

मैंने सवेरे लम्बी सैर को जानेवाले 5–6 बूढ़ों के एक दल को एक दिन सैर के रास्ते में ही पकड़ा।

''यह जो 391 नम्बर मकान के पीछे कूड़ा जमा होने लगा है...'' मैंने कहा...''उसे रोका जाए?'' एक जवाब आया, ''आप अपने घर में कह दीजिए कि वहाँ कूड़ा न फेंका करें।'' मैंने कहा कि मेरे घर से नहीं फेंका जाता। उन्होंने कहा...''आपको मालूम न होगा, आप कोई सारा दिन घर में तो रहते नहीं?'' जब मैंने उन्हें समझा लिया कि यह मेरे घर का कूड़ा नहीं हो सकता तो उन्होंने कहा, ''किस–किसको समझाइएगा।'' एक ने कहा, ''हम लोगों में सिविक सेंस ही नहीं है। यह तो सिविक सेंस की बात है।'' ''द सोसाइटी गेट्स काट इट डिजर्व्स'' ऐसा कुछ एक दूसरे बूढ़े ने कहा। मैं मतलब तो समझ गया मगर यह भी समझ गया कि मतलब चाहे जो रहा हो अंग्रेज़ी ग़लत थी।

देन आई डिसाइडेड टु टेक एक्शन। शाम को मैंने अपने हाथ से फावड़ा चलाकर कूड़े को किनारे किया। थोड़ी–सी जगह साफ़ की। वह सुन्दर–सा काला पत्थर निकाला जो मैं छम्ब–जौरियाँ की अख्नूर नदी के किनारे से लाया था और मेज़ पर सुन्दरता के लिए रखा करता था। पत्थर को धो–पोंछकर चमकाया। और रात को चार ईंटें जो उसी कूड़े में मिली थीं चुनकर तल्ले ऊपर रखीं, उन पर पत्थर रख दिया। नाटक को पूरा करने के लिए पत्थर पर दो फूल रख दिए। और कुछ पानी लुढ़का दिया। ठीक है अब?

जल्दी ही सबेरा हुआ। गर्मियों के दिन थे। मैं जल्दी उठकर ऐसे बाहर आया जैसे टहलने जा रहा हूँ। गली में पहुँचते ही भ्रम टूट गया। एक टोकरी भर जूठी पत्तलें कोई अभी–अभी डाल गया था। बस मेरी बटिया से ज़रा आदरपूर्वक दूर हटकर पड़ी थीं वे।

[*साक्षात्कार*, जून–जुलाई 1984, असंकलित]

●●●